MĀORI MADE EASY 2

The next step in your language-learning journey

Scotty Morrison

Professor **Scotty Morrison** (Ngāti Whakaue) is the presenter of current affairs programmes *Te Karere* and *Marae*. He holds a Master's degree (Education), is working towards his PhD, and has been an Adjunct Professor and the Director of Māori Student and Community Engagement at Auckland's Unitec Institute of Technology. In 2017, he adopted a new role at Massey University's Te Pūtahi-a-Toi (School of Māori Art, Knowledge and Education), working alongside his wife Stacey in a strategic, advocacy and lecturing capacity.

Scotty is the author of the bestselling language guides *The Raupō Phrasebook of Modern Māori* and *Māori Made Easy*, and *Māori at Home*, which was co-authored with Stacey. They live in Auckland with their three children Hawaiki, Kurawaka and Maiana.

Māori Made Easy
For everyday learners of the Māori language
Scotty Morrison

The complete and accessible guide to learning the Māori language, no matter your knowledge level.

Fun, user-friendly and relevant to modern readers, Scotty Morrison's *Māori Made Easy* is the one-stop resource for anyone wanting to learn the basics of the Māori language.

While dictionaries list words and their definitions, and other language guides offer common phrases, *Māori Made Easy* connects the dots, allowing the reader to take control of their learning in an empowering way. By committing just 30 minutes a day for 30 weeks, learners will adopt the language easily and as best suits their busy lives.

Māori Made Easy proves that learning the language can be fun, effective – and easy!

Over 75,000 copies sold!

'This is not just a useful book, it's an essential one.'
— Paul Little, *North & South*

Contents

Introduction	5
WEEK THIRTY-ONE: More on statives and how to use the word 'wareware'	7
WEEK THIRTY-TWO: More on passives including 'taea' and 'ahatia'	16
WEEK THIRTY-THREE: How to use the word 'ai'	25
WEEK THIRTY-FOUR: More on how to use the word 'ai'	37
WEEK THIRTY-FIVE: Wiki Huritao – Revision week	44
WEEK THIRTY-SIX: More on using 'hoki' and 'rawa'	51
WEEK THIRTY-SEVEN: More on answering 'why' questions	58
WEEK THIRTY-EIGHT: An extension on 'why' questions	68
WEEK THIRTY-NINE: How to answer future tense 'why' questions and an introduction to an alternative passive sentence structure	78
WEEK FORTY: Wiki Huritao – Revision week	87
WEEK FORTY-ONE: Other ways to use the word 'ia'	94
WEEK FORTY-TWO: When to use 'i', when to use 'ki'	101
WEEK FORTY-THREE: More on using 'ki', and when to use 'kē'	113
WEEK FORTY-FOUR: When to use 'ki te', when to use 'kia'	123
WEEK FORTY-FIVE: Wiki Huritao – Revision week	133
WEEK FORTY-SIX: When to use 'hei'	140
WEEK FORTY-SEVEN: Using 'kore'	149
WEEK FORTY-EIGHT: Using 'me kore' and how to add on information to a sentence	158
WEEK FORTY-NINE: An extension on using numbers and how to use the well-known word 'taihoa'	164
WEEK FIFTY: Wiki Huritao – Revision week	172

WEEK FIFTY-ONE: An extension on describing objects / describing people — 179

WEEK FIFTY-TWO: Describing and expressing feelings — 195

WEEK FIFTY-THREE: More on expressing feelings — 202

WEEK FIFTY-FOUR: Parts of the body — 210

WEEK FIFTY-FIVE: Wiki Huritao – Revision week — 216

WEEK FIFTY-SIX: Ailments — 222

WEEK FIFTY-SEVEN: Talking about food — 228

WEEK FIFTY-EIGHT: Asking for and giving directions — 236

WEEK FIFTY-NINE: More skills for telling a story — 244

WEEK SIXTY: Wiki Huritao – Revision week — 253

Answers — 259

He mihi / Acknowledgements — 299

Introduction

Nau mai, haere mai! Welcome to *Māori Made Easy 2*!

Congratulations on your commitment to continue on from the first *Māori Made Easy*, and if you are starting the programme at this level after a year or so of studying te reo Māori in some other way, koia kei a koe! Just like *Māori Made Easy*, this book has been designed to accelerate your learning and acquisition of the Māori language. It is structured to use just 30 minutes of your precious time each day. We are all time poor, so whenever you get 30 minutes to spare in your busy schedule, that's the best opportunity to do your Māori language study. No waiting for your night class to start, no travelling to the local wānanga or university. Press your reo Māori button for 30 minutes a day and get yourself to an intermediate standard of Māori language expertise!

The book is self-directed. The only online component is the weekly pāhorangi, or podcasts, you are required to listen to. These are scheduled in for Friday of every week, but I encourage you to listen to them over and over; they will be a big help in your language development. On every fifth week you will complete a set of exercises designed to revise what you learned over the previous four weeks. If you understand the written dialogue and the questions asked, and provide correct answers during these revision weeks, then the indicators are good that you are developing a sound understanding of te reo Māori. If not, go back and do the previous four weeks again to try to get the level of understanding that will enable you to move forward; or at the very least keep listening to the pāhorangi for those weeks. Whatever it takes. Learning te reo is a marathon, not a sprint, so take your time, relax, and learn at a pace that is comfortable for you.

Now, all answers to the exercises are at the end of the book but only check those once you complete each session – no cheating, e hoa mā! Each week follows a general structure beginning with an introductory proverb. There may also be a conversation between two characters, Mere and Māka, demonstrating the sentence structures that will be learned during the week. The idea is that you read their conversation with little understanding of what's being said, but by the end of the week, after all your study and exercises, you should be able to follow it.

There will be explanations and exercises to reinforce your knowledge around the new sentences and vocabulary of each week. A crossword rounds out most weeks to reinforce the vocabulary you have picked up, and to have a bit of fun.

Good luck, e hoa mā, and kia kaha!

Scotty Morrison
September 2018

Weekend Word List

Oti	To complete or conclude
Ora	Health / Alive / Save
Wera	Hot
Whānau	Family / Give birth
Wareware	Forget
Ea	Achieve / Accomplish
Tū	Erect / Stand
Hōhā	Over it / Annoyed
Hinga	Fall / Defeat
Pakaru	Break
Ngaro	Lost / Missing
Mutu	Finish / End
Whara	Injure / Injury
Tumeke	Surprised / Shocked
Paru	Dirty
Riro	Obtain
Mākona	Satisfied
Tika	Correct / Fix
Kino	Bad / Ruin
Mau	Catch / Maintain
Mataku	Scare
Mahue	Leave behind

WEEK THIRTY-ONE
More on statives and how to use the word 'wareware'

Whakataukī o te wiki
Proverb of the week
Tōtara wāhi rua, he kai nā te ahi
A split tōtara is food for the fire
(United we stand, divided we fall)

Towards the end of *Māori Made Easy* we studied stative verbs, and this week we will extend your understanding of these types of words. One strategy to help you grasp stative verbs is to identify the most common ones used in te reo Māori. You should already know these words from your weekend word list, but you may not have realised you were learning statives – *tūāhua*. So let's start this week with a crossword – a *pangakupu tūāhua*!

HARATAU – PRACTICE
Rāhina – Monday

 30-minute challenge

1. Whakaotia te pangakupu nei.
1. Complete the following crossword.

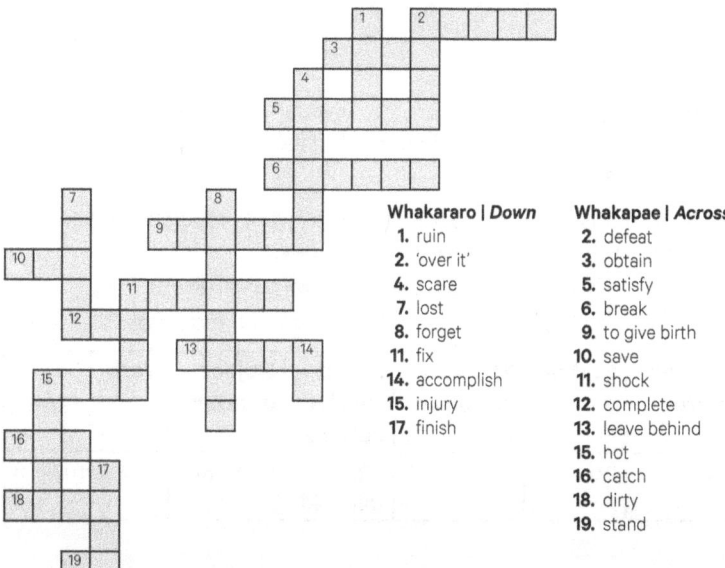

Whakararo | Down
1. ruin
2. 'over it'
4. scare
7. lost
8. forget
11. fix
14. accomplish
15. injury
17. finish

Whakapae | Across
2. defeat
3. obtain
5. satisfy
6. break
9. to give birth
10. save
11. shock
12. complete
13. leave behind
15. hot
16. catch
18. dirty
19. stand

Remember, the key to getting a stative verb sentence right is knowing where to put the **i**. The **i** is key because it demonstrates *who* is doing the action, or *what* has caused that state to be reached. In the following example, the 'state' of the house being burnt by fire is demonstrated by placing the **i** in front of **te ahi**.

I wera te whare *i* te ahi   The house was burnt *by* fire

Have a go at unscrambling these sentences and concentrate on putting the **i** in the right place. A very literal English language translation has been provided to help you out.

2. E nanu ana ēnei kupu, māu e whakaraupapa.
2. *Unscramble the words in these sentences.*

1. ora koe a au ka i   *(I will be saved by you)*

2. pau pūtea tana kua tana i wahine   *(His money has been spent by his wife)*

3. i whenua te riro i mātāmua te tama   *(The land was obtained by the eldest son)*

4. paru ka i rātou a whare tō tātou   *(Our house will be dirtied by them)*

5. koe te huritau i kino a i   *(The birthday was ruined by you)*

Rātū – Tuesday

At the end of yesterday's session, you unscrambled words and concentrated on putting the **i** in the right place to complete a stative verb sentence.

This is the stative verb sentence structure I would recommend you master at this stage of your language journey:

Kua oti i ngā tamariki ngā rīwai te waruwaru

The children have completed peeling the potatoes

Sentence starter	Stative verb	The very important *i*	Agent (of the action)	Object or noun	Verb
Kua	oti	i	ngā tamariki	ngā rīwai	(te) waruwaru

Kua ea i a rātou te karanga a te iwi te hāpai	They have responded to the call of the tribe
Kua oti i ngā kaimahi te whare te hanga	The workers have finished the building of the house
I pau i a rātou ngā āporo te kai	They ate all the apples

The different parts of these kinds of sentences (apart from the sentence starters) can be moved around and still be correct, but for now we will just focus on this one structure. Most of the time your stative verb sentence will end after the noun is mentioned, for example:

Kua oti i a rāua ngā mahi kāinga (The homework has been completed by them)	They have completed the homework
I pakaru i a Mere te matapihi (The window was broken by Mere)	Mere broke the window
Kāore i mau i a ia (It wasn't caught by him)	He didn't catch it
Kāore anō kia pau i a koe tō inu? (Has your drink not yet been consumed by you?)	Have you not finished your drink?

 30-minute challenge

1. **Whakamahia ngā whakaahua ki te whakautu i ngā pātai. Tuhia te katoa o te rerenga.**
1. *Use the pictures to answer the questions. Write the whole sentence.*

Kua oti i a wai te whare te hanga?   Kua pakaru i a wai te matapihi o te whare?   I ngaro i a wai te pōro?

_____   _____   _____

_____   _____   _____

I pau i a wai te kai a te ngeru?   Kua paru i a wai te whāriki?   I mataku i a wai te manu?

_____   _____   _____

_____   _____   _____

I mākona i a wai te maroketanga o te korokoro?   I hinga i a wai te rākau?   I oti i a wai ngā pukapuka te pānui?

_____   _____   _____

_____   _____   _____

2. **Whakaurua te mea tika o ēnei: *hinga, riro, mate, māku, ora, paru, mataku, mahue, mākona, kī*.**
2. *Complete the sentences by inserting the right stative verb: **hinga, riro, mate, māku, ora, paru, mataku, mahue, mākona, kī**.*

1. Kua _____ te pēke i te tama

2. Kua _____ te pouaka i te wai

3. I _____ te tīhate i te tākaro whutupōro

4. I _____ te pahikara i te wahine

5. Kua _____ te kete i ngā pene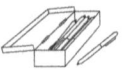

Rāapa – Wednesday

An advanced speaker of te reo may like to add the intensifier **tonu** to their stative verb sentence. They will also leave the sentence starter off the beginning of the sentence to further enhance the emphasis. This is a typical aspect of conversational Māori. Take a look at these examples:

Kī tonu te whare i te mōkai	The house was (absolutely) full of pets
Kī tonu ngā pākete i te pipi	The buckets were (absolutely) full of pipi
Haunga tonu ā-roto i te wharepaku i ō tiko	The toilet (absolutely) stinks because of your 'no. 2s'
Whero tonu te kanohi o Mere i te tīkākā	Mere's face is (absolutely) red because of sunburn

Quite often the agent of the sentence (or the word that follows the **i**) is known as a collective noun. An example of this is:

> Kī tonu te whare i te mōkai

The house is full of pets, but the types of pets are not named, the house is just ... full of pets. In this example, you will also notice that even though the word **mōkai**, or *pets*, is plural, the singular **te** is preferred.

 30-minute challenge

1. Pānuitia tēnei kōrero kei waenganui i a Atawhai me Anaru, ka tuhi ai i ngā rerenga kōrero e whakamahi ana i te *tonu*.

*1. Read the dialogue between Atawhai and Anaru, then write down any sentences which use **tonu**.*

Atawhai: Hei, Anaru, kua paru te whāriki i ō pūtu.

Anaru: Mō taku hē. I hoki mai au i te mahi, kī tonu te puku i te kai, kāore au i whai whakaaro ki te tango.

Atawhai: Heoi anō, i pēhea te mahi? E ai ki ngā kōrero, kei runga te toki o te kore mahi ki runga i ētahi?

Anaru: Āe, mataku tonu ētahi i tēnā āhuatanga.

Atawhai: Ki ō whakaaro, tokohia ka kore mahi?

Anaru: E aua! Engari, tumeke tonu mātou i te whakatau ka kore mahi ētahi o mātou. Whakamā tonu au i te korenga ōku i tohe atu.

Atawhai: Kaua e pāpōuri i tēnā, e hoa.

Anaru: Kāo, whakamā tonu au i taku noho wahangū.

1. _____
2. _____
3. _____

4. _____
5. _____

2. Ināianei me whakapākehā aua rerenga kōrero e rima.
2. *Now translate those five sentences into English.*
1. _____
2. _____
3. _____
4. _____
5. _____

Rāpare – Thursday

Something else to always keep in mind when you are using stative verbs is that you can never make them passive. We will do some extension work on passives next week, but just so you know, you can't add a passive ending onto **ora** to make 'orangia', you can't make **mataku** into 'matakutia', you can't make **paru** into 'parungia', and you can't make **hinga** into 'hingaia'! The only way to turn a stative verb into a passive is to add the prefix **whaka-**, so you get *whakamataku* or *whakaora* or *whakaparu* or *whakahinga*. Now you can add the passive ending and use the passive sentence structure preferred by most Māori language speakers.

Stative sentence
He maha ngā rāpeti i mate **i** a ia   *There were heaps of rabbits killed **by** him*

Active sentence
I whakamate ia i ngā rāpeti maha   *He killed heaps of rabbits*

Passive sentence
I whakamatea **e** ia ngā rāpeti maha   *Heaps of rabbits were killed **by** him*

 30-minute challenge

1. **Whāia ngā tauira o runga nei e huri ai i a koe te rerenga kōrero tūāhua ki te rerenga kōrero hāngū.**
1. *Using the example above, change these stative sentences into passive sentences.*

   Stative sentence
   1. I ora au i a koe
   Active sentence
   _____

Passive sentence

___

Stative sentence
2. Kua wera i a au te wai
   Active sentence

___

Passive sentence

___

Stative sentence
3. Kua tika i te kaiako tō tuhinga
   Active sentence

___

Passive sentence

___

Stative sentence
4. I tumeke au i a rātou mō taku huritau
   Active sentence

___

Passive sentence

___

Stative sentence
5. Kua pau i ngā tamariki ngā tōhi
   Active sentence

___

Passive sentence

___

Rāmere – Friday

There is usually a lot of debate on how to use the word **wareware**. Is it a stative verb, like the other words we have been studying this week, or is it a normal verb, usable in a normal active sentence? Some linguists will say that it depends on the context. It is the context that determines whether you use **wareware** as a stative verb, or as a normal verb. I have yet to find any evidence to prove that theory! So let's try to simplify things – this is supposed to be *Māori Made Easy*, remember?! There are two options when using **wareware**:

Option 1 – As a stative verb, you follow the rules and structure regarding stative sentences; the **i** determines the agent, other **i** and **ki** words are not included, and you can't make **wareware** passive.

Kua wareware i a koe ō pukapuka   *Your books have been forgotten **by** you*
(You have forgotten your books)

Option 2 – As a normal verb, you follow the rules and structure regarding normal active sentences. The important thing to remember is to always use **ki**, not **i**, to indicate what has been, is being, or is going to be forgotten.

Kua wareware koe **ki** ō pukapuka   *You have forgotten your books*

 30-minute challenge

1. Whakarongo ki te pāhorangi mō tēnei wiki:
1. Listen to this week's podcast at:

   www.MaoriMadeEasy2.co.nz

2. Whakamāoritia ēnei rerenga kōrero, whakamahia te tūāhua o te kupu *wareware*.
*2. Translate the following sentences using the stative form of **wareware**.*

1. You have forgotten your hat

2. Did he forget the tickets?

3. Did you forget the time?

4. They (3) have forgotten the keys

5. The dog will forget his bone

3. Ināianei whakamāoritia ēnei rerenga kōrero engari me kupu mahi te kupu *wareware*.
*3. Now translate the following sentences but this time use the normal verb form of **wareware**.*

1. You forgot to ring me

2. The tribe forgot to welcome the Prime Minister

3. No doubt he will forget to get the drinks!

4. The whānau forgot the towels

_____

5. She forgot the sausages

_____

Now, if you are using **wareware** as a normal verb in an active sentence, you can, technically, make it into a passive. Many linguists disagree and are strict on saying you can never make the word **wareware** into a passive. But there are a multitude of examples contained within early recordings, both written and oral, of **wareware** being used in the passive form **warewaretia**. The ode to our fallen soldiers is a prime example.

E kore rātou e warewaretia = *They will never be forgotten*

Next week we will analyse how to remind someone to do something, then dive in to some extension exercises regarding passives! Ā tērā wiki, e hoa mā!

Weekend Word List

Roro	Brain
Pūhiko	Battery
Ārai tīkākā	Sunblock
Hunuhunu	BBQ
Kirihimete	Christmas
Whakatū	Erect / Build
Ōkawa	Formal / Official
Ōpaki	Informal / Unofficial
Hārau	Graze
Takoki	Twist
Marū	Bruised (stative verb)
Tīhae	Rip / Tear
Hāparapara	Operation
Whakarākei	Adorn / Put makeup on
Uenuku	Rainbow
Whakaaro	Idea
Āwangawanga	Worried / Apprehensive

WEEK THIRTY-TWO
More on passives including 'taea' and 'ahatia'

Whakataukī o te wiki
Proverb of the week
Waiho i te toipoto, kaua i te toiroa
United we stand, divided we fall

We are going to start off this week by learning how to say, 'Don't forget to . . .' It is reasonably straightforward, e hoa mā, all we need to do is place the negative phrase **kaua e** at the beginning of the sentence, like this:

Kua wareware i a koe ō pukapuka   Kaua e wareware i a koe ō pukapuka
Kua wareware koe ki ō pukapuka   Kaua koe e wareware ki ō pukapuka

The first example is less complicated than the second – you are simply replacing the **kua** with **kaua e**. It doesn't matter if the sentence begins with **Kei te**, **E . . . ana**, **I**, or **Ka**, you are not actually negating the sentence, just changing the context by telling someone not to forget something. If you were negating 'Kua wareware i a koe ō pukapuka', it would look like this: 'Kāore anō kia wareware i a koe ō pukapuka'.

The second example, which uses the **ki** instead of the stative structure, requires a bit more thinking. You need to place the agent of the action between the **kaua** and the **e**, but as with the stative phrase, it doesn't matter what tense marker is at the start of the sentence.

HARATAU – PRACTICE
Rāhina – Monday

 30-minute challenge

1. Whakamāoritia ēnei rerenga kōrero, whakamahia te rerenga tūāhua.
1. Translate the following sentences into Māori using the stative sentence structure.

1. Don't (you) forget your hat

   _____

2. Don't (you two) forget the tickets

   _____

3. Don't (you three) forget the batteries

   _____

4. Don't (you) forget the keys

5. Don't (those 2) forget the food

2. Ināianei whakamāoritia ēnei rerenga kōrero, engari me whakamahi i te *ki*.
2. *Now translate the following sentences into Māori, but this time use the **ki**.*
1. Don't (you) forget to ring me

2. Don't (you) forget the sunblock

3. Don't forget to buy the drinks

4. Don't forget to erect the BBQ

5. Don't forget the sausages

Another way of saying 'Don't forget to' is to use the word **Kei** before **wareware**. There is no **e** present. *Tirohia ēnei tauira kōrero* – Look at these examples:

Kei wareware **i** a tāua te huritau o Māmā   *We better not forget Mum's birthday*
Kei wareware tāua **ki** te huritau o Māmā   *We better not forget Mum's birthday*

3. Whakamahia ngā whakaahua nei ki te hanga kōrero *Kei wareware*. Ko te *ki* mō ngā rerenga e toru tuatahi, ko te tūāhua *i* mō ngā rerenga e toru whakamutunga. Whakamahia hoki te *koe* hei tūpou.
3. *Use the pictures to create sentences beginning with **Kei wareware**. Use **ki** for the first three sentences, and the stative form **i** for the last three. Use **koe** as the subject.*

1.

2.

_____

3.

_____

4.

_____

5.

_____

6.

_____

Rātū – Tuesday

During our study last week, we discussed some of the conjecture that happens when people talk about the word **wareware** and whether it can be made into a passive, i.e. 'warewaretia'. Sometimes **wareware** is used as a normal verb in an active sentence, so you can technically make it into a passive. It remains a contentious point, but there are a multitude of examples in old manuscripts and recordings of **warewaretia**.

> He hui tērā e kore e warewaretia e te iwi
> *That was an occasion the people will never forget*

> Kei warewaretia e tātou ngā tohutohu a ngā tūpuna
> *Let us not forget the advice of our ancestors*

The word **waiho** (*to leave / be left*) is another one that is debated by linguists. Some say you can make it passive, others say you can't. Again, **waihotia** is prevalent in manuscripts written by Māori language experts over a century ago.

> Tiakina ngā taonga i waihotia mai ai e ngā mātua tūpuna
> *Look after the treasures left to us by our ancestors*

To say these words cannot be made into passive is to challenge the way te reo Māori was spoken when it was a thriving language. The main thing for us now is to understand the debate and make an informed decision on how we use these words.

Taea is another difficult word for many to grasp. Perhaps the main reason for this is because of the debate over whether it is a passive word or not. Even if it isn't, it still follows a passive sentence structure – you need an **e** to indicate who is doing the action, and you need to get rid of any **i** or **ki** particles in your sentence.

It is important to understand the implications if you decide that **taea** is *not* a passive. In Week Twenty-Three of *Māori Made Easy*, I mentioned that **taea** was deemed by many linguists and teachers of the language, to be a passive. However, now is a good time (it's extension time after all!) to mention the debate around **taea** – is it a passive or not?

I am comfortable with the argument that **taea**, when used with the sentence starter **Me**, is *not* a passive. Grammatical rules do not allow a passive word to follow **me**, but **taea** is deemed to be ok by many linguists and language experts, since, in this context, it is not a passive. But don't forget to still include the elements of the passive sentence structure – the **e**, and no **i** or **ki**.

So, in summary, **taea** is a passive when used in active sentences, both affirmative (*'ka taea e koe'*) and negative (*'kāore e taea e koe'*). However, unlike other passives, it has the flexibility to be used with **me**: *Me taea e koe.*

Whew, that's a big theory session! Let's have a bit a fun now, shall we?

 30-minute challenge

1. **Porohitatia te TIKA, te HĒ rānei mō ēnei rerenga, ka tuhi ai he aha ai.**
1. *Circle CORRECT or INCORRECT for these sentences, then explain why.*

1. Me kōrerotia ki tō hoa	TIKA / HĒ	You can't use a passive after Me

2. Me taea e koe tēnā mahi	TIKA / HĒ	
3. Ka taea e koe, e hoa	TIKA / HĒ	
4. Ka taea koe te rākau te piki	TIKA / HĒ	
5. Kua taea e ia i tōna ingoa te tuhi	TIKA / HĒ	
6. Ka taea e Rewi te whakatika i tō pahikara	TIKA / HĒ	
7. I taea e ngā tāne te kawe whaikōrero te hāpai	TIKA / HĒ	
8. Me taea e ngā tāne te kawe whaikōrero te hāpai	TIKA / HĒ	
9. Kāore e taea e au ki te āwhina i a koe	TIKA / HĒ	
10. Me patua e koutou ngā manu rā, he hōhā!	TIKA / HĒ	

Rāapa – Wednesday

So now we come to the question word **aha**, meaning *what*. Can we make **aha** into a passive? Are there any complications like there are with **waiho**, **wareware**, and **taea**? The good news is, no! Turning **aha** into a passive is pretty straightforward if you understand the passive sentence structure (which you should by now). The passive ending you will use is **–tia**, so **aha** becomes **ahatia**. It is valuable to know this way of using **aha**, because making it passive allows you to ask questions like 'What happened to ...?', 'What will happen to ...?', and 'What is happening to / with ...?'

Depending on the language level and preferences of the person responding, the answer will either be in passive form, like the question was, or not.

Kei te ahatia tō whare?	*What's happening with your house?*
Kei te hokona	*It's being sold*
I ahatia te tono amuamu ōkawa rā?	*What happened to the official complaint?*
I whiua ki te ipu para	*It got thrown in the bin*
Ka ahatia tō kurī?	*What's going to happen with your dog?*
Ka tiaki a Mere i a ia	*Mere is going to look after him*

 30-minute challenge

1. Whakamāoritia ēnei rerenga kōrero.
1. Translate these sentences into Māori.

 1. Mere: What happened to your knee?

    _____

    Māka: I grazed it

    _____

 2. Mere: What happened to your ankle?

    _____

    Māka: I twisted it

    _____

 3. Mere: What's happening with your essay?

    _____

    Māka: The teacher is marking it

    _____

 4. Mere: What will happen to your sick cat?

    _____

    Māka: She will be put down

    _____

 5. Mere: What happened to your eye?

    _____

    Māka: I bruised it

    _____

6. Mere: What happened to your hamstring?

   Māka: I tore it

7. Mere: What's going to happen with your neck?

   Māka: It's going to be operated on

8. Mere: What will happen to your house?

   Māka: It will be sold

9. Mere: What's happened to your face?

   Māka: I've put makeup on

10. Mere: What's happened to Anaru?

    Māka: He was hit by Hēmi

Rāpare – Thursday

Sometimes the word **aha** will be paired with **atu** to indicate that the items the speaker had begun to list goes on, and on, and on – similar to saying, 'and so on, and so on'. For example, you may start to talk about all the types of trees that you saw while you were walking in the forest: 'I kite au i te tōtara, i te kauri, i te rimu, i te aha atu, i te aha atu.' This is an example of how **aha atu** is used. *Anei anō he tauira* – here is another example:

I haere au ki Bunnings inanahi, ā, i hokona he kō, he tahitahi, he ngongo wai, he **aha atu**, he **aha atu**.

Titiro ki te tēpu kai! He keke, he inu waireka, he kirīmi, he huarākau, he **aha atu**, he **aha atu**!

 30-minute challenge

1. **Whakaotia ēnei rerenga kōrero, whakaingoatia kia toru ngā mea e hāngai ana i mua i te *aha atu, aha atu*.**
    1. *Complete these sentences, naming three relevant items before using **aha atu, aha atu**.*

1. I runga i te tēpu kai te _____
2. Kei roto i te pātaka mātao te _____
3. Kei roto i taku whata kākahu he _____
4. Kei roto i te uenuku te _____
5. Kua hoki mai au i te hokomaha me te _____

Now, see if you can master this way of using **aha atu** by looking at the examples below:

Ko Rewi te mea pai ki te peita pātū, pikitia, tuanui, aha atu
Rewi is the best at painting walls, pictures, the roof, and whatever else

Mēnā he kōrero ā koutou, he aha atu rānei, kaua e nohopuku
If you have something to say or any contribution to make, don't remain silent

2. Whakamāoritia ēnei rerenga kōrero.
2. *Translate the following sentences into Māori.*
  1. If you want to leave, stay, or whatever, that's up to you
     _____
  2. He can run, climb, swim, whatever
     _____
  3. That fruit shop has grapes, apples, bananas, oranges, and so on, and so on
     _____
  4. If you have an idea, a concern, whatever, talk about it
     _____
  5. For building houses, fixing cars or whatever, there is no one better!
     _____

Rāmere – Friday

30-minute challenge

1. Whakarongo ki te pāhorangi mō tēnei wiki:
1. *Listen to this week's podcast at:*

   www.MaoriMadeEasy2.co.nz

2. Whakaotia tēnei pangakupu.
2. *Complete this crossword puzzle.*

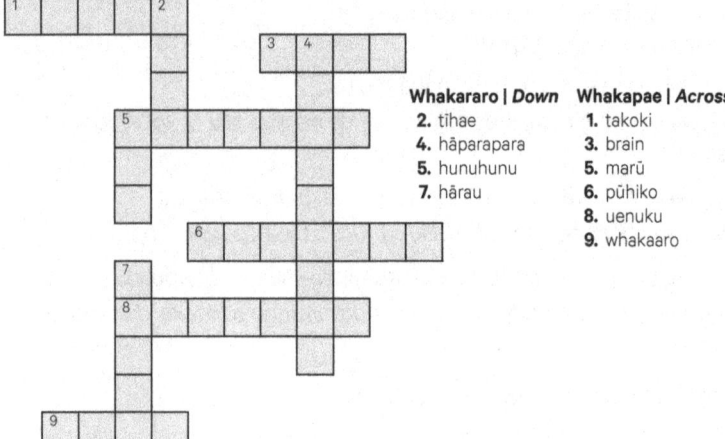

Whakararo | *Down*
2. tīhae
4. hāparapara
5. hunuhunu
7. hārau

Whakapae | *Across*
1. takoki
3. brain
5. marū
6. pūhiko
8. uenuku
9. whakaaro

WEEK THIRTY-THREE
How to use the word 'ai'

Whakataukī o te wiki
Proverb of the week
Ka raka te matau, ka raka te mauī
Always be in tune and balanced, spiritually, physically, emotionally

He Tauira Kōrero
Mere: Oma ai koe ia rā, nē Māka?
Māka: E mea ana koe!
Mere: Koia kei a koe. Tēnā, whakaritea ō hū omaoma, ka oma ai tāua
Māka: I nē? Ki hea?
Mere: Ki te tihi o Maungakiekie!
Māka: Ka pai, āhea au tīkina ai e koe?
Mere: Ā te waru karaka.
Māka: Mā hea koe haere mai ai?
Mere: Mā runga i te waka o tōku māmā.
Māka: Kia mōhio mai koe, kātahi anō au ka hoko punua ngeru, nō reira kaua e haere mai ki konei hoihoi ai, nē?
Mere: Kei mataku tō ngeru hōu?
Māka: Āe, kei mataku tāku ngeru hōu. Hei te waru, nē?
Mere: Āe, hei te waru!

The word **ai** is a small word with many different uses. The dialogue between Mere and Māka demonstrates five different uses of the word. The first example appears in the opening sentence when Mere asks, 'Oma **ai** koe ia rā, nē Māka?' If **ai** is positioned after an action word or verb, it indicates that that particular action is done on a regular basis, i.e. it happens all the time, or at least very frequently. Let's look at some examples:

Kanikani hītengi ai te whānau ia ata o te Rāhoroi
The family goes to ballet every Saturday morning

Haere ai mātou ki te whare kiriata ia Pō Tū
We (us, not the person being spoken to) go to the cinema every Tuesday night

Riri ai ia
He / She gets angry all the time

Haurangi ai rātou
They regularly get drunk

He tokomaha ngā whānau ako ai i te reo i ngā kura pō, ia wiki
There are many families learning the language at night class, every week

HARATAU – PRACTICE
Rāhina – Monday

 30-minute challenge

1. Whakamāoritia ēnei rerenga kōrero auau.
1. Translate these habitual sentences into Māori.

1. They (2) are always arguing

2. She is always moaning

3. He goes to crossfit every Sunday morning

4. He learns a new proverb every night

5. That family (over there) speaks Māori all the time

6. They (6) laugh at him all the time

7. Mum goes to the supermarket every week

8. I brush my teeth every morning and every night

9. New trees grow every year

10. He wakes up at 6am every morning to train

2. Tirohia te āhua o ngā tāngata i ngā whakaahua tekau e whai ake nei. Me tuhi i te whakautu tika a tēnā, a tēnā o rātou ki te pātai, **'Kei te pēhea koe?'**

2. Look at the following 10 pictures. Write the correct response that each person would use to answer the question, 'How are you?'

Rātū – Tuesday

 30-minute challenge

1. **Kimihia te whakamārama tika mō ēnei rerenga kōrero auau. Tuhia he rārangi i te rerenga reo Māori ki tōna hoa reo Pākehā.**
1. *Draw a line from the habitual action te reo Māori sentence on the left to the correct English translation on the right.*

1. Hiakai ai au
2. Hiainu ai taku pēpi ki te waiū i ngā wā katoa
3. Ora rawa atu ai tō āhua ia tūtakihanga
4. Kai ai ia i tōna rongoā ia wā kai
5. Māuiui ai au ia takurua
6. Ngenge ai ngā tamariki ia ahiahi pō i ngā rā o te kura
7. Pukumahi ai ia, ia wā hauhake
8. Pukuriri ai te kaiako ia haratau
9. Hōhā ai rātou ia hingatanga o te kapa Takiwhitu
10. Kaha tonu ai tērā kuia

a. *He / She is very busy every harvest time*
b. *I get unwell every winter*
c. *He / She takes his / her medication every meal time*
d. *They get frustrated and over it every time the Sevens team loses*
e. *That elderly lady is always strong*
f. *The coach gets annoyed at every practice session*
g. *The kids get tired every (late) afternoon on school days*
h. *You always look extremely well every time (we) meet*
i. *I'm always hungry*
j. *My baby is always thirsty for breast milk*

2. **Ko te mahi tuarua i tēnei rā he tuhi rerenga auau ki raro iho i ia whakaahua hei tohu i te mahi kei te mahia. Whakatepea tō rerenga ki ēnei kupu e rua nei – *ia rā*.**
2. Your second task today is to write a habitual sentence under each of the following pictures to demonstrate the regular action taking place. Conclude your sentence with – **ia rā**.

Rāapa – Wednesday

The word **ai** can also be used after a passive verb. So far, we have been practising using **ai** after active verbs. Firstly, let's recap what a passive verb is.

Each ordinary or active verb has its own particular passive ending which will usually be one of the following: –**tia**, –**ria**, –**hia**, –**ngia**, –**na**, –**nga**, –**kia**, –**mia**, –**ina**, –**kina**, –**a**.

Sometimes dialect will determine which passive ending is attached to the end of each verb. Passive sentence structures are commonly heard in te reo Māori, so much so that you could probably say it's the preferred style of a great number of Māori language speakers. But what is a passive sentence and what does it do?

Take a look at these two sentences:
Kei te kai <u>taku tama</u> i te āporo   (<u>My son</u> is eating the apple)
Kei te kainga e taku tama <u>te āporo</u> (<u>The apple</u> is being eaten by my son)

The first sentence is called an active sentence because the agent of the action in the sentence, **'taku tama'** or *'my son'* is the focus. The second sentence is the passive one because the focus of the sentence shifts to **'te āporo'** or *'the apple'*, which is not doing the action but on the receiving end of it. This casts *'my son'* into a passive role in the context of the sentence, which is why we call the sentence 'passive'!

Hopefully you gained a reasonable understanding of passives during your study of *Māori Made Easy*. Let's look at some more examples to refresh our memories:

Kei te āwhinatia a Mere e Rāwiri	*Mere is being helped by Rāwiri*
Kāore a Mere i te āwhinatia e Rāwiri	*Mere is not being helped by Rāwiri*
Kei te tohutohungia ngā tamariki e te kuia	*The children are being instructed by the elderly lady*
Kāore ngā tamariki i te tohutohungia e te kuia	*The children are not being instructed by the elderly lady*
E hokona ana te miraka e te kōtiro	*The milk is being bought by the girl*
Kāore te miraka e hokona ana e te kōtiro	*The milk is not being bought by the girl*
E whāngaihia ana te manuhiri e te wahine	*The visitors are being fed by the woman*
Kāore te manuhiri e whāngaihia ana e te wahine	*The visitors are not being fed by the woman*

Don't forget the steps we need to take to turn an active sentence into a passive sentence. Always remember that the tense marker at the start of the sentence remains untouched. The **i** or **ki** drops out of the sentence and an **e** is placed in front of the agent of the action:

Step 1: Adjust the sentence from its original form . . .

Kei te kai taku tama i te āporo

. . . to this (you are 'passifying' the verb or action word):

Kei te kainga taku tama i te āporo

Step 2: Place an **e** in front of the agent of the action:

Kei te kainga e taku tama i te āporo

Step 3: Finally, get rid of that **i**:

Kei te kainga e taku tama te āporo

The two parts of this sentence are interchangeable, so you can either have **Kei te kainga e taku tama te āporo** or **Kei te kainga te āporo e taku tama**. The tense marker at the beginning of the sentence remains in its position.

Now, let's use the word **ai** after a passive verb to show habitual action! Here are some examples:

Mahia ai te tauhōkai e ia, ia rā
He / She does yoga every day

Kōrerotia ai e rātou ā rātou tikanga, ia hui
They discuss their customs at every meeting

Hangaia ai ngā whare o mua ki te tōtara
Houses in the early days were (usually) made from tōtara

Hopukina ai e tōna pāpā he poaka, ia haere ki te ngahere
His / Her father catches a pig on every trip to the bush

Pēheatia ai te tunu parāoa parai?
How do you (usually) cook fry bread?

 30-minute challenge

1. **Whakapākehātia ēnei rerenga kōrero auau. Me whakamahi kupu mahi hāngū.**
1. *Translate these habitual sentences into English. Use the passive verb form.*

1. Tangihia ai ngā mate i te tīmatanga o te pōwhiri

2. Whakahāweatia ai te hunga pōhara

3. Mātakihia ai a *Te Karere* e te marea, ia pō

4. Ākona ai e ia he kupu hōu ia rua rā

5. Mahia ai e tōna hoa wahine he kōwaiwai hōu, ia marama

6. Whakawetihia ai tana tamaiti e ngā tamariki o te kura

7. Pēheatia ai te panoni kope?

8. Kīia ai ia he whakahīhī – kaitoa hoki!

9. Whakaritea ai e tōku pāpā he parakuihi, ia ata

10. Nōhia ai e tērā koroua te paepae hei mana mō te iwi

Rāpare – Thursday

One of the sentences used in the dialogue at the beginning of the week was '. . . āhea au tīkina ai e koe?' The **ai** is used in combination with **āhea** to ask when something will happen. In this example, the passive verb of the word **tiki**, or *fetch*, is used (**tīkina**) which is absolutely fine! When we learned the **āhea . . . ai** sentence structure in Week Nineteen, we only used active verbs. Let's look at some examples using passive verbs.

Āhea ngā tamariki whāngaihia ai?	When will the children be fed?
Ā te ahiahi nei	This afternoon
Āhea a Hēmi mārenatia ai?	When will Hēmi be getting married?
Ā kore noa pea	Probably never
Āhea a Willie whakahokia mai ai?	When will Willie be returned back (to me)?
Ākuanei	Soon
Āhea ā koutou waiata hōu rīkoatahia ai?	When will your new songs be recorded?
Ā tērā marama	Next month

As you can see, the question word āhea, or *when*, begins the sentence, and the **ai** sits after the active or passive verb.

 30-minute challenge

1. **E nanu ana te takoto o ēnei kupu, māu e whakaraupapa. Kātahi ka whakamāori i te whakautu reo Pākehā.**

1. *The words in these sentences are jumbled. Put them in the correct order. Then translate the English language answer into Māori.*

   e.g. ai āhea taku mokopuna whakahokia mai kāinga ki te
   Soon
   Āhea taku mokopuna whakahokia mai ai ki te kāinga
   Ākuanei

   1. whakaakona ai ngā tamariki āhea ki mau rākau te
      Next week

      ___

   2. au āhea tīkina ai
      Soon

      ___

   3. ngā hapa whakatikatikahia āhea ai e koe
      Tomorrow

      ___

4. āhea te rā e tātou whitikina ai
   Eventually

---

5. tunua āhea e koe tātou tā kai ai
   In five minutes

---

6. te hui whakatūria āhea ai
   In November

---

7. āhea tōna ai nēhua tūpāpaku
   On Thursday

---

8. te whare tākaro ai hangaia āhea koe e
   At 4 o'clock

---

9. rūma tō āhea ai whakapaitia e koe
   When the time is right

---

10. āhea tinana tō ai horoia e koe
    Tonight

Rāmere – Friday

Another one of the sentences used in the dialogue at the beginning of the week was 'Mā hea koe haere mai ai?' If you start a sentence with **Mā hea**, you are about to ask how someone or something will be travelling to a particular destination. The **ai** in this sentence emphasises the mode of travel as being the major focus of the sentence. The subject will vary, it might be the person you are speaking to (*koe*), yourself (*au*), he or she (*ia*), them (*rāua / rātou*), the dog (*te kurī*), someone's name (*Mere*); the list is endless.

Mā hea koe haere mai ai? or *How will you be travelling here?* (or *How are you going to get here?* is probably the more colloquial translation!) will be the most commonly used form of this sentence, but you might also say things like:

Mā hea koe haere atu ai?
How will you get there?

Mā hea koe haere ai ki te kura?
How will you get to school?

Mā hea tātou haere ai?
How are we going (travelling)?

Mā hea te whānau haere ai ki Rotorua?
How will the family travel to Rotorua?

Mā hea te kurī hoki mai ai?
How will the dog get back home?

Mā hea au tae atu ai ki te mahi, kua pakaru tōku waka!
How will I get to work, my car has broken down!

Before we try out some exercises for this sentence structure, here are some tips I picked up while I was at a beginners to intermediate level of learning.

- An advanced speaker will often shorten this sentence to **Mā hea mai koe?** or **Mā hea atu koe?** You may try to master this delivery at some stage.
- Sometimes you may hear the question structured in this way: **Mā runga aha koe?**
  Following on from the above tip, in Māori we travel 'on' vehicles (*runga*), but in English we travel 'in' them.
- To say that someone is *walking* to a destination, use **mā raro**.

 30-minute challenge

1. Tirohia ngā pikitia nei, ka whakautu ai i te pātai: 'Mā hea koe haere ai?' Kua hoatu te tuatahi hei koha.

1. Look at the following pictures, then answer the question: 'How will you get there?' The first answer has been provided for you.

Mā hea koe haere ai?	Mā hea koe haere ai?	Mā hea koe haere ai?	Mā hea koe haere ai?
Mā runga waka rererangi	_____	_____	_____
	_____	_____	_____

| Mā hea koe haere ai? | Mā hea koe haere ai? | Mā hea koe haere ai? | Mā hea koe haere ai? |

_____ _____ _____ _____

_____ _____ _____ _____

2. Whakamahia ngā kupu Pākehā ki te whakautu i aku pātai ki a koe. Kua hoatu te tuatahi hei koha.

2. Use the English words to answer my questions to you. The first answer has been provided for you.

1. Au: Kei te haere koe ki hea? (*Church*)
   Koe: Ki te whare karakia
   Au: Āhea? (*3pm*)
   Koe: Ā te toru karaka i te ahiahi
   Au: Mā hea koe haere ai? (*Walking*)
   Koe: Mā raro
2. Au: Kei te haere koe ki hea? (*Shop*)
   Koe: _____
   Au: Āhea? (*Soon*)
   Koe: _____
   Au: Mā hea koe haere ai? (*Car*)
   Koe: _____
3. Au: Kei te haere koe ki hea? (*School*)
   Koe: _____
   Au: Āhea? (*5 minutes*)
   Koe: _____
   Au: Mā hea koe haere ai? (*Bike*)
   Koe: _____
4. Au: Kei te haere koe ki hea? (*Movies*)
   Koe: _____
   Au: Āhea? (*8pm*)
   Koe: _____
   Au: Mā hea koe haere ai? (*Friend's car*)
   Koe: _____
5. Au: Kei te haere koe ki hea? (*Museum*)
   Koe: _____

Au: Āhea? (*Tomorrow*)
Koe: _____
Au: Mā hea koe haere ai? (*Bus*)
Koe: _____

Tip: If you have tamariki or mokopuna at your house, or who visit your house, and have Lego blocks, buildings, doll houses or toy cars lying around, use them to practise saying where you are going and how you are going to get there. You can also create models of towns and buildings with the kids or your friends and practise the sentences you have learned this week.

3. Whakarongo ki te pāhorangi mō tēnei wiki:
3. *Listen to this week's podcast at:*

 www.MaoriMadeEasy2.co.nz

Next week, we'll continue our study of the word *ai*.

Weekend Word List

Kōhimuhimu	Whisper / Gossip
Whawhewhawhe	Gossip
Taraka	Truck
Waka rererangi	Plane
Pahikara	Bike
Motopaika	Motorbike
Tereina	Train
Pahi	Bus
Mā raro	To walk to a location
Whare karakia	Church
Puta	Go out / Emerge
Hāmama	Shout / Scream
Huri tuarā	Turn back
Huarahi	Road
Ngaruiti	Microwave
Whakapāha	Apologise
Porotēhi	Protest

WEEK THIRTY-FOUR
More on how to use the word 'ai'

Whakataukī o te wiki
Proverb of the week
He iti tangata e tipu, he iti toki e iti tonu iho
People grow, adzes remain small (people are more valuable than material possessions)

He Tauira Kōrero
Mere: Oma ai koe ia rā, nē Māka?
Māka: E mea ana koe!
Mere: Koia kei a koe. Tēnā, whakaritea ō hū omaoma, ka oma ai tāua.
Māka: I nē? Ki hea?
Mere: Ki te tihi o Maungakiekie!
Māka: Ka pai, āhea au tīkina ai e koe?
Mere: Ā te waru karaka.
Māka: Mā hea koe haere mai ai?
Mere: Mā runga i te waka o tōku māmā.
Māka: Kia mōhio mai koe, kātahi anō au ka hoko punua ngeru, nō reira kaua e haere mai ki konei hoihoi ai, nē?
Mere: Kei mataku tō ngeru hōu?
Māka: Āe, kei mataku tāku ngeru hōu. Hei te waru, nē?
Mere: Āe, hei te waru!

As we discovered in Week Thirty-One, the word **ai** has many different functions. The dialogue between Mere and Māka demonstrates five different uses of the word, three of which were studied last week:

1. How to use **ai** after an action word or verb (both affirmative and passive verb forms), to indicate that a particular action is done on a regular basis. This is what we call habitual action, e.g. *Oma **ai** rātou ia rā* (They go for a run every day)

2. How to use **ai** in combination with **āhea** to ask when something will happen – ***Āhea** te Pirimia tae mai **ai**?* (When will the Prime Minister be arriving?)

3. And using **ai** in combination with **Mā hea** to ask or say how someone or something will be travelling to a particular destination. The **ai** in this sentence emphasises the mode of travel as being the major focus of the sentence, e.g. ***Mā hea** tātou haere **ai**?* (How will we be travelling?)

When using **ai** with **Mā hea** the *route* you will be taking to get to a particular destination may be the basis of the question. Usually the context of the conversation will tell you whether a person is asking you: 1) by what means of transport; or 2) by which route you will be travelling. For example:

1. Mā hea koe haere mai ai? — *How are you going to get here?*
   Mā runga pahi — *On the bus*
2. Mā hea koe haere mai ai? — *Via which route will you get here?*
   Mā ngā huarahi o Tihi me Richards — *Via Tihi St and Richards St*

In question 1, the mode of transport is unknown. In question 2, it is known, is a given, or has already been mentioned during the earlier parts of your conversation.

HARATAU – PRACTICE

Rāhina – Monday

30-minute challenge

1. **Tirohia ngā pikitia nei, ka whakautu ai i te pātai: 'Mā hea koe haere ai (te ara ka whāia)?' Kua hoatu te tuatahi hei koha.**
1. *Look at the following pictures, then answer the question: 'How will you get there (by which route)?' The first answer has been provided for you.*

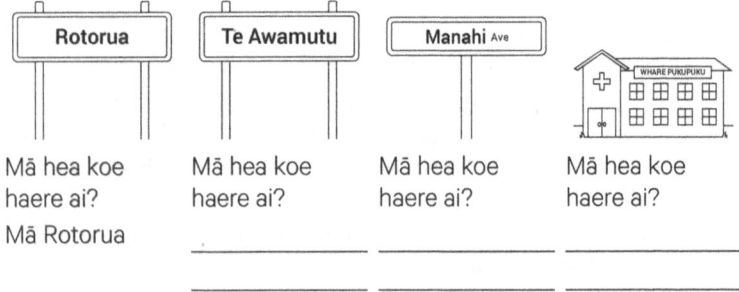

Mā hea koe haere ai?
Mā Rotorua

Mā hea koe haere ai?
_____
_____

Mā hea koe haere ai?
_____
_____

Mā hea koe haere ai?
_____
_____

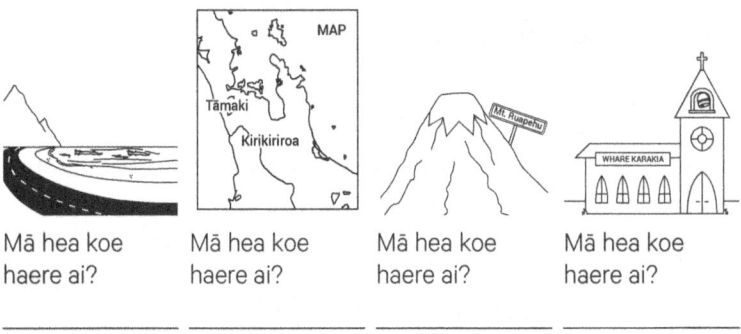

| Mā hea koe haere ai? | Mā hea koe haere ai? | Mā hea koe haere ai? | Mā hea koe haere ai? |

_____ _____ _____ _____

_____ _____ _____ _____

Rātū – Tuesday

In the conversation we are studying between Mere and Māka, Mere says, 'Tēnā, whakaritea ō hū omaoma, ka oma ai tāua'. This is an example of another way of using the word **ai**. It is similar in meaning to the sentence we learned in Week Twenty-Eight of the first *Māori Made Easy* book where we used **kātahi ka** to say the equivalent in English to *and then*. For example:

Haere mai ki konei mā runga pahi, kātahi ka kai tahi tāua
Come here on the bus, and then we (you and I) will eat together

Haere mai mā te huarahi o Kings, kātahi ka huri matau
Travel via Kings Rd, and then turn right

Tapahia te mīti kātahi ka tunu
Cut the meat and then cook it

Māku ngā whawhewhawhe e hopu, kātahi ka tuku ki a koe
I will record all the gossip and then send it to you

All of these sentences can be reconstructed using the **ka ... ai** phrase, for example:

Haere mai ki konei mā runga pahi, ka kai tahi ai tāua
Come here on the bus, and then we (you and I) will eat together

Haere mai mā te huarahi o Kings, ka huri matau ai
Travel via Kings Road, and then turn right

Tapahia te mīti, ka tunu ai
Cut the meat then cook it

Māku ngā whawhewhawhe e hopu, ka tuku ai ki a koe
I will record all the gossip and then send it to you

 30-minute challenge

1. **Me tuhi anō i ēnei kōrero, kia *ka . . . ai* kē.**
1. *Rewrite these sentences using **ka . . . ai**.*
   1. Me tatari kia puta ia, kātahi ka whawhewhawhe tāua
      Me tatari kia puta ia, ka whawhewhawhe ai tāua
   2. Kāore e pai ana kia hāmama koe, kātahi ka haere ki waho
      _____
   3. I kōrero Māori ia i te tīmatanga, kātahi ka huri ki te reo Pākehā
      _____
   4. Kāore e pai ana kia huri tuarā koutou ki a ia, kātahi ka kōhimuhimu mōna
      _____
   5. Me tuku ki te ngaruiti mō te rua meneti, kātahi ka tango
      _____

2. **Ināianei me whakapākehā i ō rerenga reo Māori *ka . . . ai*.**
2. *Now translate your **ka . . . ai** sentences into English.*
   1. Me tatari kia puta ia, ka whawhewhawhe ai tāua
      Wait until he / she goes out (leaves), then you and I will have a gossip
   2. _____
   3. _____
   4. _____
   5. _____

Rāapa – Wednesday

In the conversation between Mere and Māka, Māka says, 'Kaua e haere mai ki konei hoihoi ai, nē?' When used in this manner, the **ai** connects the action, in this case **hoihoi**, or *to be noisy*, to the location which is **konei**, or *here*. So this sentence is saying, 'Don't come here and be noisy, ok?' **Nē** is a great word which you will use a lot as your fluency increases. It can mean many things (ok/right/true/you don't say?) and is used to elicit a response from someone, e.g. *Me haere tāua, nē?* (Let's (you and I) go, shall we?)

Let's analyse some examples of how to use this form of **ai**. Remember, it connects the **action (*kupu mahi*)** to the location (***kupu wāhi***).

Kei te haere rātou ki Rotorua **noho** ai
*They are going to Rotorua **to live***

Kua nuku ia ki <u>Tāmaki</u> **kimi mahi** ai
*He / She has shifted to <u>Auckland</u> **to find work***

Waiho ia i <u>konā</u> **whakakūene** ai
*Leave him / her <u>there</u> **to sulk***

 30-minute challenge

1. **Whakapākehātia / Whakamāoritia rānei ēnei rerenga kōrero. Whakamahia te *ai* hei hono i te wāhi ki te mahi.**
1. *Translate the following sentences into English or Māori. Use **ai** to connect the location to the action.*

1. Go to school and learn

2. Haere ki te whare pukapuka pānui ai

3. Haere ki tō ruma whawhewhawhe ai

4. Don't go there and start whispering

5. Kaua e haere ki tōna whare amuamu ai!

6. Go to the kitchen and make some food

7. They (2) have to go there to apologise

8. Kei te puta rātou ki waho, tākaro ai

9. E haere mā raro ana rātou ki te whare pāremata, porotēhi ai

10. We (us 4) are going to the river to swim

Rāpare – Thursday

 30-minute challenge

1. E nanu ana ngā kupu o ēnei rerenga, māu e whakaraupapa.
1. *The words in the following sentences are jumbled. Place them in the correct order.*

   1. haere ia Mere te o whare ai kōhimuhimu kua ki
      Kua haere ia ki te whare o Mere kōhimuhimu ai
   2. haere kua rātou tātahi ki ai pāinaina

   3. neke te kei whānau te Kirikiriroa ki ai noho

   4. koe haere te marae ki whakarongo ai ngā ki kōrero

   5. ai āwhina ia mīhana te kei te haere ki

   6. i ai haere whānau te moana ki te hī ika

   7. ako ai hoki a kua Miriama te ki whare wānanga

   8. i taku māmā haere ai ki mahi reira ētahi tau mō

   9. ki te kua kuhu rakiraki hōpua kimi ai kai ngā

   10. au tae ki tō āpōpō peita whare ka ai

Rāmere – Friday

 30-minute challenge

1. Whakarongo ki te pāhorangi mō tēnei wiki:
1. Listen to this week's podcast at:

 www.MaoriMadeEasy2.co.nz

2. Ko te wero i tēnei ra, he tūhura i te nama huna. KAUA E PAKU TITIRO KI TE KŌRERO I WAENGANUI I A MĀKA RĀUA KO MERE I TE TĪMATANGA O TE WIKI! Tuhia te nama tika kia tika ai te raupapatanga o ngā rerenga kōrero i waenganui i a Māka rāua ko Mere

2. This challenge today is to 'crack the code'. DON'T TAKE A PEEK AT THE DIALOGUE BETWEEN MĀKA AND MERE AT THE START OF THE CHAPTER! Put the sentences in their correct order, then write the number of each sentence. Did you crack the code? Check in the answer section at the back of the book.

1. Mere: Koia kei a koe. Tēnā, whakaritea ō hū omaoma, ka oma ai tāua.
2. Māka: Āe, kei mataku tāku ngeru hōu. Hei te waru, nē?
3. Mere: Kei mataku tō ngeru hōu?
4. Māka: Ka pai, āhea au tīkina ai e koe?
5. Māka: E mea ana koe!
6. Mere: Mā runga i te waka o tōku māmā.
7. Mere: Ki te tihi o Maungakiekie!
8. Māka: Kia mōhio mai koe, kātahi anō au ka hoko punua ngeru, nō reira kaua e haere mai ki konei hoihoi ai, nē?
9. Mere: Ā te waru karaka.
10. Māka: Mā hea koe haere mai ai?
11. Mere: Oma ai koe ia rā, nē Māka?
12. Māka: I nē? Ki hea?
13. Mere: Āe, hei te waru!

Write your 'code' here:

___ ___ ___ ___ ___ ___ ___

___ ___ ___ ___ ___ ___

No weekend word list this weekend, e hoa mā, but prepare for next week. It's your first revision week. A week designed to test where you're at, and if you are beginning to comprehend sentence structures and understand the language!

WEEK THIRTY-FIVE
Wiki Huritao – Revision week

Whakataukī o te wiki
Proverb of the week
Tēnā te ringa tango parahia
That is the hand that pulls out the weeds (used for a diligent, hard-working person)

Rāhina – Monday

 30-minute challenge

Pānuitia tēnei kōrero kei waenganui i a Atawhai me Anaru, ka tuhi ai i ō whakautu ki ngā pātai.
Read the dialogue between Atawhai and Anaru, then answer the questions.

Atawhai: Hei, Anaru, kua paru te whāriki o te whare i ō pūtu whutupōro.
Anaru: Mō taku hē. I wareware au ki te tango.
Atawhai: Heoi anō, i pēhea tā koutou tākaro? E ai ki ngā kōrero i tino pai koutou i te rā nei, nē?
Anaru: Āe, i mataku ētahi i te kaitā o te hanga o ngā hoariri, engari i māia tonu mātou.
Atawhai: Nō reira, he aha ngā tatau whakamutunga?
Anaru: I toa mātou, tekau mā waru ki te whitu! Engari tumeke tonu mātou i te rironga o te wikitōria i a mātou. Whakamā tonu hoki tō mātou kaiako i tana kī mai ki a mātou i mua i te tīmatanga o te tākaro, e kore pea koutou e toa, engari me ngana kia tata! Te hia kore nei i whakapono!
Atawhai: Kaua e pāpōuri i tēnā, e tama. Kei wareware i a koe, kei te tino whakapono ngā mātua katoa ki a koutou.
Anaru: Tēnā koe, e Ata, engari whakamā tonu au i taku noho wahangū. Ka mahue taku kī atu, 'Engari mō tēnā, Matua Riki, ka toa kē mātou, ka kite koe!'
Atawhai: Koinā tō pai, e Anaru, ka mate ururoa, ahakoa te aha, ahakoa pēhea! Kāti, kei te aha koe ināianei?
Anaru: Kei te toro au i taku whaea kēkē, i a Turahira. Kātahi anō ka whānau mai i a ia tāna pēpi hōu.
Atawhai: Pīwari! Ko wai te ingoa?
Anaru: Ko Hēnare. He tama. Kua ea te hiahia o Turahira kia whai tama. Tokotoru kē āna kōtiro.
Atawhai: Ka pai. Kei te tino ora a pēpi rāua ko māmā?
Anaru: Ora rawa atu!

1. I paru te whāriki i ngā aha?
   _____

2. Tuhia te kupu kei te ngaro: 'I _____ au ki te tango'
   _____

3. I mataku te kapa whutupōro o Anaru i te aha?
   _____
   _____

4. He aha te tatau whakamutunga? Tuhia ngā whika (digits).
   _____

5. He aha te kōrero a te kaiako i mua i te tākaro?
   _____
   _____

6. Whakapākehātia tēnei kōrero: 'Te hia kore nei i whakamā!'
   _____
   _____

7. He aha te kupu Pākehā mō 'pīwari'?
   _____

8. Tokohia ngā tamariki a Turahira?
   _____
   _____

9. Kei te toro a Anaru i a wai?
   _____
   _____

10. Tuhia ngā rerenga tūāhua a Atawhai.
    a. _____
    b. _____
    c. _____

11. Tuhia ngā rerenga tūāhua a Atawhai.
    a. _____
    b. _____
    c. _____
    d. _____
    e. _____
    f. _____

Rātū – Tuesday

 30-minute challenge

Pānuitia tēnei kōrero kei waenganui i a Atawhai me Anaru, ka tuhi ai i ō whakautu ki ngā pātai.
Read the dialogue between Atawhai and Anaru, then answer the questions.

Atawhai: Tēnā koe, Anaru, ki ō whakaaro ka hāparaparatia te puku o tō tāua koroua, ka kore rānei?

Anaru: Te āhua nei ka hāparaparatia, e hoa. Kei te raruraru ētahi o ōna whēkau, ā, e hiahia ana ngā tākuta ki te huaki i tōna puku, kia taea ai e rātou te rongoā tika te whakarite.

Atawhai: Ki ō whakaaro, ka taea e rātou?

Anaru: Ka taea e rātou te aha?

Atawhai: Ka taea e rātou ngā raruraru hauora o Koro te whakatika?

Anaru: Me taea! Kei te nui taku aroha ki tō tāua koroua! Kei te tino āwangawanga au ki a ia.

Atawhai: I pai ia i te hunuhunu a te whānau i tērā wiki, nē, mea rawa ake . . .

Anaru: Āe. Kei te hui ōkawa ngā pakeke o te whānau ki ngā tākuta a te pō nei, ki te whiriwhiri ka ahatia a Koro.

Atawhai: Kua kite koe i a Koro i te hōhipera?

Anaru: Āe, i reira au inapō. Ka taea tonutia e ia ngā momo mahi katoa te mahi, anō nei e kotahi ōrau kē ana tōna hauora.

Atawhai: Hei mua i te Kirihimete ia hāparaparatia ai? Hei muri rānei?

Anaru: Taku whakapae, hei mua. Ehara hoki tēnei i te takoki raparapa, i te hārau popoki, i te karu marū rānei . . . te āhua nei he take nui.

Atawhai: Kāti, e hoa, he mahi rānei e taea e au te mahi hei āwhina i a Koro i tēnei wā?

Anaru: Kei te pīrangi ia ki te mōhio, i ahatia e koe tana waka i muri i te hunuhunu i tērā wiki. Hei tāna, i pakaru i a koe!

Atawhai: Auē! Me hari putiputi au ki a ia, he rōhi, he kopoti, he aha atu, he aha atu, hei mea whakapāha māku!

1. Kei te pīrangi a Koro ki te mōhio i ahatia e wai tōna waka?

   _____
   _____

2. Kei te hāparaparatia te puku o wai, ā, kei te raruraru ōna aha?

   _____
   _____

3. Kei te hāparaparatia kia taea ai e ngā tākuta te aha?
   _____

4. Tuhia te kupu kei te ngaro, 'Kei te tino _____ au ki a ia'

5. He aha te kupu Pākehā mō hunuhunu?
   _____

6. I pakaru te waka o Koro i a wai?
   _____

7. Kei te hui ōkawa te whānau ki a wai?
   _____
   _____

8. Nōnāhea te hunuhunu a te whānau i tū ai?
   _____

9. I tae tō rāua koroua ki te hunuhunu?
   _____

10. Whakapākehātia ēnei rerenga:
    a. takoki raparapa =
    _____

    b. hārau popoki =
    _____

    c. karu marū =
    _____

Rāapa – Wednesday

 30-minute challenge

Pānuitia tēnei kōrero kei waenganui i a Atawhai me Anaru, ka tuhi ai i ō whakautu ki ngā pātai.
Read the dialogue between Atawhai and Anaru, then answer the questions.

Kei waho i te whare a Anaru e mau taiaha ana.
Atawhai: Para whakawai ai koe, nē Anaru?
Anaru: Āe! Kia ea ai i a au te whakataukī rā, 'Raka te mauī, raka te matau'.
Atawhai: Āhea tēnā mahi mutu ai?
Anaru: Ākuanei. Kei te haere tāua ki hea?

Atawhai: Ki te hokomaha. Me hoko pū kākano, kāngarere, puarere, parāoa, miraka . . . ngā mea katoa mō te parakuihi.

Anaru: Ka pai. Ka hoko kai, ka whakahokia mai ki te kāinga, ka whakaputuhia ai ki ngā whata, nē?

Atawhai: Koia koia, e hoa! Me whai tōneke, me whakakī ki te kai, ka hoki ai ki te kāinga.

Anaru: Mā hea atu tāua?

Atawhai: Mā raro. Mōhio tonu koe he tata te hokomaha.

Anaru: Āe, engari kia mōhio noa mai koe, kātahi anō au ka takoki i taku raparapa, i a au e para whakawai nei, nō reira he pai ake pea kia haere tāua mā runga waka.

Atawhai: Hei a koe hoki! Kei te pai, engari takokihia ai tō raparapa, nē?! Me mutu te mau taiaha!

Anaru: Engari ki te kore au e mau taiaha, me aha kē au?

Atawhai: Me pūrei kāri! Kia tere, kua haere tāua!

1. Ki te reo Pākehā, he aha te tikanga o te whakataukī rā, 'Raka te mauī, raka te matau'?
   _____

2. He aha te kupu Pākehā mō 'para whakawai'?
   _____

3. Me hoko aha i te hokomaha?
   _____

4. Tuhia te kupu kei te ngaro: 'Ka _____ ai ki ngā whata, nē?'
   _____

5. He aha te kupu Pākehā mō 'whakaputu'?
   _____

6. Mā hea atu rāua ki te hokomaha?
   _____

7. Kātahi anō a Anaru ka aha?
   _____

8. He tata, he tawhiti rānei te hokomaha?
   _____

9. Me aha a Anaru ki te kore ia e mau taiaha?
   _____

10. E rua ngā kīwaha kei roto i te kōrero nei, tuhia, whakapākehātia.
   a. _____ = _____
   b. _____ = _____

Rāpare – Thursday

 30-minute challenge

Pānuitia ngā tīwhiri, ka tuhi ai i te kupu.
Read the clues and guess the word.

1. He momo waka 2. E rua ngā porotiti 3. Tour de France	1. Te atua 2. Te whakapono 3. Te whare mō te īnoi	1. Hīkoi 2. Kāore e whakaae ana 3. Tiriti o Waitangi	1. He momo umu 2. Whakamahana kai 3. Nā Percy Spencer i hanga tuatahi
_____	_____	_____	_____
1. Ka haere ki te hōhipera mō tēnei 2. He huaki tinana 3. Ka whakamoea koe	1. He iti, he pūoto te āhua 2. Mā ēnei ka mahi te rau mamao 3. Mā ēnei ka kā te rama (*torch*)	1. He taputapu mō te raumati 2. Ka pā ki te kiri 3. He whakaruruhau i a koe i ngā hihi o te rā	1. Kei roto i tō upoko 2. Ka āwhina i a koe ki te whakaaro 3. Ka tuku karere ki tō tinana kia kori
_____	_____	_____	_____
1. He hākari raumati 2. Kei waho i te whare 3. He tōtiti ka tunua	1. He wā harikoa 2. He wā whai perehana 3. He wā ki a Ihu Karaiti	1. Ina taka i tō pahikara, ka pēneitia tō popoki 2. Ka rere te toto 3. Ka pāpaka te kiri	1. Ki te mekea tō karu, ka hua ake tēnei 2. Ka pēnei hoki te āhua o ētahi huarākau 3. He waiporoporo
_____	_____	_____	_____

1. He pani piataata mō ngā ngutu 2. He whakairo mō te whare 3. He kākahu ātaahua mō te hui	1. He maha ōna tae 2. Kei roto i te rangi 3. He tāwhana i muri i te ua	1. Mēnā ka hē tō mahi, ka pēnei koe 2. He kupu aroha mō tō hē 3. E ai ki te paipera, he rīpene tā	1. Ka haere ngā waka mā runga i tēnei 2. He tōtika ētahi, he kōpikopiko ētahi 3. 50 kiromita te ture

Rāmere – Friday

 30-minute challenge

1. **Whakarongo ki te pāhorangi mō tēnei wiki – he momo whakamātautau whakarongo kei reira.**
   1. Listen to this week's podcast, a listening test has been prepared for you.

 www.MaoriMadeEasy2.co.nz

Weekend Word List

Haunga	Smelly / Stinky
Huaki	Open / Gut
Whēkau	Insides / Guts / Organs
Oko	Bowl
Hari	Carry / Take
Ruaki	Vomit
Wāhi	Place
Pakupaku	Small
Uru	Enter / Go in
Tauhou	Stranger
Takaroa	Late
Hāmama	Shout
Pīrahi	Fragile
Atamai	Clever
Pakapaka	Burnt (food)

WEEK THIRTY-SIX
More on using 'hoki' and 'rawa'

Whakataukī o te wiki
Proverb of the week
E kore e taea te rākau pirau te whao
Some people just can't be helped / can't be told

He Tauira Kōrero
Mere: E Māka, he aha hoki tēnā?
Māka: Ko ngā whēkau o te kina, e hoa.
Mere: Te haunga hoki! Me huaki rawa ki konā? Ka kai rawa koe i ēnā whēkau nā?
Māka: Āe marika, he reka hoki.
Mere: Engari hoki mō tēnā! He haunga rawa, e hoa, me hari atu i konei, kei ruaki au.
Māka: Tīkina mai he oko, ka haria e au ki wāhi kē.
Ka tīkina e Mere he oko, ka hoatu ki a Māka.
Mere: Haria ki te whare o Rewi, kāore e kore ka hiahia hoki ia ki te kai i tēnā kai.
Māka: E hoa, he pakupaku rawa tēnei oko, e kore te katoa o ēnei whēkau nei e uru ki roto.
Mere: Pakupaku rawa? He aha hoki! Ka uru te katoa, māku hoki koe e āwhina kia uru ai!

Both **hoki** and **rawa** are used to provide emphasis to questions and statements. Firstly, let's focus on **hoki**. In the first sentence of this week's dialogue, Mere asks Māka, 'He aha hoki tēnā?' If **hoki** was not present in the question like this, Mere would simply be asking, 'He aha tēnā?' (*What is that (by you)?*). But because she has used **hoki** she is now saying, 'What on earth is that?' When she finds out that what she is asking about are kina guts, she says, 'Te haunga hoki!' An exclamation that is emphasised by the presence of the **hoki**. Let's take a look:

He aha tēnā?	*What is that (by you)?*
He aha **hoki** tēnā?	*What on earth is that (by you)?*
Te haunga!	*It smells!*
Te haunga **hoki**!	*It absolutely stinks!*
Ko wai atu?	*Who else is there?*
Ko wai atu **hoki**?	*Just who else is there?*

HARATAU – PRACTICE
Rāhina – Monday

🕒 **30-minute challenge**

1. Whakahonoa ngā rerenga i te taha mauī ki te taha matau.
1. Join the sentence on the left to its correct partner on the right.

Kua tiko te kau	Aua hoki, he tauhou
Kua toa anō a Usain Bolt i te 100m	Kāo! He aha hoki tērā?
Titiro ki tērā mea. Kua kite mea pērā koe?	tōna tere hoki
Ka taea e rātou	te haunga hoki!
Whoa, titiro ki tērā wahine!	He aha hoki! E kore tātou e toa, ahakoa pēhea
Kua takaroa anō te pahi	Ko wai hoki tērā?
Tērā e hāmama mai rā, ko wai hoki tērā?	māku hoki rātou e āwhina kia oti ai
Kia kaha koe kia toa ai tātou	Te pōturi hoki, nē?

1. _____
2. _____
3. _____
4. _____
5. _____
6. _____
7. _____
8. _____

2. Ināianei me whakapākehā koe i ō rerenga.
2. Now translate your sentences into English.

1. _____
2. _____
3. _____
4. _____

5. _____
6. _____
7. _____
8. _____

Rātū – Tuesday

A very handy way of using **rawa** is when you want to say something or someone is 'too big' or 'too small' or 'too slow', and so on. To achieve this, place **rawa** straight after the word you want to modify; it will usually be an adjective (describing word) or a verb (action word).

Kaua e ruku ki konei, he pāpaku <u>rawa</u> te wai
Don't dive here, the water is <u>too</u> shallow

He taumaha rawa tēnei pouaka
This box is too heavy

He momona rawa koe ki te kuhu ki tēnā tūru
You are too obese to fit in that chair

Kāore e kore kei te kai rongoā wirikoka ia, he pāuaua nōna
There is no doubt he is taking steroids, he is too muscular

 30-minute challenge

1. **Tuhia he rerenga kōrero mō ia pikitia, whakautua tō rerenga ki te kupu *mōna*.**
1. *Write a sentence for each picture. The last word in your sentence will be **mōna**, 'for him' or 'for her'.*

_____ _____ _____ _____ _____

_____ _____ _____ _____ _____

2. **Whakamāoritia ēnei rerenga kōrero.**
2. *Translate these sentences into Māori.*
   1. You are too slow in the mornings

   _____
   _____

2. That part of the ocean is too deep

3. You are too big to fit in there

4. This is too fragile

5. You are too clever

6. I am too quick for you

7. We (us 5) got told off because you were too late

8. Don't eat that, it's too burnt

Rāapa – Wednesday

30-minute challenge

1. **E nanu ana ngā kupu o ēnei rerenga, whakatikahia (ko ētahi he *hoki*, ko ētahi he *rawa*).**
1. *The words in these sentences are jumbled. Put them in the correct order (some are **hoki** sentences, some are **rawa**).*
   1. ō karu rawa nui he

   2. wai hoki nā kurī tērā

   3. wai ki te pērā kōrero koe ko hoki a au ki

   4. Turituri! nō hoihoi koutou he rawa

5. rare rawa reka ēnei he

6. rawa e kore au i a pau tēnei he kai e nui

7. pirau te ō niho hoki o

8. E kore au haere e hoki, he nōku mataku rawa

Rāpare – Thursday

 30-minute challenge

1. **Ko te wero i tēnei ra, he tūhura i te nama huna. KAUA E PAKU TITIRO KI TE KŌRERO I WAENGANUI I A MĀKA RĀUA KO MERE I TE TĪMATANGA O TE WIKI! Tuhia te nama tika kia tika ai te raupapatanga o ngā rerenga kōrero i waenganui i a Māka rāua ko Mere.**
    1. *This challenge today, is to 'crack the code'. DON'T TAKE A PEEK AT THE DIALOGUE BETWEEN MĀKA AND MERE AT THE START OF THE CHAPTER! Put the sentences in their correct order, then write the numbers of each sentence. Did you crack the code? Check in the answer section at the back of the book.*
    1. Māka: Āe marika, he reka hoki.
    2. Ka tīkina e Mere he oko, ka hoatu ki a Māka.
    3. Māka: E hoa, he pakupaku rawa tēnei oko, e kore te katoa o ēnei whēkau nei e uru ki roto.
    4. Māka: Tīkina mai he oko, ka haria e au ki wāhi kē.
    5. Mere: Pakupaku rawa? He aha hoki! Ka uru te katoa, māku hoki koe e āwhina kia uru ai!
    6. Māka: Ko ngā whēkau o te kina, e hoa.
    7. Mere: E Māka, he aha hoki tēnā?
    8. Mere: Te haunga hoki! Me huaki rawa ki konā? Ka kai rawa koe i ēnā whēkau nā?
    9. Mere: Engari hoki mō tēnā. He haunga rawa, e hoa, me hari atu i konei, kei ruaki au.
    10. Mere: Haria ki te whare o Rewi, kāore e kore ka hiahia hoki ia ki te kai i tēnā kai.

Write your 'code' here:

____ ____ ____ ____ ____ ____ ____ ____

2. Whakaotia tēnei pangakupu.
2. *Complete the crossword.*

Whakararo | *Down*
1. burnt (food)
3. carry / take
4. place
6. gut / open
7. clever

Whakapae | *Across*
2. organs / guts
5. fragile
6. shout
8. enter
9. bowl

Rāmere – Friday

 30-minute challenge

1. Whakarongo ki te pāhorangi mō tēnei wiki:
1. *Listen to this week's podcast at:*

 www.MaoriMadeEasy2.co.nz

2. Me whakapākehā tā Māka rāua ko Mere kōrero.
2. *Now translate Māka and Mere's conversation into English.*

Mere: E Māka, he aha hoki tēnā?
___

Māka: Ko ngā whēkau o te kina, e hoa.
___

Mere: Te haunga hoki! Me huaki rawa ki konā? Ka kai rawa koe i ēnā whēkau nā?
___

Māka: Āe marika, he reka hoki.
___

Mere: Engari hoki mō tēnā. He haunga rawa, e hoa, me hari atu i konei, kei ruaki au.
___
___

Māka: Tīkina mai he oko, ka haria e au ki wāhi kē.

Ka tīkina e Mere he oko, ka hoatu ki a Māka.

Mere: Haria ki te whare o Rewi, kāore e kore ka hiahia hoki ia ki te kai i tēnā kai.

Māka: E hoa, he pakupaku rawa tēnei oko, e kore te katoa o ēnei whēkau nei e uru ki roto.

Mere: Pakupaku rawa? He aha hoki! Ka uru te katoa, māku hoki koe e āwhina kia uru ai!

Weekend Word List

Mutunga kē mai o te maroke	Really, really dry (boring!)
Kangakanga	Continually swear and curse
Ruku	Dive
Whare karakia	Church
Mekemeke	Boxing
Tāuwhiuwhi	Shower with water
Kūtai	Mussel
Kōeko	Cone
Aihikirīmi	Ice cream
Tapepe	Trip
Wawe	To do quickly
Ahitereiria	Australia
Amerika	America
Rata	To like
Ipo	Sweetheart
Tauwehe	Separate
Whare toatini	Mall
Pakirara	Rude
Tarau makere	Promiscuous woman
Ure paratī	Promiscuous man

WEEK THIRTY-SEVEN
More on answering 'why' questions

Whakataukī o te wiki
Proverb of the week
He ao te rangi ka ūhia, he huruhuru te manu ka tau
As clouds adorn the sky, feathers enhance the beauty of the bird (said of a well-dressed, fashionable person)

He Tauira Kōrero
Kei roto a Mere rāua ko Māka i te whare.
Māka: E kare, huakina ngā matapihi, he wera rawa nō te rūma nei.
Mere: Tika tāu! Hei, he aha koe i kore ai e haere ki te whare wānanga inanahi?
Māka: He kore nōku i pīrangi. He hōhā nōku ki aku kaiako.
Mere: He aha te mate o ō kaiako?
Māka: Ko ētahi, te mutunga kē mai o te maroke.
Mere: Koinā te kōrero pono?
Māka: Ā, heoi anō, he māngere hoki pea nōku!
Mere: He aha ai? Ehara koe i te tangata māngere, haere ai koe ki te whakangungu, ia rā.
Māka: He pai nōku ki te whakangungu tinana, engari anō te whakangungu roro!
Mere: Heoi anō, kei te haere au ki te whare wānanga i te rā nei, he hiahia nōku ki te whakarongo ki a Wharehuia.
Māka: Kāore au e haere, he ngenge rawa nōku.
Mere: Ngenge i te aha?
Māka: I te whakangungu tinana i te ata nei!

You may remember the 'why' questions from Week Twenty-Three of *Māori Made Easy*. As mentioned at that stage of your study, the most important aspect of the 'why' question phrase is to get the **ai** in the correct position. Look carefully at these examples:

He aha ai?	*Why?*
He aha i kore ai?	*Why not?*
He aha koe i haere ai?	*Why did you go?*
He aha koe i kore ai i / e haere?	*Why did you not go?*
He aha rātou i haere ai ki Rotorua?	*Why did they go to Rotorua?*
He aha rātou i kore ai i / e haere ki Rotorua?	*Why did they not go to Rotorua?*

As you can see, in the affirmative sentence structure, **ai** is placed after the verb or action word. In the negative sentence structure, we use the negating word **kore** and place it between the **i** and the **ai**. The verb shifts to after the **ai**, preceded by an **i** or **e**. I have noticed over the past 25 years of learning and teaching the language that it's almost split down the middle, whether an expert speaker will use **i** after the **i kore ai** or whether they will use **e**. I have also yet to hear or discover a definitive and comprehensive argument about whether one should be preferred over the other, hence the reason I give you the option to use **i** or **e** – whichever you prefer!

HARATAU – PRACTICE
Rāhina – Monday

 30-minute challenge

1. **Tirohia ngā whakaahua nei. Tuatahi, tuhia he rerenga 'he aha i . . . ai?' mō ia whakaahua. Tuarua, me whakakāhore koe i taua rerenga.**
1. *Look at the pictures. The first part of this exercise is to write a 'he aha i . . . ai?' phrase for each picture. The second part is to negate that phrase.*

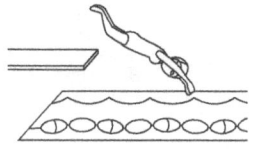

He aha te wahine i kangakanga ai? _____?

He aha te wahine i kore ai e kangakanga? _____?

_____?   _____?
_____?   _____?

_____?   _____?
_____?   _____?

2. Ināianei, whakamātauhia ēnei, engari me hāngū ngā rerenga.
2. Now, try these, but your phrases must be in passive form.

He aha te ahi i tahuna ai e te tama?   _____?
He aha te ahi i kore ai e tahuna e te tama?   _____?

_____?   _____?
_____?   _____?

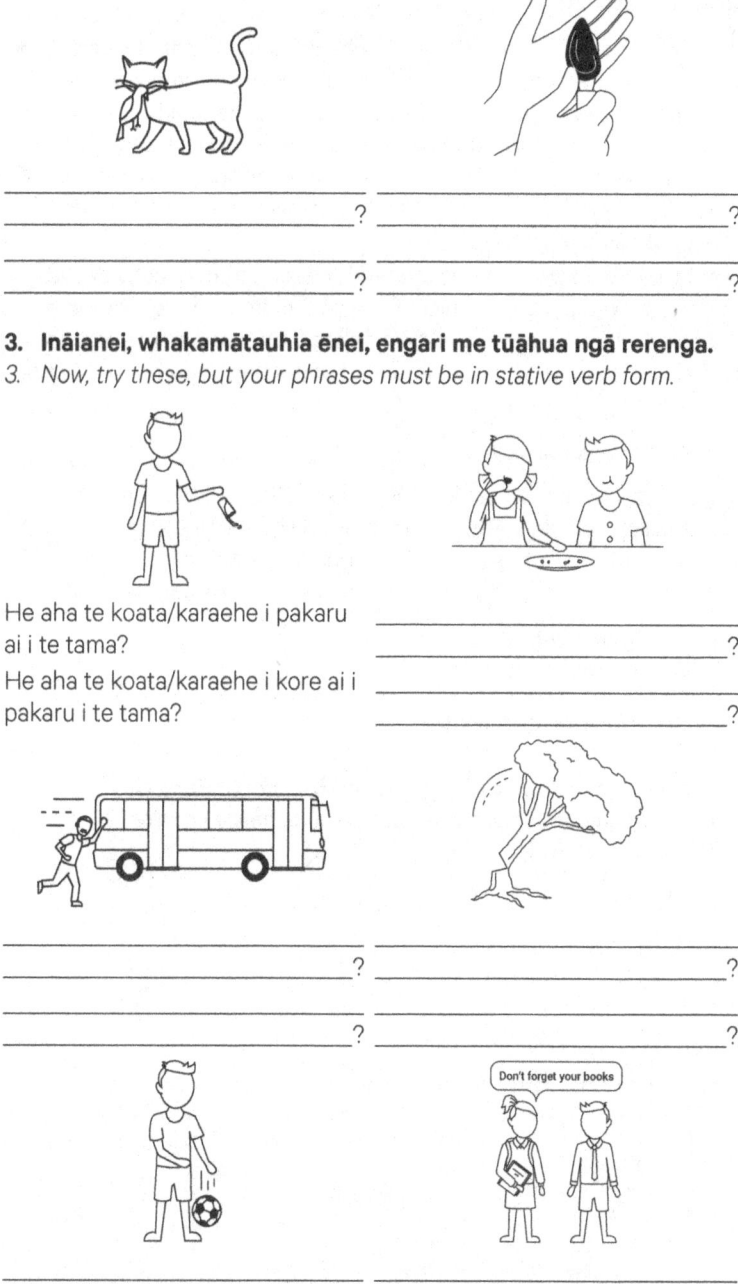

3. Ināianei, whakamātauhia ēnei, engari me tūāhua ngā rerenga.
3. Now, try these, but your phrases must be in stative verb form.

He aha te koata/karaehe i pakaru ai i te tama?

He aha te koata/karaehe i kore ai i pakaru i te tama?

Rātū – Tuesday

Before we dive into today's mahi, I would just like to point out something important from yesterday. In the 30-minute challenge, you were asked to compose a phrase using the sentence pattern **he aha i . . . ai?** for each picture. Then you had to negate that phrase. In the stative section of this challenge, there was a picture of a tree falling to the ground, and a ball falling from a boy's hands. In Māori terms, there are two types of *falling*, both stative verbs.

Tuatahi, the word **taka**. This is the type of falling from directly above, downwards. The person or object falling shifts from where they were to a new position below. Like a child falling from a tree to the ground, a pen falling from a hand to the ground, that is when you would use **taka**.

Kua taka te tama i te rākau

Kua taka te pene i te ringa

Hinga is used when the base of the object falling, or the feet of the person falling, remain in the same place, so when a person faints or trips over that is **hinga**, not *taka*. Just like when a tree falls over, its roots remain in the same place as they were when the tree was standing.

Kua hinga te tangata

Kua hinga te rākau

 30-minute challenge

1. Kōwhirihia te kupu tika mō ēnei pikitia, *hinga*, *taka* rānei.
*1. Choose the correct word for each picture, **hinga** or **taka**.*

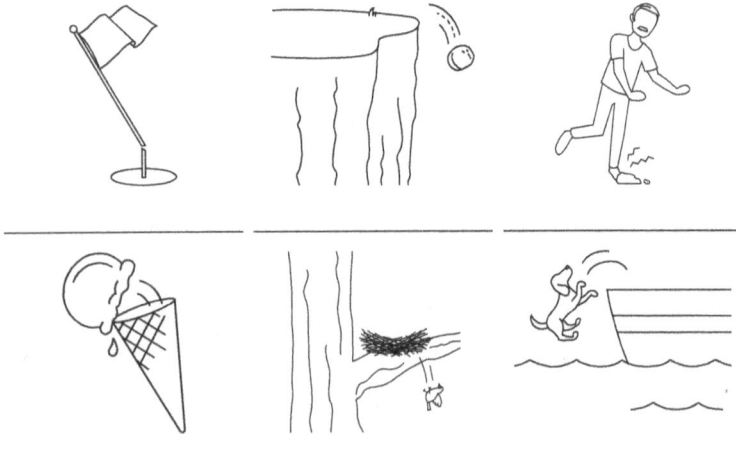

 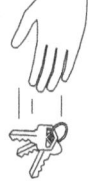 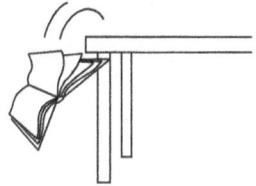

_____   _____   _____

If you finish today's mahi early, then you can come back to this exercise and write the whole sentence for each picture. Now, we have already learnt how to answer **He aha i . . . ai?** questions in Week Twenty-Three of *Māori Made Easy*, with the phrase **nā te mea**, or *because*, like this:

He aha rāua i hoko inu ai?	*Why did they buy drinks?*
Nā te mea i tino hiainu rāua	*Because they were extremely thirsty*
He aha koe i haere ai ki Ahitereiria?	*Why did you go to Australia?*
Nā te mea e rata ana au	*Because I like it*
He aha koe i waea atu ai ki a Mere?	*Why did you call Mere?*
Nā te mea i te mokemoke au	*Because I was lonely*
He aha koe i noho wawe ai?	*Why did you sit down so quickly?*
Nā te mea kua kōrero kē au	*Because I have already spoken*

A more advanced way to answer a *why* question is to use the phrase **he . . . nō**, like this:

He tino hiainu nō rāua	*Because they were extremely thirsty*
He rata nōku	*Because I like it*
He mokemoke nōku	*Because I was lonely*

You will notice that this way of answering a *why* question tends to favour the '**o**' category word **nō**. This is because there are feelings or qualities involved, which makes it an '**o**' category.

2. Whakaarohia he whakautu auaha ki ēnei pātai, whakamahia te *he . . . nō*.

*2. Think of some creative answers to these questions using **he . . . nō**.*

1. He aha koe i tae tōmuri ai ki te kura?
   _____

2. He aha koe i haere ai ki Amerika?
   _____

3. He aha koe i tautoko ai i a ia?
   _____

4. He aha koe i riri ai ki tō teina?
   _____

5. He aha te whānau i haere ai i Tāmaki ki Rotorua noho ai?
   _____

6. He aha kōrua ko tō ipo i tauwehe ai?
   _____

7. He aha koe i pōti ai ki a Reipa?
   _____

8. He aha koe i kore ai e pōti ki te Rōpū Tōrangapū Māori?
   _____

9. He aha koe i kore ai i whakaae ki tāna tono kia whai kōrua?
   _____

10. He aha ia i kore ai i tae mai ki tōku huritau?
    _____

Rāapa – Wednesday

So far, we have used the sentence pattern **he . . . nō** to answer *why* questions. However, it has other useful purposes when you are speaking Māori to someone. On its own, it's a very effective way of saying *because* during a conversation. As Mere says in her conversation with Māka this week, 'Heoi anō, kei te haere au ki te whare wānanga i te rā nei, he hiahia nōku ki te whakarongo ki a Wharehuia' ('Oh well, I am going to uni today because I want to listen to Wharehuia').

Here are some more examples:
I waku niho au, he paru nō aku niho
I brushed my teeth because my teeth were dirty

Kaua e whakapōrearea i a ia, he riri nōna
Don't annoy him, (because) he is angry

Me whakaweto au i te pouaka whakaata, he hoihoi rawa nō koutou
I'm going to turn off the TV because you guys are too noisy

Kāore rāua i te haria ki te whare toatini, he pakirara nō rāua
They will not be taken to the mall because they are rude

30-minute challenge

1. **Whakamāoritia, whakapākehātia rānei ēnei rerenga kōrero.**
1. *Translate these sentences into Māori or English.*
   1. He hōhā nōku ki a ia

   2. Because you are too rude

   3. Because we (us 2) are scared

   4. Kāore au i te whakapono i eke panuku, he ngoikore nōna

   5. Kāore au i wātea, he mātakitaki nōku i *Te Karere*

   6. He mate manawa nōna ka kore ia e tae mai ki te hui

   7. Taihoa ake nei ka wareware i a koe a Mere, he tarau makere hoki nōna

   8. You (4) had better go because your mother is angry

   9. Me whakarere koe i a ia, he ure paratī nōna

   10. Haere mai koe i taku taha, he pai nōu ki te waiata

Rāpare – Thursday

 30-minute challenge

1. **Tuhia ngā rerenga *he . . . nō* nō te kōrero i waenganui i a Mere rāua ko Māka.**
1. *Write down the **he . . . nō** sentences from the dialogue between Mere and Māka.*
   1. _____
   2. _____
   3. _____
   4. _____

5. _____
6. _____
7. _____

2. Panonitia ēnei rerenga kōrero i te *nā te mea* ki te *he . . . nō*. Mēnā he rerenga whakakāhore, me whai *kore* tōmua rawa i te *nō*, kātahi ka *i* tōmua i te kupu āhua, kupu mahi rānei.
2. *Change these sentences from **nā te mea** to **he . . . nō**. If it is a negative sentence, you will need to put a **kore** right before the **nō**, then an **i** before the adjective or verb.*

Nā te mea kāore au i pīrangi   He kore nōku i pīrangi
Nā te mea kāore rātou i rata   He kore nō rātou i rata

1. Nā te mea i takaroa rawa koe
   _____

2. Nā te mea kāore rātou i pōwhiri i a māua
   _____

3. Kāore au i haere nā te mea kāore au i wātea
   _____

4. Nā te mea i taringa kōhatu au ki ngā tohutohu a māmā
   _____

5. Nā te mea i patu ia i te kurī
   _____

6. Nā te mea i ohorere māua
   _____

7. Nā te mea i hāpai au i tāna kaupapa
   _____

8. Nā te mea kāore ērā tikanga i hāngai i taua wā
   _____

Rāmere – Friday

🕒 30-minute challenge

1. Whakarongo ki te pāhorangi mō tēnei wiki:
1. *Listen to this week's podcast at:*

 www.MaoriMadeEasy2.co.nz

2. Whakapākehātia.
2. *Translate into English.*

Māka: E kare, huakina ngā matapihi, he wera rawa nō te rūma nei.

Mere: Tika tāu! Hei, he aha koe i kore ai e haere ki te whare wānanga inanahi?

Māka: He kore nōku i pīrangi. He hōhā nōku ki aku kaiako.

Mere: He aha te mate o ō kaiako?

Māka: Ko ētahi, te mutunga kē mai o te maroke.

Mere: Koinā te kōrero pono?

Māka: Ā, hēoi anō, he māngere hoki pea noku!

Mere: He aha ai? Ehara koe i te tangata māngere, haere ai koe ki te whakangungu, ia rā.

Māka: He pai nōku ki te whakangungu tinana, engari anō te whakangungu roro!

Mere: Heoi anō, kei te haere au ki te whare wānanga i te rā nei, he hiahia nōku ki te whakarongo ki a Wharehuia.

Māka: Kāore au e haere, he ngenge rawa nōku.

Mere: Ngenge i te aha?

Māka: I te whakangungu tinana i te ata nei!

No word list this weekend, to give you a chance to consolidate all the word lists you have learnt thus far!

WEEK THIRTY-EIGHT
An extension on 'why' questions

Whakataukī o te wiki
Proverb of the week
Kei runga te kōrero kei raro te rahurahu
He that will cheat you at play will cheat you anyway

You have almost mastered all there is to know about *'why'* questions, however, I have one more thing to show you. So far, you have been learning how to ask a *'why'* question with **He aha i ... ai?** Now what I want you to do is take out the **He** and replace it with **Nā te** so you end up with **Nā te aha i ... ai?** This is an alternative way of asking a *'why'* question.

Take a look at our examples from the previous week, changed to become our alternative **Nā te aha i ... ai?** sentence:

He aha ai?	Nā te aha ai?
He aha i kore ai?	Nā te aha i kore ai?
He aha koe i haere ai?	Nā te aha koe i haere ai?
He aha koe i kore ai i / e haere?	Nā te aha koe i kore ai i / e haere?
He aha rātou i haere ai ki Rotorua?	Nā te aha rātou i haere ai ki Rotorua?
He aha rātou i kore ai i / e haere ki Rotorua?	Nā te aha rātou i kore ai i / e haere ki Rotorua?

HARATAU – PRACTICE
Rāhina – Monday

 **30-minute challenge**

1. Pānuitia anō ēnei rerenga kōrero, ka panoni ai i ngā rerenga *He aha i ... ai?* ki *Nā te aha i ... ai?*
1. Have another look at these sentences and change them from *He aha i ... ai?* to *Nā te aha i ... ai?*
   1. He aha koe i tae tōmuri ai ki te kura?

   2. He aha koe i haere ai ki Amerika?

   3. He aha koe i tautoko ai i a ia?

4. He aha koe i riri ai ki tō teina?
   _____

5. He aha te whānau i haere ai i Tāmaki ki Rotorua noho ai?
   _____

6. He aha kōrua ko tō ipo i tauwehe ai?
   _____

7. He aha koe i pōti ai ki a Reipa?
   _____

8. He aha koe i kore ai e pōti ki te Rōpū Tōrangapū Māori?
   _____

9. He aha koe i kore ai i whakaae ki tāna tono kia whai kōrua?
   _____

10. He aha ia i kore ai i tae mai ki tōku huritau?
    _____

2. Tirohia ngā whakaahua nei. Tuatahi, tuhia he rerenga *Nā te aha i . . . ai?* mō ia whakaahua. Tuarua, me whakakāhore koe i taua rerenga.

2. Look at the pictures. The first part of this exercise is to write a ***Nā te aha i . . . ai?*** *phrase for each picture. The second part is to negate that phrase.*

Nā te aha koe i haere mai ai ki konei?

Nā te aha koe i kore ai e haere mai ki konei?

_____ ?

_____ ?

_____ ?

_____ ?

_____ ?

_____ ?

_____? _____?

_____? _____?

3. Ināianei, whakamātauhia ēnei, engari me hāngū ngā rerenga.
3. Now, try these, but your phrases must be in passive form.

Nā te aha te pouaka i hikina ai e te tama?   _____?

Nā te aha te pouaka i kore ai e hikina e te tama?   _____?

_____? _____?

_____? _____?

_____? _____?

_____? _____?

4. Ināianei, whakamātauhia ēnei, engari me tūāhua ngā rerenga.
4. *Now, try these, but your phrases must be in stative verb form.*

Nā te aha te pene i taka ai i te tama?

_____?

Nā te aha te pene i kore ai i taka i te tama?

_____?

I fell over

_____?   _____?

_____?   _____?

Rātū – Tuesday

You already know how to answer **He aha i . . . ai?** or **Nā te aha i . . . ai?** questions with the phrase **Nā te mea**, or *because*, like this:

He aha rāua i hoko inu ai?   *Why did they buy drinks?*
Nā te mea i tino hiainu rāua   *Because they were extremely thirsty*

Nā te aha koe i haere ai ki Ahitereiria?   *Why did you go to Australia?*
Nā te mea e rata ana au   *Because I like it*

He aha koe i waea atu ai ki a Mere?   *Why did you call Mere?*
Nā te mea i te mokemoke au   *Because I was lonely*

Nā te aha koe i noho wawe ai?   *Why did you sit down so quickly?*
Nā te mea kua kōrero kē au   *Because I have already spoken*

And then there was the more advanced way to answer a 'why' question with **he ... nō**, like this:

He aha rāua i hoko inu ai?	*Why did they buy drinks?*
He tino hiainu nō rāua	*Because they were extremely thirsty*
Nā te aha koe i haere ai ki Ahitereiria?	*Why did you go to Australia?*
He rata nōku	*Because I like it*
He aha koe i waea atu ai ki a Mere?	*Why did you call Mere?*
He mokemoke nōku	*Because I was lonely*
Nā te aha koe i noho wawe ai?	*Why did you sit down so quickly?*
He kōrero kē nōku	*Because I have already spoken*

 30-minute challenge

1. **Whakaarohia he whakautu auaha ki ēnei pātai – mō ngā tau rite whakamahia te *he ... nōku*, mō ngā tau kehe, *nā te mea*.**
1. *Think of some creative answers to these questions – for even numbers use **he ... nōku**, and for odd numbers use, **nā te mea**.*

   1. Nā te aha koe i tōmuri ai ki te hui?

   2. Nā te aha koe i haere ai ki te whare o Kim Kardashian?

   3. Nā te aha koe i kihi ai i a ia?

   4. Nā te aha koe i kore ai i āwhina i tō teina?

   5. Nā te aha te whānau i noho wahangū ai?

   6. Nā te aha kōrua i kore ai i mārena?

   7. Nā te aha koe i puta ai ki te tāone inapō?

   8. Nā te aha koe i kōrero anō ai ki a ia, i pōhēhē au kua wehe kōrua?

   9. Nā te aha koe i kore ai i hoko i te puna kaukau rā?

10. Nā te aha ia i karo ai i tō waea atu ki a ia?

Rāapa – Wednesday

So far we have used the sentence patterns **He . . . nō** and **Nā te mea** to answer 'why' questions. Let's now look at another way to answer the 'why' question. This one is especially relevant if the person asking you the question uses the **Nā te aha i . . . ai** form. If you have mastered **He . . . nō** and **Nā te mea**, this new answer phrase shouldn't be too difficult. Take a look at these examples:

Nā te aha koutou i hinga ai?	Why did you guys lose?
Nā te ninipa o ētahi o mātou i hinga ai	The lack of skill of some of us was the reason why we lost
Nā te aha koutou i tōmuri ai?	Why were you guys late?
Nā te pōturi o Māmā	Because Mum is so slow
Nā te aha koe i kore ai i tae mai ki te huritau	Why didn't you turn up to the birthday?
Nā te pukumahi au i kore ai i tae atu	Because of how busy I am I didn't show up

This style of sentence can also be used as a statement, for example:

Nā te ua te whānau i noho ai ki te kāinga	The family stayed at home because of the rain
Nā te pūremu i tauwehe ai rāua	They split up because of an affair
Nā te aituā i tōmuri ai mātou ki te hui	We were late to the meeting because of an accident

 30-minute challenge

1. **Whakapākehātia ēnei rerenga kōrero, whakamahia te rerenga hōu o te rā nei.**
1. *Translate these sentences into English using the new phrase from today.*
   1. Nā te maha o ngā waka i te huarahi i Tāmaki rātou i nuku ai ki Ōmaha

   2. Nā te pakirara ōu i wehe atu ai ō hoa

3. Nā te mataku o ngā tamariki i kimi wāhi hōu ai mātou

4. Nā te ngoikore o te kapa i hinga ai mātou

5. Nā te kore wātea i kore ai au i tae atu ki te hura kōhatu

6. Nā te mate manawa ia i mate ai

7. Nā te tarau makere o tana wahine o mua, ka tahuri ia ki te kimi wahine hōu māna

8. Nā te riri o tō rātou māmā i kore ai rātou i puta

9. Nā te ure paratī o tana tāne i tangi ai ia

10. Nā te pai ōna ki ngā waiata a Bruno Mars i hoko ai ia i ngā tīkiti, kotahi rau tāra te utu!

Rāpare – Thursday

All of the *why* sentences we have learned over the past weeks have been used when the action has been completed, in other words, we have been asking and saying *why something happened* – past tense. If we are asking when something *will* happen, we simply change the **i** to an **e**. So instead of **He aha i . . . ai?** we use, **He aha e . . . ai?** Stay away from the **Nā te aha** for future tense, because the **nā** is more associated with past tense phrases. *Anei ētahi tauira*:

He aha koe e waea ai ki a ia?	*Why will you be ringing him / her?*
He aha tātou e mahi ai ā ēnei rangi whakatā?	*Why will we be working this weekend?*
He aha tātou e haere ai ki tātahi?	*Why will we be going to the beach?*
He aha koe e whakarongo ai ki a ia?	*Why will you be listening to him / her?*
He aha koe e aro ai ki āna tohutohu?	*Why will you be following his / her instructions?*

30-minute challenge

1. **Whakamāoritia ēnei rerenga kōrero, whakamahia te rerenga hōu o te rā nei.**
1. *Translate these sentences into Māori using the new phrase from today.*
   1. Why will you be really late?
   _____
   2. Why will you be singing?
   _____
   3. Why will they (2) be going to the birthday?
   _____
   4. Why will they (5) win?
   _____
   5. Why will the chicken cross the road?
   _____

You can also use the phrase **He aha te take e . . . ai?** to ask future tense *'why'* questions. It is quite common for fluent Māori language speakers to use **He aha te take** for the future tense form of the *'why'* question. Using this sentence structure requires you to move the agent, or 'doer', of the action so that it sits immediately after the **ai** in the sentence:

He aha koe e waea ai ki a ia?	*Why will you be ringing him / her?*
He aha te take e waea **ai** koe ki a ia?	
He aha tātou e mahi ai ā ēnei rangi whakatā?	*Why will we be working this weekend?*
He aha te take e mahi **ai** tātou ā ēnei rangi whakatā?	
He aha te take e haere **ai** tātou ki tātahi?	*Why will we be going to the beach?*
He aha te take e whakarongo ai koe ki a ia?	*Why will you be listening to him / her?*
He aha te take e aro ai koe ki āna tohutohu?	*Why will you be following his / her instructions?*

2. **Tuhia anō ō whakamāoritanga o runga nei, engari hurihia ki te *He aha te take* . . .?**
2. *Write down the sentences you just translated into Māori, but now change them to **He aha te take** . . .?*

   1. _____
   2. _____
   3. _____
   4. _____
   5. _____

Rāmere – Friday

 30-minute challenge

1. **Whakarongo ki te pāhorangi mō tēnei wiki:**
1. *Listen to this week's podcast at:*

 www.MaoriMadeEasy2.co.nz

2. **Whakaotia te pangakupu.**
2. *Complete the crossword.*

Whakararo | *Down*
1. ipo
2. aihikirīmi
4. Amerika
6. mekemeke
9. pakirara
10. ruku

Whakapae | *Across*
3. kūtai
5. whare toatini
7. kōeko
8. Ahitereiria
11. rata

Weekend Word List

Tae tōmuri	Arrive late
Heamana	Chairperson
Whirinaki	Lean on / Rely on
Whati	Snap (stative)
Uiui	Question / Interview
Whakawhiwhi	Presented to / Awarded to / Receive
Hapāni	Japan
Hapanihi	Japanese
Rānana	London
Kiriweti	Ill-feeling towards / Annoyed
Whakarite	Organise
Mahere	Plan
Kaipara	Athlete / Athletics
Mihi	Acknowledge
Hau kāinga	Local people
Rongoā	Medicine / Remedy
Mātauranga	Knowledge
Tuhinga roa	Essay / Thesis
Pakipaki	Clap / Applaud
Whakatangi	Play an instrument
Tūhura	Reveal / Uncover

WEEK THIRTY-NINE
How to answer future tense 'why' questions and an introduction to an alternative passive sentence structure

Whakataukī o te wiki
Proverb of the week
E kore e taea e te rā te waru
Difficult matters require time to deal with them

At the end of last week, we learned how to ask a future tense *'why'* question with **He aha e . . . ai?** To begin this week, let's quickly learn how to ask *why not*. Putting the negative word **kore** into a *why* sentence structure should be familiar to you, especially after all your efforts during the past two weeks. Take a look at these examples:

He aha koe e haere ai?	*Why will you be going?*
He aha koe e kore ai e haere?	*Why will you not be going?*
He aha koe e horoi ai i tōna waka?	*Why will you be washing his / her car?*
He aha koe **e <u>kore</u> ai e** horoi i tōna waka?	*Why will you not be washing his / her car?*

In the negative sentence structure, we use the negating word **<u>kore</u>** and place it between the **e** and the **ai**. The *verb* shifts to after the **ai**, preceded by an **e**.

HARATAU – PRACTICE
Rāhina – Monday

 30-minute challenge

1. **Hurihia ēnei rerenga hei rerenga whakakāhore. Kātahi ka whakapākehātia ō rerenga whakakāhore.**
1. *Turn these sentences into negative form. Then translate your negative sentence into English.*
   1. He aha koe e tae tōmuri ai ki te kura?
      He aha koe e kore ai e tae tōmuri ki te kura?
      Why will you not be late to school?
   2. He aha koe e haere ai ki te whare o Mere?
      _____
      _____

3. He aha rātou e tautoko ai i a ia hei heamana?

4. He aha e whati ai i a koe tēnā pene rākau? (*Stative*)

5. He aha te whānau rā e whirinaki ai ki tērā kura hei kura mō ā rātou tamariki?

6. He aha kōrua e mārena ai? Tohe ai kōrua!

7. He aha e pakaru ai i a koe te matapihi? (*Stative*)

8. He aha te wahine rā e uiuitia ai? (*Passive*)

9. He aha te kurī e patua ai? (*Passive*)

10. He aha ia e whakawhiwhia ai ki taua tohu? (*Passive*)

Rātū – Tuesday

To answer future tense *why* questions, we still use, **He . . . nō** and **Nā te mea**. The difference with the **Nā te mea** answer is that it is quite often followed with a **ka** to remain consistent with the future tense form. However, there are also occasions when you will use **kei te**, **ko**, **kua**, and **he** after **Nā te mea** depending on what your answer is. When we used **Nā te mea** to answer the past tense **He aha i . . . ai** we placed an **i** after **Nā te mea** to remain consistent to the past tense form of the question. Here are some examples:

He aha koe e haere ai ki Hapāni?
Why will you be going to Japan?

He hiahia nōku ki te ako i te reo Hapanihi
Because I want to learn Japanese

Nā te mea kei te hiahia au ki te ako i te reo Hapanihi
Because I want to learn Japanese

Nā te mea ka hiahia au ki te ako i te reo Hapanihi
Because I want to learn Japanese

Nā te mea he pai ki a au tērā whenua
Because I like that country

Nā te mea kua haere taku tuahine ki reira
Because my sister has gone there

Nā te mea ko Hapāni tētahi o ngā whenua ātaahua o te ao
Because Japan is one of the most beautiful countries in the world

Another way of answering this question would be to simply say:

He aha koe e haere ai ki Hapāni?   *Why will you be going to Japan?*
Ki te ako i te reo Hapanihi   *To learn Japanese*

 30-minute challenge

1. **Tirohia ngā whakaahua nei, ka kōwhiri ai i te whakautu tika.**
1. *Look at the pictures then choose the best answer.*

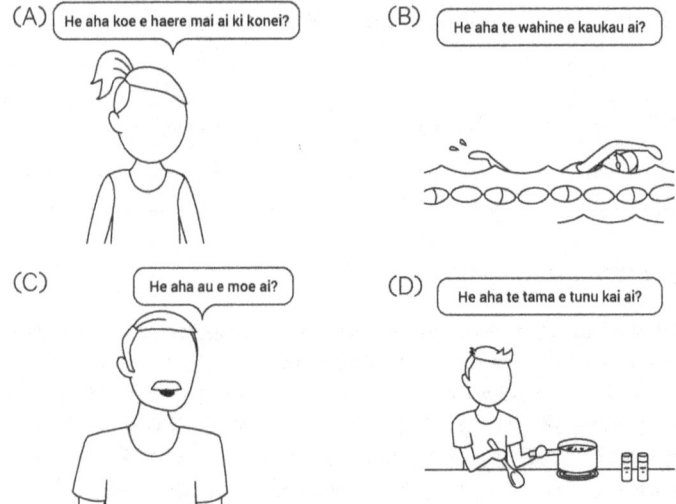

Ngā whakautu:

Answers:

1. He hiamoe nōu
2. He kiriweti nō rāua ki a rāua
3. He hiahia nōku kia kite i a koe
4. He wera rawa nōna
5. He hiakai nōna
6. He kite nōna kāore he kai i te kāinga

2. Tirohia ngā whakaahua nei, ka kōwhiri ai i te whakautu tika.

2. Look at the pictures then choose the best answer.

Ngā whakautu:

Answers:

1. Nā te mea kei te whakarite rāua i te mahere ako mō te tau
2. Nā te mea he pai ia ki te waiata
3. Nā te mea kei te hiahia ia ki te kuhu ki roto
4. Nā te mea ko ia tētahi e haere ana ki te whakataetae kaipara o te motu
5. Nā te mea he pai ake te haere mā te pahikara i te hīkoi
6. Nā te mea ka hiahia tōna pāpā kia kawea te pouaka ki wāhi kē

3. Tirohia ngā whakaahua nei, ka kōwhiri ai i te whakautu tika.
3. Look at the pictures then choose the best answer.

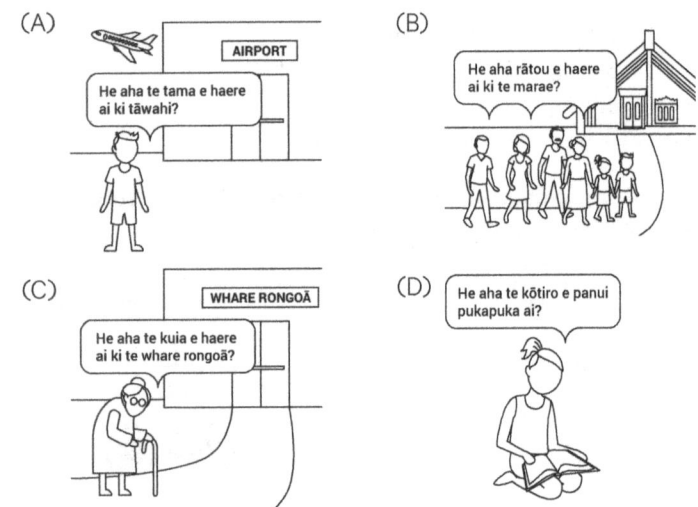

Ngā whakautu:

Answers:

1. Ki te mihi ki te hau kāinga
2. Ki te tiki rongoā
3. Ki te kimi mātauranga mō tana tuhinga roa
4. Ki te kite i tana whanaunga i Rānana

Rāapa – Wednesday

 30-minute challenge

1. Whakapākehātia ēnei rerenga.
1. Translate these sentences into English.

1. He hiahia nōku kia kite i a koe

2. He wera rawa nōna

3. He hiamoe nōu

4. He hiakai nōna

5. He kite nōna kāore he kai i te kāinga

6. He kiriweti nō rāua ki a rāua

7. Nā te mea ka hiahia tōna pāpā kia kawea te pouaka ki wāhi kē

8. Nā te mea he pai ake te haere mā te pahikara i te hīkoi

9. Nā te mea kei te hiahia ia ki te kuhu ki roto

10. Nā te mea kei te whakarite rāua i te mahere ako mō te tau

11. Nā te mea he pai ia ki te waiata

12. Nā te mea ko ia tētahi e haere ana ki te whakataetae kaipara o te motu

13. Ki te kite i tana whanaunga i Rānana

14. Ki te mihi ki te hau kāinga

15. Ki te tiki rongoā

16. Ki te kimi mātauranga mō tana tuhinga roa

Rāpare – Thursday

Now it's time to learn an alternative passive sentence structure. You should now have a reasonable understanding of passives – these types of sentences:

Kei te āwhina a Rāwiri i a Mere	Rāwiri is helping Mere
Kei te āwhinatia a Mere e Rāwiri	Mere is being helped by Rāwiri
Kāore a Mere i te āwhinatia e Rāwiri	Mere is not being helped by Rāwiri

Don't forget the steps we need to take to turn an active sentence into a passive sentence. Always remember that the tense marker at the start of the sentence remains untouched. The **i** or **ki** drops out of the sentence and an **e** is placed in front of the agent of the action.

Step 1: Adjust the sentence from its original form . . .

Kei te āwhina a Rāwiri i a Mere

. . . to this (you are 'passifying' the verb or action word)

Kei te āwhinatia a Rāwiri i a Mere

Step 2: Place an **e** in front of the agent of the action:

Kei te āwhinatia e Rāwiri i a Mere

Step 3: Finally, get rid of that **i**:

Kei te āwhinatia e Rāwiri a Mere *or* Kei te āwhinatia a Mere e Rāwiri

The new sentence structure you are going to learn follows the same rules as a passive sentence. Take a look:

Passive	**Alternative Passive**
I whakatūpatoria au e ia	He mea whakatūpato au e ia
I tūrakina te rākau e te tama	He mea tūraki te rākau e te tama
I patua te manu e te ngeru	He mea patu te manu e te ngeru
I āwhinatia a Mere e Rāwiri	He mea āwhina a Mere e Rāwiri

So, here's what you need to know in order to use this alternative passive sentence structure properly:

1. Only use this alternative structure for something that has already happened, i.e. past tense!
2. The two words **He mea** take the place of the **I**
3. The passive ending is removed from the verb or action word.
4. The **e** stays where it is!

30-minute challenge

1. Hurihia ēnei rerenga kōrero ki te *He mea*.
*1. Change these sentences into **He mea**.*
  1. I tino patua rātou e te hoariri

  2. I kōrerotia e ia te reo Māori

  3. I whakanuia tōna huritau e rātou

  4. I mekea e ia tōna ihu

  5. I wānangatia te kaupapa?

  6. I tohea e rātou te take nei, pau rā anō te rā

  7. I karangahia e te kuia rā te manuhiri

  8. I waeahia te tumuaki o te mahi e ia, he hiahia nōna ki te whai mahi

  9. I mātakitakihia e ia te hōtaka *Kairākau*

  10. I mārenatia e ia te wahine o ōna moemoeā

2. Whakamāoritia ēnei rerenga, whakamahia *He mea*.
*2. Translate these sentences into Māori using **He mea**.*
  1. The piano was played by her

  2. The food was cooked by the parents

  3. It was applauded by the people

  4. It was found by the boy

  5. It was uncovered by the police

  6. The house was painted by the tribe

7. The biggest fish was caught by my older brother

8. Our house was bought by my sister

9. The meeting was run by the committee

10. The TV was switched off by our dad because we (2) didn't listen

Rāmere – Friday

30-minute challenge

1. Whakarongo ki te pāhorangi mō tēnei wiki:
1. *Listen to this week's podcast at:*

www.MaoriMadeEasy2.co.nz

2. E nanu ana ēnei rerenga, māu e whakatika (*He mea*).
2. *These sentences are jumbled. Put them in order (**He mea**).*

1. hoariri te mea patu he

2. mea kōhete e ia he kōtiro te

3. he whakanui tōna huritau e mea rātou

4. hāparapara mea tōna ihu he te e tākuta

5. mātakitaki ia e he mea inapō

6. pōwhiri he inanahi rātou mea te e iwi

7. karanga he hui mea te e te iwi o te kuia

8. mea he ia pana tumuaki e te tōna o wāhi mahi

No weekend word list this weekend, e hoa mā, but prepare for next week! It's your second revision week. A week designed to test where you're at, and if you are beginning to comprehend sentence structures and understand the language!

WEEK FORTY
Wiki Huritao – Revision week

Whakataukī o te wiki
Proverb of the week
Tangaroa piri whare
Walls have ears

Rāhina – Monday

 30-minute challenge

Pānuitia tēnei kōrero kei waenganui i a Atawhai me Anaru, ka tuhi ai i ō whakautu ki ngā pātai.
Read the dialogue between Atawhai and Anaru, then answer the questions.

Kei te roto a Anaru rāua ko Atawhai i te hokomaha.
Anaru: E kare, he aha kei te rārangi kai hei hoko mā tāua?
Atawhai: He hua whenua, he huarākau te nuinga. He aha koe i kore ai e haere ki te hokomaha inanahi? Mēnā i haere koe, kāore he take o te haere mai i te rā nei.
Anaru: He kore nōku i wātea. I pīrangitia au e taku māmā. He hiahia nōna kia ngaki au i tana māra.
Atawhai: Oh, pai tēnā whakautu. Nā te aha tō māmā i pīrangi ai ki a koe hei ringa ngaki i tana māra? Ehara koe i te ihu oneone.
Anaru: E hoa, māua māua ko te māra. Anō nei i whānau tahi au me te kō ki taku ringa!
Atawhai: E kī, e kī! E kata nei au, he kore hoki nōku e paku whakapono ki tēnā kōrero āu.
Anaru: Hā, e kata nei i tō kore whakapono mai.
Atawhai: Heoi anō rā, kei konei tāua ki te hoko kai, tīkina he tōneke, ka haere ai ki te hoko i ā tāua kai mō te wiki.
Anaru: Māku te tōneke e hautū, he pai nōku ki tērā mahi.
Atawhai: Kia tīmata ki ngā huarākau – kia tekau ngā maika, kia tekau ngā āporo, kia tekau ngā ārani . . .
Anaru: . . . me ētahi rōpere, he reka hoki nō taua kai. Mmm, mōwaiwai ana te waha!
Atawhai: Kei paheke koe i tō ake huare, e hoa!

1. He aha a Anaru i pīrangitia ai e tōna māmā?

2. Tuhia ngā kupu kei te ngaro: 'Kia tekau ngā _____, kia _____ ngā āporo, kia tekau ngā _____,'

3. He aha te tikanga o te 'ihu oneone'?
   _____

4. I whānau tahi a Anaru me te aha ki tōna ringa?
   _____

5. He aha a Atawhai i kata ai?
   _____

6. Ko tēhea te whakapākehātanga tika mō, 'mōwaiwai ana te waha!'
   a. Mouth is bleeding
   b. Mouth is frothing
   c. Mouth is watering

7. He aha te kupu Pākehā mō 'maika'?
   _____

8. He aha a Anaru i kore ai i haere ki te hokomaha inanahi?
   _____

9. Mā wai te tōneke e hautū?
   _____

10. Whakapākehātia tēnei kōrero: 'Kei paheke koe i tō ake huare'
    _____

Rātū – Tuesday

 30-minute challenge

Pānuitia tēnei kōrero kei waenganui i a Atawhai me Anaru, ka tuhi ai i ō whakautu ki ngā pātai.
Read the dialogue between Atawhai and Anaru, then answer the questions.

Atawhai: Tēnā koe Anaru, e aha ana koe i te rā nei?
Anaru: Me haere au ki te whare o taku kuia.
Atawhai: He aha koe e haere ai ki reira?
Anaru: Ki te whakanui i tōna huritau.
Atawhai: E hia ōna tau?
Anaru: E waru tekau. Kei te mahi hāngi mātou ko aku mātua kēkē hei whāngai i ngā manuhiri.
Atawhai: Tokohia ka tae atu?
Anaru: Tokomaha tonu. Tōna rima tekau tāngata. Nā te mana nui o taku kuia ka tae mai nei te tokomaha. Koia te kuia karanga o tō mātou marae.

Koia hoki tētahi o ngā kaitohutohu i te Kaunihera o Tāmaki ki ngā kaupapa Māori. Kei te haere ia ki tāwāhi ā tērā wiki.

Atawhai: He aha ia e haere ai ki tāwāhi?
Anaru: Ki te kōrero ki ngā iwi taketake o te ao mō te ahurea Māori.
Atawhai: Nā te aha ia i whakaae ai ki tērā tono?
Anaru: Taku whakapae, he hiahia nōna kia kite i ngā āhuatanga o Amerika. Kei Amerika hoki āna hui.
Atawhai: He aha koe e kore ai e haere i tōna taha?
Anaru: Ha ha! Nā te mea, kāore au i pōwhiritia!
Atawhai: Auē! I pōhēhē au ko koe tana makau!

1. Me haere a Anaru ki hea?

   _____

2. He aha a Anaru e haere ai ki reira?

   _____

3. E hia ngā tau o te kuia o Anaru?

   _____

4. Tuhia te kupu kei te ngaro: 'Kei te mahi _____ mātou'

5. Ka kai ngā manuhiri i te aha?

   _____

6. Tokohia ngā tāngata ka tae ki te huritau?

   _____

7. He aha ngā tūranga mana nui e rua o te kuia?

   _____

8. Āhea te kuia haere ai ki tāwāhi?

   _____

9. He aha te kuia e pīrangi ai ki te haere ki tāwāhi?

   _____

10. Whakapākehātia ēnei rerenga:
    a. taku whakapae =

       _____

    b. kāore au i pōwhiritia =

       _____

    c. I pōhēhē au, ko koe tana makau =

       _____

Rāapa – Wednesday

 30-minute challenge

Pānuitia tēnei kōrero kei waenganui i a Atawhai me Anaru, ka tuhi ai i ō whakautu ki ngā pātai.
Read the dialogue between Atawhai and Anaru then answer the questions.

Kei te papa rēhia a Atawhai rāua ko Anaru e mātakitaki ana i ā rāua irāmutu e tākaro ana.

Atawhai: Titiro ki ā tāua irāmutu, kei te tino harikoa rātou, nē?

Anaru: Āe! He maha ngā taputapu hōu o te papa rēhia nei, he porowhawhe, he māwhaiwhai, he tāheke, he tārere, he tīemiemi . . . he mea whakatū hoki e te Kaunihera.

Atawhai: He mea whakatū e te Kaunihera? Tika hoki!

Anaru: Āe! He mea whakahau rātou e te hapori, mea rawa ake, ka tū te papa rēhia nei me ōna taputapu hōu katoa.

Atawhai: Ka rawe! Hei . . . Tiki, kia tūpato, kei taka koe i konā! Heke iho koe ki raro! He manawa kaitūtae tērā irāmutu āu.

Anaru: He mea whakatipu ia e ōna mātua kia wehi kore, arā, kia manawa kai tūtae, *daredevil* nei, pēnei i tāu e kōrero nei.

Atawhai: Engari anō tana tuahine a Mereana. Titiro ki a ia, anō nei he mea whakatipu kia āta tūpato i ngā wā katoa.

Anaru: E hia ngā tau o Mereana ināianei?

Atawhai: E rima, kua tīmata kē ki te kura.

Anaru: Ki tēhea kura?

Atawhai: Ki te Kura Kaupapa Māori o Te Atarau. He mea tuku ia ki reira, he hiahia nō ōna mātua kia ako ia i te reo Māori.

Anaru: E tā, ka mahue te tuku mai ki a tāua, mā tāua ia e ako.

Atawhai: Waimarie tāua, he mea whakatipu tāua e ō tāua mātua ki te reo, nē?

1. Ki te reo Pākehā, he aha te tikanga o te kōrero rā, 'manawa kai tūtae'?
   _____

2. He aha te kupu Pākehā mō 'waimarie'?
   _____

3. Ko wai mā kei te papa rēhia?
   _____

4. Tuhia te kupu kei te ngaro: 'He mea whakahau rātou _____
   _____,'

5. Ko wai te ingoa o te tamaiti 'āta tūpato'?
   _____

6. Kei tēhea kura a Mereana?
   _____

7. He mea whakatipu a Anaru ki te reo Māori?
   _____

8. He aha ngā taputapu hōu o te papa rēhia?
   a. _____
   b. _____
   c. _____
   d. _____
   e. _____

9. Tuhia te rerenga e kī ana, 'Be careful, you might fall from there! Get down!'
   _____

10. Tuhia te rerenga e kī ana, '(They) should have sent (them) to us'
    _____

Rāpare – Thursday

 30-minute challenge

Pānuitia ngā tīwhiri, ka tuhi ai i te kupu.
Read the clues and guess the word.

1. Kāore e pirihonga ki te wahine kotahi 2. He pō he wahine, he pō he wahine 3. He tāne e moe ana i ngā wāhine maha _____	1. He whenua o te ao 2. He whenua nui te kaha 3. Te kāinga o te NBA _____	1. He hākinakina 2. Ka mau komo ringa 3. Muhammad Ali _____	1. He kōeko tō te mea nei 2. He tōwhiro 3. He tiakarete, he rōpere ētahi o ōna tāwara _____

1. Ka haere ki konei ki te īnoi 2. Kei reira te wairua o te Karaiti 3. Āmine	1. Ka hui te hunga rangatahi ki tēnei wāhi 2. He whare kiriata kei roto i te nuinga 3. He maha ōna toa	1. Kei roto i te moana 2. Kei te piri ki te toka 3. Ka rukua e te tangata	1. Kāore i mihi 2. Kei te hē te whanonga 3. Kua tū te ihu
1. He oranga 2. He kupu anō mō te māngari 3. Inā whiwhi koe i te Lotto, ko koe tēnei	1. He ako 2. Kei te Whare Wānanga tēnei mea 3. He māramatanga kei roto	1. He mahi nā ngā ringaringa 2. He mihi 3. Te pānga o tētahi ringa ki tētahi	1. Ka kai koe i tēnei mēnā ka māuiui koe 2. Ka hoatu te tākuta ki a koe 3. He mea whakaora
1. Ngā tāngata taketake o tētahi wāhi 2. Tangata whenua 3. Nō rātou te mana o te kāinga	1. Taumāhekeheke o te Ao 2. Usain Bolt 3. Mētara kōura	1. Kei reira te karaka nui o Pēne 2. Kei Ingarangi 3. Ka haere ngā rangatahi ki reira mo ā rātou OE	1. He whenua o te Ao 2. He porohita whero kei tōna haki 3. Kei reira te whaitua nui o Tōkio

Rāmere – Friday

 30-minute challenge

1. **Whakarongo ki te pāhorangi mō tēnei wiki, he momo whakamātautau whakarongo kei reira.**
1. *Listen to this week's podcast, a listening test has been prepared for you.*

 www.MaoriMadeEasy2.co.nz

Weekend Word List

Whutupōro	Rugby
Horokukū	Reluctant
Māia	Brave
Hoariri	Enemy
Hua	Benefit / Value / Outcome / Fruit
Whakahē	Disagree
Whakaae	Agree
Whakapono	Believe / Religion
Whakatoihara	Deride / Belittle
Ea	To complete / Resolve
Engari	But
Moemoeā	Dream / Desire
Āheihā	Absolutely / Yes indeed
Kua pau te hau	Exhausted / Stuffed

WEEK FORTY-ONE
Other ways to use the word 'ia'

Whakataukī o te wiki
Proverb of the week
Whāia te iti kahurangi
Pursue what is important

He Tauira Kōrero

Mere: E Māka, kei te aha koe?
Māka: E whakarite ana ki te haere ki taku tākaro whutupōro. Ko te tinana kua rite, ko te ngākau ia kua horokukū.
Mere: E tā, kia māia koe! Patua ngā hoariri, ka haere ai tāua ki te inuinu.
Māka: Mmm, he aha ia nei te ara hei whai māku kia māia taku ngākau, e hoa?
Mere: Me whakapono, e tā! Mā te whakapono ka ea! Me mahi tahi hoki koutou ko ō hoa!
Māka: Mmm, ko te tūmanako ia kei te tika tēnā kōrero, he kēmu nui tēnei!
Mere: E mea ana koe! Engari e whakapono ana au ka taea e koutou, me whakapono hoki koutou, ka taea! Ki te tū kotahi koutou ka toa, engari ia ki te tū wehewehe, ka hinga!
Māka: Tino pai ō tohutohu, e Mere, tēnā koe!
Mere: Ko te wawata ia kia māia, kia manawanui koe, e Māka! E rua ēnā kupu rongonui; te māia, te manawanui – kotahi anō ia te tikanga, arā, kia toa!
Māka: Āheihā!

So far, you have learnt that **ia** means *he* or *she*, e.g. 'Kei te pai ia?' (*Is he / she ok?*), 'Kua tunua e ia he kai mā tātou' (*He / She has cooked a feed for us (all)*). However, the word **ia** can also be used in the same way as we use **engari**, or *but*. It can also be used as an intensifier. Sometimes both **engari** and **ia** are used together to further highlight the difference between the two subjects being discussed in the sentence, and to intensify that difference. These are the forms of **ia** we will be studying this week.

Firstly, in this week's conversation between Māka and Mere, Māka says, '*Ko te tinana kua rite, ko te ngākau ia kua horokukū*' (The body is ready, but the mind is a little reluctant). This is an example of how **ia** is sometimes used in the same way as **engari**, however, the positioning of the **ia** differs. Let's look at Māka's sentence again, this time with **engari** in it:

Ko te tinana kua rite, **engari** ko te ngākau kua horokukū

The **engari** is positioned in the middle of the sentence, at the end of the first thought expressed. It is positioned there to split the two thoughts contained within the sentence and demonstrate the difference between those two thoughts. Now, take a look where **ia** is positioned:

Ko te tinana kua rite, ko te ngākau **ia** kua horokukū

As you can see, it finds a home for itself after the noun (or verb depending on the sentence) that begins the second part of the sentence.

HARATAU – PRACTICE
Rāhina – Monday

 30-minute challenge

1. **Tukuna te *ia* ki tōna wāhi tika i ēnei rerenga kōrero. Kua oti kē te tuatahi.**
1. *Place the **ia** in the correct position in these sentences. The first one has been done.*
   1. Ko te waha e whakaae ana, ko te ngākau e whakahē ana
      Ko te waha e whakaae ana, ko te ngākau **ia** e whakahē ana
   2. Ki tā ngā tamariki he pai, ki tā ngā pakeke he hōhā
      _____
   3. I ora te whānau, ko te waka i totohu
      _____
   4. I whakatoiharatia tāna kōrero, nō muri ka kitea i tika kē
      _____
   5. He maha ngā wāhanga o tana kauhau i pai, ko te wāhanga i hē, ko te wāhanga mō te reo
      _____
   6. Kua hoki mai te nuinga i tātahi, ko te kurī kua ngaro
      _____

2. **Ināianei me whakapākehā ngā rerenga o runga nei.**
2. *Now translate into English the sentences you have just completed.*
   1. Ko te waha e whakaae ana, ko te ngākau ia e whakahē ana
      Verbally he is agreeing, but in his heart he disagrees
   2. _____
   3. _____

4. _____
5. _____
6. _____

Rātū – Tuesday

The word **ia** can also be used as an intensifier. An intensifier simply enhances the meaning of the word before it, so take the phrase, 'ko te moemoeā...' which means *'the dream is...'*. If we add in the **ia** after the word *moemoeā*, we intensify its meaning. So 'ko te moemoeā ia...' becomes, *'the ultimate dream...'*. Here are some more examples:

Ko te tūmanako i pai ngā hararei	*I hope you had a good holiday*
Ko te tūmanako **ia** i pai ngā hararei	*I really hope you had a good holiday*
He aha te hua o tēnā mahi?	*What is the benefit of doing that?*
He aha **ia** te hua o tēnā mahi?	*What exactly is the benefit of doing that?*
Mēnā he ngākau māia tōna, ka tae mai	*If he / she has the courage, he / she will be here.*
Mēnā **ia** he ngākau māia tōna, ka tae mai	*If indeed he / she has the courage, he / she will be here.*

 30-minute challenge

1. **Tukuna te *ia* ki tōna wāhi tika i ēnei rerenga kōrero. Kua oti kē te tuatahi.**
1. *Place the **ia** into its correct position in these sentences. The first one has been done.*
   1. Ko te kaupapa o te haere, he ako i ngā kōrero mō ngā rongoā
      Ko te kaupapa **ia** o te haere, he ako i ngā kōrero mō ngā rongoā
   2. Mēnā he amuamu āu, haria ki te tumuaki o te kura
      _____
   3. Ko te pātai, āe rānei ka ora te reo āpōpō?
      _____
   4. Ko te whakaaro, kia haere tātou ki te kiriata ā te pō nei
      _____
   5. Kotahi tonu te huarahi ki Rotorua, e hoa!
      _____

6. Kei hea he wāhi i tua atu i tēnei te ātaahua?
_____

2. Ināianei, me whakapākehā ngā rerenga o runga nei.
2. *Now, translate into English the sentences you have just completed.*
 1. Ko te kaupapa ia o te haere, he ako i ngā kōrero mō ngā rongoā
    The main reason for this trip is to learn about traditional remedies
 2. _____
 3. _____
 4. _____
 5. _____
 6. _____

Rāapa – Wednesday

As mentioned at the beginning of this week's study, sometimes both **engari** and **ia** are used together to further highlight the difference between the two subjects being discussed in the sentence, and to intensify that difference. Let's take a look at the example from this week's dialogue:

'Ki te tū kotahi koutou ka toa, **engari ia** ki te tū wehewehe, ka hinga!'
*If you are united, you will win, **but (there is no doubt that)** if you are divided, you will lose!*

 30-minute challenge

1. Honoa te rerenga kōrero Pākehā ki te rerenga kōrero Māori tika.
1. *Match the English sentence with the correct Māori sentence.*

1. *It's raining here, but (amazingly) it's fine there*	a. E wera ana ā-waho, engari ia e mātao ana ā-roto
2. *It's hot outside but (really) cool inside*	b. I takaroa koutou, engari ia i tōmua ō koutou hoa
3. *You guys were late but your friends were (right) on time*	c. He taringa kōhatu ngā tama, engari ia ngā kōtiro
4. *Don't let him / her do it alone, everybody (should) help*	d. Kei te ua ki konei, engari ia kei te paki ki korā
5. *The boys don't listen but the girls are (very) attentive*	e. Kaua māna anake e mahi, engari ia mā te katoa

2. **Whakaotia ēnei rerenga kōrero mō ia whakaahua, whakamahia te *engari ia*.**
2. Complete these sentences about each picture, using ***engari ia***.

1. Kua oho te tāne, engari ia, kei te moe tonu te tama

2. Kei te ua ki konei, _____

3. Kua hoki mai ngā tamariki, _____

4. He ngoikore a Hēmi, _____

5. Kua pau te hau o te ngeru, _____

Rāpare – Thursday

🕐 30-minute challenge

Whakapākehātia ngā kōrero ki waenganui i a Mere rāua ko Māka.
Translate the following dialogue between Mere and Māka into English.

Mere: E Māka, kei te aha koe?
_____

Māka: E whakarite ana ki te haere ki taku tākaro whutupōro. Ko te tinana kua rite, ko te ngākau ia kua horokukū.
_____
_____

Mere: E tā, kia māia koe! Patua ngā hoariri, ka haere ai tāua ki te inuinu.
_____

Māka: Mmm, he aha ia nei te ara hei whai māku kia māia taku ngākau, e hoa?
_____

Mere: Me whakapono, e tā! Mā te whakapono ka ea! Me mahi tahi hoki koutou ko ō hoa!
_____
_____

Māka: Mmm, ko te tūmanako ia kei te tika tēnā kōrero, he kēmu nui tēnei!
_____

Mere: E mea ana koe! Engari e whakapono ana au ka taea e koutou, me whakapono hoki koutou, ka taea! Ki te tū kotahi koutou ka toa, engari ia ki te tū wehewehe, ka hinga!

Māka: Tino pai ō tohutohu, e Mere, tēnā koe!

Mere: Ko te wawata ia kia māia, kia manawanui koe, e Māka! E rua ēnā kupu rongonui; te māia, te manawanui – kotahi anō ia te tikanga, arā, kia toa!

Māka: Āheihā!

Rāmere – Friday

 30-minute challenge

1. **Whakarongo ki te pāhorangi mō tēnei wiki:**
1. *Listen to this week's podcast at:*

 www.MaoriMadeEasy2.co.nz

2. Whakaotia tēnei pangakupu.
2. Complete the crossword.

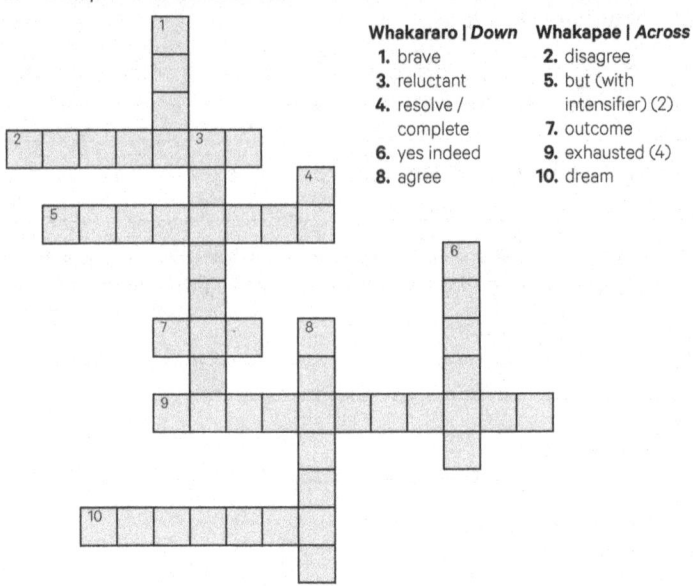

Whakararo | Down
1. brave
3. reluctant
4. resolve / complete
6. yes indeed
8. agree

Whakapae | Across
2. disagree
5. but (with intensifier) (2)
7. outcome
9. exhausted (4)
10. dream

Weekend Word List

Tokomaha	Many people
Kōata	Glass
Pōuri	Sad
Mihi	Greet / Acknowledge
Pōwaiwai	Farewell (to people who are alive)
Pouraka	Cot
Papa	Ground
Rau mamao	Remote control
Hūnuku	Shift / Move
Whakarere	To leave (behind)
Waipiro	Beer / Alcohol
Whata	Shelf
Makere	Drop / Get off
Tūraparapa	Trampoline
Pihikete	Biscuit
Ārai tīkākā	Sunblock

WEEK FORTY-TWO
When to use 'i', when to use 'ki'

Whakataukī o te wiki
Proverb of the week
Hē o te kotahi nō te tokomaha
The error of one person affects many

He Tauira Kōrero

Mere: E Māka, kei hea koe?
Māka: Kei taku whare.
Mere: Kei konā tonu a Ani?
Māka: Kāo, kua haere kē ia ki Whangārei.
Mere: Nōnahea ia i wehe ai?
Māka: Mmm, i puta ia i te whare ki te tāone i te whitu karaka i te ata nei, ā, nō te waru i wehe ai te pahi i te tāone ki Whangārei.
Mere: E pōuri ana te ngākau, kāore au i whai wāhi ki te mihi pōwaiwai ki a ia.
Māka: E pai ana! Kei te hoki mai anō ia i Whangārei ki konei ā tērā mārama. Ka noho anō ki tōku.
Mere: Ka pai! Kua whakarite kētia e koe he kai mō te rānui? E haere atu nei au ki tō whare.
Māka: Kāore anō.
Mere: E pai ana! Ka whakakī au i ngā kete o konei ki te kai, ka tae atu au i konei ākuanei . . .

In *Māori Made Easy*, you would have studied one of the functions of the word **i**, that being to identify the object affected by the action performed in the first part of an action sentence. Remember, the **i** is placed after the agent or doer of the action to show that whatever follows the **i** is the object being affected by the action. Let's break it down again:

Tense marker	Verb	Agent		Object
Kei te	kai	au	i	te āporo
(I am eating the apple)				

Tense marker	Verb	Agent		Object
Ka	kai	au	i	te āporo
(I will eat the apple)				

Tense marker	Verb	Agent		Object
Kua	kai	au	i	te āporo
(I have eaten the apple)				

Tense marker	Verb	Agent		Object
I	kai	au	i	te āporo
(I ate the apple)				

In all of the above examples, the verb is **kai**, or *to eat*, the agent is **au**, or *I / me*, and the object being affected by the action, that is, being 'eaten by me' is **te āporo**, or *the apple*. Note that the particle **i** is always in front of the object affected by the action.

The negative sentence structure does not affect the second stage of the sentence, it remains the same, so:

Kāore au i te kai i te āporo	*I am not eating the apple*
Kāore au e kai ana i te āporo	*I am not eating the apple*
Kāore au e kai i te āporo	*I will not eat the apple*
Kāore anō au kia kai i te āporo	*I have not yet eaten the apple*
Kāore au i kai i te āporo	*I did not eat the apple*

Now, in the conversation between Māka and Mere this week, we are exposed to some other ways of using **i**. Māka says, 'Mmm, i puta ia **i** te whare ki te tāone i te whitu karaka i te ata nei, ā, nō te waru i wehe ai te pahi **i** te tāone ki Whangārei.' The two **i** that have been highlighted indicate that the object or person being spoken about, in this case Ani, has moved in an 'away' direction from a particular location. It's basically the equivalent of the word *from*:

- I puta ia i te whare ki te tāone
  She left (from) the house to go to town
- . . . nō te waru i wehe ai te pahi i te tāone ki Whangārei
  . . . at 8 the bus left (from) town to go to Whangārei

HARATAU – PRACTICE
Rāhina – Monday

 30-minute challenge

1. **Tirohia ēnei whakaahua. Whiriwhirihia te rerenga tika mō ia whakaahua.**
1. *Look at the following pictures. Choose the correct sentence for each picture.*

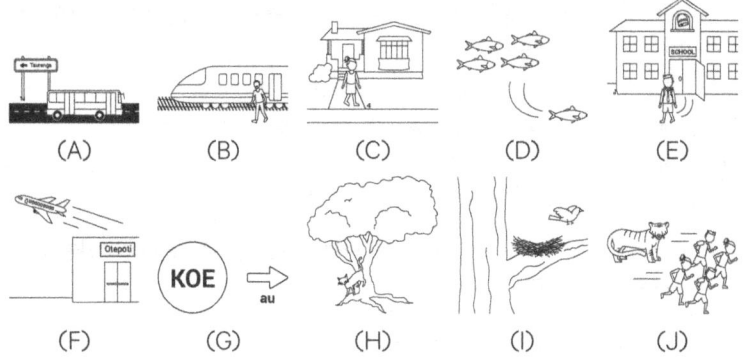

1. Kei te hūnuku au i a koe
2. Kei te wehe te pahi i Tauranga
3. I whakarere te ika i ōna hoa
4. E hoki ana te tama ki te kāinga i te kura
5. Kei te rere te waka rererangi i Ōtepoti
6. Kei te oma ngā tamariki i te taika
7. Kua heke te ngeru i te rākau
8. Kua puta te kōtiro i tōna whare
9. Kei te makere te tāne i te tereina
10. Kua rere te manu i tōna kōhanga

Directional indicators go hand-in-hand with these types of sentences. There are four directional indicators in te reo Māori, some of which you have already been exposed to. These four are **mai** – towards the speaker or source; **atu** – away from the speaker or source; **iho** – descending from above to the speaker or source; and **ake** – ascending upwards from the speaker or source. The following diagram has been designed to help you understand this.

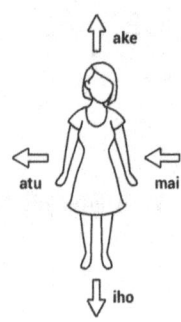

To put this in to practice, let's use the word **haere**, or *to go*. If we add on our directional indicators we get:

Haere ake   –   *Go in an upwards direction, ascend*
Haere iho   –   *Go in a downwards direction, descend*
Haere atu   –   *Go away*
Haere mai   –   *Go towards me, come here*

2. **Porohitatia te kupu ahu tika mō ēnei rerenga (tērā pea neke atu i te kotahi e tika ana).**
2. *Circle the correct directional indicator for each sentence (there may be more than one correct answer).*

1. Kei te hūnuku au i a koe   atu / mai / ake / iho
2. Kei te wehe te pahi i Tauranga   atu / mai / ake / iho
3. I whakarere te ika i ōna hoa   atu / mai / ake / iho
4. E hoki ana te tama ki tōku kāinga i te kura   atu / mai / ake / iho
5. Kei te rere te waka rererangi i Otepoti atu / mai / ake / iho
6. Kei te oma ngā tamariki i te taika   atu / mai / ake / iho
7. Kua heke te ngeru i te rākau   atu / mai / ake / iho
8. Kua puta te kōtiro i tōna whare   atu / mai / ake / iho
9. Kei te makere te tāne i te tereina   atu / mai / ake / iho
10. Kua rere te manu i tōna kōhanga   atu / mai / ake / iho

Rātū – Tuesday

 30-minute challenge

1. Tirohia ēnei whakaahua. Whakautua te pātai.
1. *Look at the following pictures. Answer each question.*
   1. Kei te hoki atu rātou i hea? _____
   2. Kua tango ake ia i te pukapuka i hea? _____
   3. E wehe atu ana rāua i te aha? _____
   4. Kua heke iho ia i te aha? _____
   5. Kua taka ngā ārani i te aha? _____
   6. Kei te haere atu te ngeru i hea? _____
   7. E wehe atu ana te tokomaha mā runga pahi i hea? _____
   8. E oma ana rāua i hea? _____
   9. Kua makere iho ia i te aha? _____
   10. Kei te hiki ia i te pēpi i te aha? _____

2. Whakaurua te tūpou tika.
2. *Insert the appropriate pronoun.*
   1. Kei te heke iho _____ (*you and I*) i te puke
      (tāua, rāua, kōrua, māua)
   2. Kei te makere iho _____ (*those two*) i te tūraparapa
      (tāua, rāua, kōrua, māua)
   3. Kei te hiki _____ (*you three*) i te pouaka whakaata i te papa
      (tāua, rāua, koutou, mātou)
   4. Kei te maranga ake _____ (*she and I, but not you*) i te moenga
      (tātou, rāua, koe, māua)

5. Kei te haere atu _____ (*you*) i te kura
   (au, rāua, koe, māua)
6. Me wehe atu _____ (*you and I*) i konei
   (tāua, rāua, kōrua, tātou)
7. Me hīkoi atu _____ (*those three*) i tō rātou wāhi mahi
   (tāua, rāua, mātou, rātou)
8. Me haere atu (*he and I, but not you*) i Whakaoriori ki Tāmaki-nui-a-Rua.
   (ia, rāua, koutou, māua)

Rāapa – Wednesday

Hopefully, during the first two days of this week, you will have come to the realisation that if **i** is the equivalent of the English word *from*, then **ki** is the equivalent of the English word *to*. The use of **ki** in conjunction with **i** is highlighted in these sentences between Mere and Māka:

I puta ia **i** te whare **ki** te tāone i te whitu karaka i te ata nei, ā, nō te waru i wehe ai te pahi **i** te tāone **ki** Whangārei.
*She left **from** the house to go **to** town at 7am, and at 8am the bus left **from** town to go **to** Whangārei.*

E pai ana! Kei te hoki mai anō ia **i** Whangārei **ki** konei ā tērā marama.
*It's all good! She is coming back **from** Whangārei **to** here next month.*

 30-minute challenge

1. **Tuhia he rerenga kōrero mō ēnei whakaahua, whakamahi te *i . . . ki*.**
1. *Compose a sentence for each picture using **i . . . ki**.*
   1.

   2.

3.

Kaikōrero 1: _____
Kaikōrero 2: _____

4.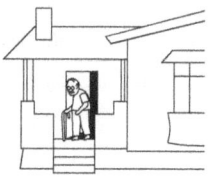

_____

5.

_____

Sometimes you may use **tae noa** in between the **i** and the **ki**. This usage of **tae noa** is probably best described as meaning *as far as* or *right up until*. Here are some examples:

Kei te haere mātou ki Waitangi i te Rāpare **tae noa** ki te Rāhina
We are going to Waitangi from Thursday right up until Monday

I mahi rātou i roto i te kāuta i te Pō Mere **tae noa** ki te ahiahi o te Rāhoroi
They worked in the kitchen from Friday night right up until Saturday afternoon

Māku koe e āwhina i te tahi karaka i te ahiahi **tae noa** ki te waru karaka i te pō
I will help you from 1pm right up until 8pm

E haere ana au i konei **tae noa** ki Ahipara, kātahi au ka whakatā
I am going from here, as far as Ahipara, then I will rest

2. **Whakaotia ēnei rerenga kōrero, whakamahia ngā kupu kei roto i ngā taiepa, me te *tae noa*.**
2. *Complete these sentences. Use the words in the brackets to help you, and the **tae noa**.*
   1. Ka haratau tātou i te . . .   (7pm / 12pm)
      Ka haratau tātou i te whitu karaka i te pō tae noa ki te waenganui pō
   2. Kua moe rātou i . . .   (tērā pō / tēnei wā)

   3. Ka ngaki au i te māra i . . .   (te ata nei / ahiahi pō)

   4. Me kauhoe koutou i . . .   (uta nei / Mokoia)

   5. I hararei mātou i te . . .   (19th Nov / 1st Dec)

   6. Me tautoko au i te noho hōpuni a taku hoa i . . .   (Mon / Fri)

Rāpare – Thursday

The word **ki** has another function, other than meaning *to* or *towards*. It is also used when saying *with* or *by means of*. Basically, the instrument or object that follows the **ki** is for carrying out some action or purpose. In the conversation for this week, Mere says, 'E pai ana! Ka whakakī au i ngā kete o konei **ki** te kai, ka tae atu au i konei ākuanei,' which means, '*That's all good. I will fill some bags from here up **with** food, and arrive (from here) soon*'.

Let's look at some more examples:

Whakawetoa te pouaka whakaata **ki** te rau mamao	*Turn off the TV **with** the remote control*
Whakakīa ā koutou kōata **ki** te waipiro	*Fill your glasses **with** beer*
Tapahia te mīti kau **ki** te māripi koi	*Cut the steak **with** a sharp knife*
Werohia tōna hinengaro **ki** tēnei panga	*Challenge his / her mind **with** this puzzle*

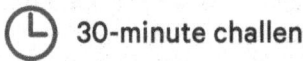 **30-minute challenge**

1. **Kōwhiria ngā rerenga kōrero e tika ana hei whakaoti i te kōrero i waenganui i a Atawhai rāua ko Rāwiri.**
   1. *Choose the correct sentences to complete the dialogue between Atawhai and Rāwiri.*

Rerenga Kōrero
- Āe, tēnā koa whakakīa taku ipu ki te wai
- I oma mai koe ki tōku whare?
- Whakarekahia te kōnatutanga ki te huka
- Titiro, kua riko taku hāte!
- Kei te aha koe?
- Kāore māua i te kōrero
- Kei te tohe kōrua?
- Kei te oma anō koe ki tō kāinga?
- E mea ana koe!
- Kei te tunu pihikete au
- Kaua e wareware ki te pani i te kiri ki te ārai tīkākā

Kōrero i waenganui i a Atawhai rāua ko Rāwiri
1. Atawhai asks Rāwiri if he ran to her house
   Atawhai: _____
2. Rāwiri replies yes and asks for his drink bottle to be filled with water
   Rāwiri: _____
3. Rāwiri asks Atawhai what she is doing
   Rāwiri: _____
4. Atawhai replies she is making biscuits
   Atawhai: _____
5. Rāwiri suggests sweetening the mixture with sugar
   Rāwiri: _____
6. Atawhai asks Rawiri if he is going to run back to his place
   Atawhai: _____
7. Rāwiri replies, what do you think, of course!
   Rāwiri: _____
8. Atawhai tells him, don't forget to put sunblock on
   Atawhai: _____

2. Kōwhiria ngā rerenga kōrero e tika ana hei whakaoti i te kōrero i waenganui i a Atawhai rāua ko Rāwinia.

2. Choose the correct sentences to complete the dialogue between Atawhai and Rāwinia.

Rerenga Kōrero
- Hōmai ngā ārani rā
- Kei te moe rāua
- Pokokōhua!
- E aha ana ō mātua?
- He aha ai?
- Kei te haere koe ki te papa rēhia?
- Kāore koe i waea atu ki a ia?
- Me tapahi ki te māripi nei, he nui rawa ngā wāhanga
- Me tapahi wāhie anō koe ki te toki
- Pai tēnā whakaaro. Kia mutu tēnā, māku e horoi anō ki te wai
- I haurangi rāua
- Ka tahu koe i te ahi ākuanei?
- E mea ana koe! He makariri hoki ā-waho

Kōrero i waenganui i a Atawhai rāua ko Rāwinia

1. Atawhai asks Rāwinia to pass her the oranges (over there)
   Atawhai: _____
2. Rāwinia replies, 'What for?'
   Rāwinia: _____
3. Atawhai says she needs to cut them with the knife she has, the pieces are too big
   Atawhai: _____
4. Rāwinia replies, 'Good idea', and when she finishes that, she will wash them again with water
   Rāwinia: _____
5. Atawhai asks Rāwinia if she is going to light the fire soon
   Atawhai: _____
6. Rāwinia replies with, 'Of course, it's cold outside'
   Rāwinia: _____
7. Atawhai tells Rāwinia to cut more firewood with the axe
   Atawhai: _____
8. Rāwinia curses
   Rāwinia: _____

Rāmere – Friday

 30-minute challenge

1. **Whakarongo ki te pāhorangi mō tēnei wiki:**
1. *Listen to this week's podcast at:*

 www.MaoriMadeEasy2.co.nz

2. **Whakapākehātia ngā kōrero ki waenganui i a Mere rāua ko Māka.**
2. *Translate the following dialogue between Mere and Māka into English.*

Mere: E Māka, kei hea koe?

Māka: Kei taku whare.

Mere: Kei konā tonu a Ani?

Māka: Kāo, kua haere kē ia ki Whangārei.

Mere: Nōnahea ia i wehe ai?

Māka: Mmm, i puta ia i te whare ki te tāone i te whitu karaka i te ata nei, ā, nō te waru i wehe ai te pahi i te tāone ki Whangārei.

Mere: E pōuri ana te ngākau, kāore au i whai wāhi ki te mihi pōwaiwai ki a ia.

Māka: E pai ana! Kei te hoki mai anō ia i Whangārei ki konei ā tērā marama. Ka noho anō ki tōku.

Mere: Ka pai! Kua whakaritea kētia e koe he kai mō te rānui? E haere atu nei au ki tō whare.

Māka: Kāore anō.

Mere: E pai ana! Ka whakakī au i ngā kete o konei ki te kai, ka tae atu au i konei ākuanei.

_____

_____

Weekend Word List

Tukatuka	To start a car
Tūpapa	Bench / Bench top
Ūkui	To wipe
Muku	Cloth
Whakamaroke	Dry
Waku	Scrape / Scrub
Taitai	Brush
Tahitahi	Sweep / Broom
Pōtarotaro	Cut short / Lawnmower
Mauti	Grass
Kōnehu	Spray / To spray
Tāoke	Poison
Moni	Money
Pūkoro	Pocket
Mauāhara	Hate
Ngana	To try

WEEK FORTY-THREE
More on using 'ki', and when to use 'kē'

Whakataukī o te wiki
Proverb of the week
Mate kāinga tahi, ora kāinga rua
Always have an alternative

We are going to start off this week by doing some revision on using the word **ki** to say *with* or *by means of*. However, we are going to focus on the use of **ki** in the passive sentence structure. Remember, each ordinary verb has its own particular passive ending which will usually be one of the following: **–tia**, **–ria**, **–hia**, **–ngia**, **–na**, **–nga**, **–kia**, **–mia**, **–ina**, **–kina**, **–a**.

Passive sentence structures are commonly heard in te reo Māori, so much so, that you could probably say it's the preferred style of a great number of Māori language speakers. But what is a passive sentence and what does it do?

Let's take another look at passive sentences:

I patu te ngeru i te manu   (*The cat* killed the bird)
I patua te manu e te ngeru   (*The bird* was killed by the cat)

The first sentence is called an active sentence because the agent of the action in the sentence, **'te ngeru'** or *'the cat'* is the focus. The second sentence is the passive one because the focus of the sentence shifts to **'te manu'** or *'the bird'* who is not doing the action but on the receiving end of it. This casts the bird into a passive role in the context of the sentence, which is why we call the sentence 'passive'! Now let's practise using **ki** in a passive sentence structure.

HARATAU – PRACTICE

Rāhina – Monday

 30-minute challenge

1. **Tirohia ēnei whakaahua. Whiriwhirihia te rerenga tika mō ia whakaahua. Kimihia te whiore tika i te tuatahi. Kua oti kē te whakautu tuatahi.**
1. *Look at the following pictures. Choose the correct sentence for each picture. Find the correct ending for each sentence first. The first answer has been done.*

__8__. Kei te whakamaroketia ōna makawe	. . . ki te tauera
_____. Kei te whakamaroketia ngā utauta	. . . ki te pene
_____. Kei te haua te pōro	. . . ki te tahitahi
_____. E tapahia ana te parāoa	. . . ki te whakamaroke makawe
_____. Kei te wakua ōna niho	. . . ki te tāwiri / ki te kī
_____. E tahitahia ana te papa	. . . ki te rākau hahau pōro
_____. E pōtarotarohia ana ngā mauti	. . . ki te taitai niho
_____. Kei te tuhia he kōrero	. . . ki te pōtarotaro
_____. Kei te tukatukahia te waka	. . . ki te muku
_____. E ūkuia ana te tūpapa	. . . ki te māripi

2. Whakamāoritia ēnei rerenga kōrero.
2. Translate these sentences into Māori.

1. The benchtop is not being wiped with the cloth
   Kāore te tūpapa e ūkuia ana ki te muku
2. The car is not being washed with soap and water

   _____
3. The garden is not being sprayed with poison

   _____
4. His pockets were not filled with money

   _____
5. Her heart was not filled with hatred

   _____
6. The TV was not switched off with the remote

   _____

Rātū – Tuesday

Today we are going to learn one of the functions of the word **kē**. You may remember how to use the words **atu** or **ake** with a sentence starting with **He** to compare the qualities of two people or objects. We place the **atu** or **ake** after the adjective or describing word, while the **i** separates the two things being compared. Here are some examples to jog your memory. Take special note of where the **atu** or **ake** sits in the sentence, and where the **i** is placed.

He pai ake a Māka i a Mere ki te tuhituhi	*Māka is better than Mere at writing*
He reka ake te ārani i te āporo	*An orange is sweeter than an apple*
He ngāwari atu tēnei mahi i tērā	*This job is easier than that one*

If we add in the **kē** we are intensifying the difference between the qualities of the people or objects being spoken about. Take notice of the positioning of the **kē** in these sentences.

He pai **kē** ake a Māka i a Mere ki te tuhituhi	*Māka is **much** better than Mere at writing*
He reka **kē** ake te ārani i te āporo	*An orange is **much** sweeter than an apple*
He ngāwari **kē** atu tēnei mahi i tērā	*This job is **much** easier than that one*

30-minute challenge

1. **Waihangatia kia waru ngā rerenga kōrero i te tūtohi i raro nei.**
   1. Construct 8 sentences using the table below.

He reka	kē ake	a Rotorua	i	te teina		
He tawhito	kē ake	ōku uaua	i	tō Mere		
He teitei	kē ake	te tuakana	i	a Tāmaki	ki te	kōrero
He nui	kē atu	te waka tauā	i	te puananī		
He kaha	kē atu	te tiakarete	i	te mānuka		
He tawhiti	kē atu	tōna reo	i	a koe	ki te	waiata
He tere	kē atu	te kauri	i	te motukā		
He ātaahua	kē atu	a Hēmi	i	ōu	ki te	oma

1. _____
2. _____
3. _____
4. _____
5. _____
6. _____
7. _____
8. _____

2. **Ināianei me whakapākehā e koe ō rerenga.**
   2. Now translate your sentences into English.

1. _____
2. _____
3. _____
4. _____
5. _____
6. _____
7. _____
8. _____

Rāapa – Wednesday

 30-minute challenge

1. **Tuhia he rārangi mai i te ingoa i te taha mauī ki te whakaahua i te taha matau.**
1. *Draw a line from the name on the left of your page, to the correct picture on the right.*

Orewa

Tamehana

Rangi

1. He pai kē ake a Rangi i a koe ki te tākaro tēnehi
2. He pai kē ake a Tamehana i a koe ki te tākaro poiwhana
3. He pai kē ake a Orewa i a koe ki te tākaro poiuka

2. **Whakapākehātia ēnei rerenga kōrero.**
2. *Translate the following sentences into English.*
1. He ātaahua kē ake tēnei kōwaiwai i tēnā
   This painting is much more attractive than that one

2. He mahana kē ake tōku whare i tōu
   _____

3. He makariri kē ake a Ōtautahi i a Kaikohe
   _____

4. He teitei kē ake a Aoraki i a Taupiri
   _____

5. He atamai kē ake au i a koe
   _____

6. He pai ake a Hēnare i te katoa o rātou ki te tiaki i ngā tamariki
   _____

3. Tuhia he rerenga kōrero whakataurite mō ia whakaahua, whakaurua te *kē*.
*3. Write a comparison sentence for each picture, use **kē**.*

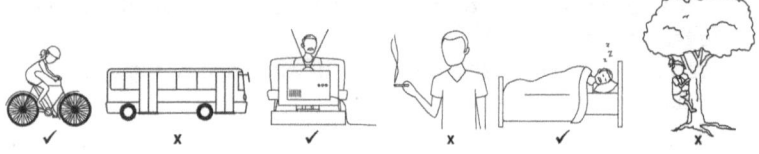

1. He pai kē ake te eke pahikara i te eke pahi

2. _____

3. _____

Rāpare – Thursday

Today we are going to study two more ways to use the word **kē**. Firstly, **kē** can be used to indicate that something that happened in the sentence was surprising, different or unexpected. The following examples demonstrate this usage.

Kāore ia i titiro mai ki a au, i titiro kē ia
He / She didn't look at me, he / she looked in a different direction

Kua tīmata kē rātou
They have (unexpectedly) already started

Auē, kua whitu karaka kē!
Far out, it's already 7pm!

Nō mātou kē tērā tangata!
That fulla over there belongs to us (not someone else)!

Ehara ērā i te raiona, he taika kē!
Those are not lions, they are tigers!

Kei hea kē taku pōtae?
Where is my hat? (It's not where I left it, where I expected it to be)

Tō pōrangi kē!
You are crazier than I thought!

30-minute challenge

1. **Whakamāoritia ēnei rerenga kōrero, āta whakaarohia me pēhea tō whakamahi i te *kē*.**
1. *Translate the following sentences into Māori. Think carefully how you are going to use **kē**.*

  1. Where are my books? (Not where they are supposed to be)
     _____

  2. Where are the keys? (Not where they are supposed to be)
     _____

  3. You are very industrious (more than I thought)!
     _____

  4. He is very strong (stronger than I thought)!
     _____

  5. This is not a knife, it is (actually) a fork
     _____

  6. It is already 10pm
     _____

  7. They have already gone
     _____

  8. I tried to hug her but she turned in a different direction
     _____

  9. They (2) are actually from Ngāti Whakaue
     _____

  10. She is much more courageous than them (4)
      _____

Native speakers of te reo like to use **kē** in passive action sentences. These are the sentences that begin with **Kei te**, **E ... ana**, **Ka**, **Kua** or **I**. A component of the language for you to master is the double passive! Sounds like you are about to attempt the most difficult gymnastics move ever, but it's not as difficult as it sounds. The word **kē** can be changed to a passive to achieve this. It is a technique used by the native or very high level Māori language speaker. Ok, let's do this!

As we know, **kē** sits after the action word or <u>verb</u>, like this:

Kua <u>patu</u> **kē** ia i te manu
He has (unexpectedly) already killed the bird

Usually the **kē** will have **–tia** as its passive ending, so it becomes **kētia**. We still need to change the action word to its passive form too, so we end up with:

Kua <u>patua</u> **kētia** e ia te manu
The bird has already (unexpectedly) been killed by him

Remember the rules of a passive sentence:
1. Make the verb and the **kē** passive
2. Place an **e** in front of the doer of the action
3. Drop the **i** or **ki** that links the action to the object being affected by the action

2. Whakahāngūtia ēnei rerenga, kia rua ngā hāngūtanga.
2. Make these sentences passive. Use the double passive form.

1. Kei te pōwhiri kē rātou i ngā manuhiri
   _____
2. Kua piki kē te whānau i te maunga rā
   _____
3. Kua kite kē mātou i tēnei kiriata
   _____
4. Kua hoe kē te iwi i te waka ki uta
   _____
5. Kua tunu kē a Māmā i ngā pihikete
   _____
6. I te horoi kē ngā tamariki i te waka
   _____
7. I te kato kē ia i ngā putiputi
   _____
8. E pēhi kē ana rātou i te Iwi Moemoeā
   _____
9. E tuhi kē ana te tama i te pukapuka hōu
   _____
10. Kei te hopu kē rāua i āna kōrero
    _____

Rāmere – Friday

 30-minute challenge

1. Whakarongo ki te pāhorangi mō tēnei wiki:
1. *Listen to this week's podcast at:*

 www.MaoriMadeEasy2.co.nz

2. Whakaotia tēnei pangakupu.
2. *Complete the crossword.*

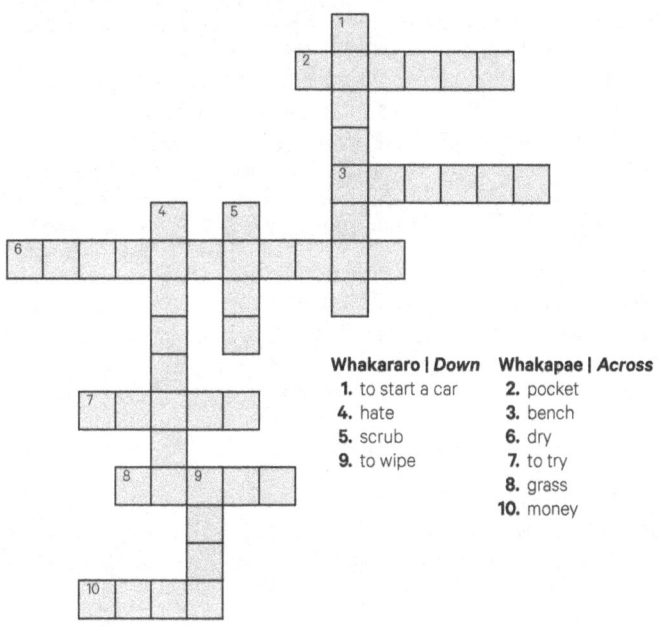

Whakararo | *Down*
1. to start a car
4. hate
5. scrub
9. to wipe

Whakapae | *Across*
2. pocket
3. bench
6. dry
7. to try
8. grass
10. money

Weekend Word List

Whakangungu	To upskill / To train
Wānanga	Course / To learn / To discuss
Wareware	Forget
Wheako	Experience
Pūmua	Protein
Mōhani	Smoothie
Tono	Request
Whakahau	Directive
Kōti	Court
Whare herehere	Jail / Prison
Waea atu	To phone someone
Auare ake	To no avail
Manaakitanga	Generosity / Kindness
Akiaki	Encourage
Whiwhi	To get or obtain
Momona	Fat
Whakapōtaetanga	Graduation
Whakaomaoma	Make run
Marae o Hinemoana	The beach
Te Matatini	National kapa haka competition

WEEK FORTY-FOUR
When to use 'ki te', when to use 'kia'

Whakataukī o te wiki
Proverb of the week
Whatu ngarongaro te tangata, toitū te whenua
People disappear from sight, but the land remains constant

He Tauira Kōrero
Mere: E Māka, e hiahia ana au ki te haere ki te hokomaha, ko koe hei hoa mōku?
Māka: E pai ana! Kei te hoko aha koe?
Mere: Kei te hoko pūmua kia pai ai taku mahi mōhani i ngā ata, kia pakari ai taku tinana!
Māka: Ko te tūmanako kia ū koe ki tō mahere whakatiki kia tutuki ai ō moemoeā mō tō tinana.
Mere: Tika tāu.
Māka: Ko te hiahia, e hoa, kia haere tāua ināianei, nē, kia kore ai au e takaroa ki te mahi.
Mere: He kaupapa nui tāu ki tō wāhi mahi i te rā nei?
Māka: Āe, e tuku tono ana au ki te Kaunihera o Rotorua kia kōrero mai te kahika ki a au.
Mere: Ā kāti, me kakama tāua!

I have lost count how many times students of the language have asked, 'When do I use **ki te** and when do I use **kia**?' Take a look at these two sentences and see if you can identify why one uses **ki te** and the other uses **kia**.

E hiahia ana au ki te haere ki te hui
vs
E hiahia ana au kia haere rātou ki te hui

If you are thinking that **ki te** is used when the subject of the sentence completes the action, and the **kia** is used when someone else is completing the action, then you are correct! *Tino pai* – well done! The action in the two examples above is 'to go to the meeting'. In the first example, the subject **au** wants to go to the meeting, so we use **ki te**. In the second example, the subject **au** wants **rātou**, or *them*, to go to the meeting, so we use **kia** to show that. The translations of the two sentences may help to make this clearer:

E hiahia ana au **ki te** haere ki te hui   *I want to go to the meeting*
E hiahia ana au **kia** haere rātou ki te hui *I want them to go to the meeting*

So, to recap, if the sentence is 'E hiahia ana a Hare ki te haere ki te wānanga', we use **ki te** because Hare's desire or wish (*hiahia*) is that *he* goes to the course. If the sentence is 'E hiahia ana a Hare kia haere ngā tamariki ki te wānanga', we use **kia** because Hare's desire or wish (*hiahia*) is that the *kids* go to the course, in other words, that someone else does that action.

HARATAU – PRACTICE
Rāhina – Monday

 30-minute challenge

1. **Kōwhirihia te mea tika; *ki te*, *kia* rānei hei whakaoti i ēnei rerenga kōrero.**
1. *Choose the correct one; **ki te** or **kia** to complete the following sentences.*
   1. E hiahia ana a Mere (ki te / kia) haere ki te whare o tōna hoa
   2. Kei te hiahia ia (ki te / kia) whakangungu ā te ata āpōpō
   3. E hiahia ana ngā tamariki (ki te / kia) hoki mai tō rātou māmā ki te kāinga
   4. Kua hiahia rātou (ki te / kia) noho ki te mahi
   5. Kei te hiahia au (ki te / kia) haere mai kōrua ki tōku whare ā te ahiahi nei
   6. I hiahia ia (ki te / kia) tae atu tātou katoa ki tōna huritau
   7. Kāore e kore ka tino hiahia rātou (ki te / kia) haere ki te mātakitaki
   8. Kei te hiahia au (ki te / kia) whakaako koe i a au
   9. E hiahia ana au (ki te / kia) tākaro whutupōro i tēnei tau
   10. Kua hiahia te whānau (ki te / kia) hoko waka hōu mō rātou

So far we have only used the word **hiahia** to illustrate when to use **ki te** and when to use **kia**, but using the **ki te** and the **kia** is by no means restricted to the word **hiahia** only.

2. **Whakamāoritia ēnei rerenga kōrero, me kōwhiri mēnā rā ko te *ki te* ko te *kia* rānei te mea tika mō ō whakamāoritanga.**
2. *Translate these sentences into Māori; you will need to decide between **ki te** and **kia** as you translate.*
   1. My friend is requesting that you speak first

   _____

   2. The directive from the court is that you go to jail

   _____

3. We (3) are thinking about going to the beach today
   _____

4. He wants us (3) to be there before midday
   _____

5. She wants to go to Western Heights High School next year
   _____

Rātū – Tuesday

30-minute challenge

1. Whakaotia ngā rerenga kōrero kei raro iho nei. E rua ngā momo kōwhiringa: *ki te*, kia *rānei*.

*1. Complete the following sentences. There are two options for you to select from: **ki te** and **kia**.*

1. E haere ana au _____ whare o taku kuia
2. Kei te pīrangi te iwi _____ whakarongo te Kāwanatanga
3. Shhh, kei te pīrangi mātou _____ mātakitaki i a *Marae*
4. Ko te manako _____ tau ngā manaakitanga ki runga i a koutou
5. Āe, e pai ana _____ waea atu koe ki a ia
6. I te whakaaro te whānau rā _____ hīkoi ki te tāone
7. Kei te tono te kaiako _____ tīmata ngā tauira ki te tuhi
8. I akiaki au i a ia _____ tae mai, auare ake!
9. I kī atu taku māmā _____ noho taku wahine ki te kai, engari kāore ia i pīrangi
10. Ka mahi nui au _____ āwhina i a koe, e hoa

2. Ināianei me whakapākehā koe i aua rerenga.

2. Now translate those sentences into English.

1. _____
2. _____
3. _____
4. _____
5. _____
6. _____
7. _____
8. _____
9. _____
10. _____

There is one word that tends to transcend the linguistic rules regarding using **ki te** and **kia**. That word is **kite**, which means *to see*. For example you can say:

Kei te haere au ki te kite i taku hoa

or

Kei te haere au kia kite i taku hoa

Let's take a look at some more examples:

E tino hiahia ana rātou kia kite i taua kiriata
They (3 or more) really want to see that movie

Kei te hiahia rāua ki te kite i taua kiriata
They (2) want to see that movie

Kua haere te whānau kia kite i a Oprah e kōrero ana
The family has gone to see Oprah speaking

Kua haere te whānau ki te kite i a Oprah
The family has gone to see Oprah

I a ia i te wharepaku, i tae mai te tumuaki kia kite i a ia
While he / she was in the restroom, the principal came to see him / her

I a koe i te whare pukapuka, i tae mai te tumuaki ki te kite i a koe
While you were at the library, the principal came to see you

Rāapa – Wednesday

Another aspect of **kia** to discuss is when to link it with **ai**. When we use **kia ... ai** it usually elaborates on the first part of your sentence to say that you are performing that function 'in order to' or 'so that' something is achieved or accomplished. For example:

Kei te haere au ki Rotorua kia kite ai au i taku hoa
I am going to Rotorua in order to see my friend

E haere ana te whānau ki Amerika kia wheako ai i a Taurikura (Disneyland)
The family is going to America so that they can experience Disneyland

He pukumahi nōku kia whiwhi ai au i te tūranga hōu
I am working hard so that I get the new position

I whakangungu au kia pakari ai au
I trained so that I would be fit

I tū ia ki te kōrero kia rongo ai rātou i tōna reo ātaahua

He / She stood to speak so that they could hear his / her beautiful language

E haere ana au kia mōhio ai au he aha te aha
I am going so that I know what's happening

 30-minute challenge

1. **Whakaotia ngā rerenga kōrero kei raro iho nei. Whakamahia te *kia . . . ai* mō te wāhanga tuarua o te kōrero. Ko te tuatahi hei tauira.**
    1. *Complete the following sentences. Use the **kia ... ai** for the second part of the sentence. The first one has been completed already as an example.*

    1. Kei te haere ki _____ _____ (*their two*) whare [*in order to see my cousin*]
       Kei te haere ki ___tō___ ___rāua___ whare <u>kia kite ai au i taku whanaunga</u>

    2. Kei te kai _____ _____ (*your 4*) pāpā [*in order to fill his stomach*]
       _____

    3. Haere mai ki roto i _____ _____ (*ours but not yours*) taiwhanga moe [*so that we can have a gossip*]
       _____

    4. Kei te tāhae ia i _____ _____ (*our two, but not yours*) pukapuka reo Māori [*so that he knows how to speak te reo*]
       _____

    5. Kua tae mai _____ _____ (*our 5, all of us*) pahi [*so that we can go to town*]
       _____

    6. Kua peita rāua i _____ _____ (*their 3*) whare [*so that it shines*]
       _____

    7. Ka haere ngā tamariki ki _____ _____ (*their 4*) marae [*so that they know they are Māori*]
       _____

    8. Ka mihi ngā kōtiro ki _____ _____ (*all of ours*) maunga [*so that we remember*]
       _____

    9. I whakatika ngā koroua i _____ _____ (*ours, but not yours*) whare karakia [*so that it's bigger*]
       _____

10. Kei te moe _____ _____ (*their*) kuia [*so that she is strong for tomorrow*]

To negate the **kia … ai** part of the sentence we just place the negative word **kore** in between the **kia** and the **ai**, pushing the word that was in the middle to the right-hand side of the **ai**, past the subject or doer. That word is then preceded by an **e**. Like this:

Kei te haere ki tō rāua whare, kia <u>kite</u> ai au i taku whanaunga
I am going to their house, in order to see my cousin

Kei te haere ki tō rāua whare, kia **kore** ai au **e** <u>kite</u> i taku whanaunga
*I am going to their house, in order **not** to see my cousin*

Here are some more examples *kia tino mārama ai koe* – so that you completely understand.

I oma au ki raro i te rākau kia kore ai au e māku i te ua
I ran under the tree so that I wouldn't get wet in the rain

Kei te tino whakangungu ia kia kore ai e hinga
He / She is training hard so he / she doesn't lose

Anei he keke kia kore ai koutou e hiakai
Here is a cake so you guys don't get hungry

Tukuna rāua kia mātaki i tā rāua hōtaka kia kore ai e amuamu
Let them watch their programme so that they don't moan

Ka pātai au ki a ia kia tino mārama ai tāua
I will ask him / her so that we completely understand

2. Whakaotia ngā rerenga kōrero e whai ake nei.
2. *Complete the following sentences.*

1. Kei te mātakitaki rātou i te pouaka whakaata … [*so that they don't argue*]

2. Kei te horoi ia i ngā pereti … [*so that his mum doesn't get angry*]

3. E oma ana ia ki te kāinga … [*so that he isn't late*]

4. Anei tō tātou hoa! Kua tae mai ia me ā tātou kai … [*so that we aren't hungry anymore*]

5. Me horoi koe i ō kākahu paru … [*so that they don't stink*]

6. Kei te whatu korowai te kui ... [*so that her grandchild doesn't stand alone on graduation day*]

7. E waiata ana anō rātou i tā rātou waiata ... [*so that no one forgets the words*]

8. Kei te whakaomaoma i te kurī ... [*so that he doesn't get fat*]

Rāpare – Thursday

Now that we have studied the uses for **kia** and **kia ... ai**, let's now put them together in the same sentence *kia kite ai pēhea pēhea* – to see how that works:

Ko te wawata **kia** tae mai ia ā te whā, **kia pai ai** tā tātou wehe ā te rima
*Hopefully (the wish is **that**) he / she arrives at 4, **so that** we can leave at 5*

In this example we can see that **kia** means *that*, but the **kia ... ai** means *so that* or *in order to*.

E hiahia ana te whānau kia tīmata ngā karakia ināianei, kia oti ai i mua i te ata hāpara
*The whānau (are hoping **that**) want the incantations to start now, **so that** they are completed before sunrise*

30-minute challenge

1. **Whakahonoa ngā rerenga i te taha maui ki te taha matau.**
1. *Join the sentence on the left to its correct partner on the right.*

E akiaki ana ia i a mātou kia mātakitaki i a Ōpaki	kia kore ai te hau kāinga e riri mai
E whai ana rātou kia tohua he kaiārahi i mua i te mutunga o te wiki	kia tere māoa ai
Ko te wawata ia kia kai ngā kaumātua	kia tae wawe atu ai ki Te Matatini i te rā nei
Ko te tūmanako kia paki āpōpō	kia ako ai mātou i te reo
Tapahia ngā kāroti kia iti	kia pai ai te ahu whakamua o te rōpū
Mea atu ki a ia kia kawea ā tātou mihi	kia haere ai tātou ki te marae o Hinemoana
I hiahia rātou kia wehe te pahi inapō	kia kore ai koutou e raru i te tini o ana rūkahu
Ko taku whakahau kia kaua koutou e whakarongo ki a ia	kia kore ai rātou e matekai

1. _____
2. _____
3. _____
4. _____
5. _____
6. _____
7. _____
8. _____

2. **Ināianei me whakapākehā koe i ō rerenga.**
2. *Now translate your sentences into English.*
   1. _____
   2. _____
   3. _____
   4. _____
   5. _____
   6. _____
   7. _____
   8. _____

Rāmere – Friday

30-minute challenge

1. **Whakarongo ki te pāhorangi mō tēnei wiki:**
1. *Listen to this week's podcast at:*

   www.MaoriMadeEasy2.co.nz

2. **Whakapākehātia tā Mere rāua ko Māka kōrero.**
2. *Translate into English the dialogue between Mere and Māka.*

   Mere: E Māka, e hiahia ana au ki te haere ki te hokomaha, ko koe hei hoa mōku?

   _____

   Māka: E pai ana! Kei te hoko aha koe?

   _____

   Mere: Kei te hoko pūmua kia pai ai taku mahi mōhani i ngā ata, kia pakari ai taku tinana!

   _____

   Māka: Ko te tūmanako kia ū koe ki tō mahere whakatiki kia tutuki ai ō moemoeā mō tō tinana.

   _____

   Mere: Tika tāu.

   _____

Māka: Ko te hiahia, e hoa, kia haere tāua ināianei, nē? Kia kore ai au e takaroa ki te mahi.

_____

Mere: He kaupapa nui tāu ki tō wāhi mahi i te rā nei?

_____

Māka: Āe, e tuku tono ana au ki te Kaunihera o Rotorua kia kōrero mai te kahika ki a au.

_____

_____

Mere: Ā kāti, me kakama tāua!

_____

No weekend word list this weekend, e hoa mā, but prepare for next week! It's your third revision week. A week designed to test where you're at, and if you are beginning to comprehend sentence structures and understand the language!

WEEK FORTY-FIVE
Wiki Huritao – Revision week

Whakataukī o te wiki
Proverb of the week
Āe, he māunu kaukau wai
Yes, like a duckling that swims about in the water
(aimless or inept person)

Rāhina – Monday

 30-minute challenge

Pānuitia tēnei kōrero kei waenganui i a Atawhai me Anaru, ka tuhi ai i ō whakautu ki ngā pātai.
Read the dialogue between Atawhai and Anaru, then answer the questions.

Anaru: E Ata, kei te hāere koe ki te mātakitaki i te kapa haka?
Atawhai: Āe marika, e hoa. He pai ki a au te mātakitaki i ngā kapa e whakatutū puehu ana.
Anaru: Kei te tū te kapa o tō hapū i tēnei tau?
Atawhai: Āe. Kua toru marama rātou e haratau ana . . . kei hea ia ngā tīkiti? I hokona, i waiho ki te tēpu nei, ināianei kua ngaro!
Anaru: Ko te tūmanako ia kia kitea e koe! Tīkiti kore, kapa haka kore!
Atawhai: Tēnā koe i tēnā āwhina nui! E hē! Ki te pakari te tū a te kapa o taku hapū, ka toa, engari ia ki te ngoikore, ka aroha kē!
Anaru: He aha ia nei ō tohutohu ki a rātou, mēnā ko koe te kaiako?
Atawhai: Ka kī au, kia māia, kia manawanui! E rua ēnā kupu rongonui; te māia, te manawanui – kotahi tonu ia te tikanga, arā, kia toa!
Anaru: Heoi anō, kia tere tō kimi i ngā tīkiti, ka tū atamira rātou ā te tekau mā tahi karaka.
Atawhai: Kua aha te wā ināianei?
Anaru: Kua tekau!
Atawhai: Ko te tikanga ia kei konei kē!
Anaru: Tirohia ō pūkoro.
Atawhai: Huh?! *(Ka whāwhā a Atawhai ki roto i ōna pūkoro)* Āta koia!

1. Kei te haere a Ata ki hea?

   _____

2. Tuhia ngā kupu kei te ngaro: 'Kei _____ ngā tīkiti? _____, i waiho _____ nei'

   _____

3. Mēnā ko Atawhai te kaiako i te kapa, he aha āna tohutohu?

4. Āhea te kapa o tōna hapū tū atamira ai?

5. Kua hia marama te kapa e haratau ana?

6. Ko tēhea te whakapākehātanga tika mō, 'Ka aroha kē!'
   a. I love you
   b. I feel pity for them
   c. Love is in the air

7. He aha te kupu Pākehā mō 'pūkoro'?

8. Kua aha te wā ināianei?

9. I kitea ngā tīkiti i hea?

10. Whakapākehātia tēnei kōrero: 'Tīkiti kore, kapa haka kore'

Rātū – Tuesday

 30-minute challenge

Pānuitia tēnei kōrero kei waenganui i a Atawhai me Anaru, ka tuhi ai i ō whakautu ki ngā pātai.
Read the dialogue between Atawhai and Anaru, then answer the questions.

Anaru: E Ata, e haere ana koe ki te tangihanga o Mōrehu?

Atawhai: E haere ana mātou ko te whānau katoa. E hiahia ana taku kuia ki te mihi whakamutunga ki a Mōrehu, kia ea ai tōna pōuritanga.

Anaru: Kei te haere māua ko taku koroua kia kite ai te kirimate i a māua, kia rongo ai rātou i te aroha o tō māua hapū.

Atawhai: Ko te tūmanako kia pai ngā whakahaere o te marae . . . te wā mutunga i tae atu ai au ki reira, i heahea katoa ā rātou whakahaere. Me whakatika kia tutuki pai ai ngā tikanga o te ao tawhito, kia pūāhuru ai hoki te noho a te kirimate, kia kore ai rātou e māharahara ki ngā whakahaere o te marae.

Anaru: He aha ngā momo whakahaere i hē nei, ki ō whakaaro?

Atawhai: Kāore he wahine karanga, kōrero Pākehā ngā tāne whaikōrero, kōtiti hoki ā rātou kōrero ki wīwī, ki wāwā, aha atu, aha atu.

Anaru: E hoa, e pērā ana te āhua ki runga i te maha o ngā marae, puta noa.

Atawhai: Āe, e mārama ana. Kua kī kē atu mātou ki ngā pūkōrero o tō mātou marae, ko tā koutou mahi, he whakatau manuhiri. Waiho mā rātou te tūpāpaku e mihi, e poroporoaki. Hei te pō mutunga, ka kōrero roa rātou mō te aituā-a-Tiki.

Anaru: Me whai tō mātou marae i te tauira a tō marae, kia tika ai hoki ko mātou.

1. Kei te haere a Ata me tōna whānau ki hea?

2. Tuhia ngā kupu kei te ngaro: 'E _____ ana taku kuia ki te _____ ki a Mōrehu _____ ea _____ tōna _____'

3. He aha ngā whakahaere o te marae i hē nei?

4. Me whai te marae o Anaru i te tauira a wai?

5. He aha te take e haere nei a Anaru rāua ko tōna koroua ki te tangihanga?

6. Ko tēhea te whakapākehātanga tika mō, 'ki wīwī, ki wāwā'?
   a. all over the place
   b. to France and Italy
   c. that is the time in France

7. He aha te kupu Pākehā mō 'poroporoaki'?

8. He aha te kupu Pākehā mō 'kirimate'?

9. Kei te hē hoki ngā whakahaere ki runga i ētahi atu marae, hei tā wai?

10. Whakapākehātia tēnei kōrero: 'Hei te pō mutunga, ka kōrero roa rātou mō te aituā-a-Tiki'

Rāapa – Wednesday

 30-minute challenge

Pānuitia tēnei kōrero kei waenganui i a Atawhai me Anaru, ka tuhi ai i ō whakautu ki ngā pātai.

Read the dialogue between Atawhai and Anaru, then answer the questions.

Kei waho a Anaru i te whare pukapuka e tū ana.
Anaru: E Ata, i hea koe?
Atawhai: I roto i te whare pukapuka, he aha ai?
Anaru: I te tatari noa iho ki a koe. I pōhēhē au, kua hoki kē koe ki te kāinga. He pai kē atu te hoki i tō taha i te hoki ko au anake.
Atawhai: Tō pai hoki! Hei, kua kite koe i te kiriata hōu a Temuera Morrison? I te kōrero mātou ko aku hoa mō tērā. Me mātakitaki tāua ā te pō nei?
Anaru: Āhea tīmata ai?
Atawhai: Mmm, taku mōhio ā te whitu karaka. Ka tae tonu atu tāua, ahakoa kua ono karaka kē?
Anaru: Mēnā rā ka tere tāua. Ki te oma atu i konei ināianei, ka tekau meneti noa iho te taenga atu ki te kāinga.
Atawhai: Ka oti tēnā! Ka mutu, māku ā tāua tīkiti e hoko i te ipurangi.
Anaru: Ka pai! I taku whakapae, tekau meneti ki te horoi me te panoni kākahu, tēkau meneti hoki te haere i te kāinga tae atu ki te whare kiriata, nō reira ka tau ki reira ā te takiwā o te haurua o te ono.
Atawhai: Ka rawe, ka whai wā tonu ki te tākaro ātaata me te hoko ahikirīmi.
Anaru: Kei te whakatiki au, nō reira wai māori anake mōku.

1. Ka hia te roa kia tae atu ki te kāinga i te whare pukapuka?
   _____

2. I te aha a Anaru i waho i te whare pukapuka?
   _____

3. Ko wai kei roto i te kiriata hōu?
   _____

4. Tuhia te kupu kei te ngaro: 'He pai _____ i tō taha'
   _____

5. Mā wai ngā tīkiti e hoko?
   _____

6. Ka hokona ngā tīkiti i hea?
   _____

7. Ka hia meneti i te kāinga tae atu ki te whare kiriata?
   _____

8. Āhea te kiriata tīmata ai?
   _____

9. Kia tae rāua ki te kāinga, ka aha?
   _____

10. Whakapākehātia ēnei rerenga:
    a. kei te whakatiki au =
    _____

    b. tākaro ātaata =
    _____

    c. Tō pai hoki! =
    _____

Rāpare – Thursday

🕒 30-minute challenge

Pānuitia ngā tīwhiri, ka tuhi ai i te kupu.
Read the clues and guess the word.

1. He wāhi ako	1. He reo ātaahua	1. He hākinakina	1. Ka whai koe i tēnei mō ō mahi
2. He maha o ēnei	2. He reo taketake	2. Ka mau kākahu pango te kapa o tēnei whenua	2. Hei tā ētahi, koia te pūtake o te kino
3. Ka haere ngā tamariki, kaua ko ngā pakeke	3. Te reo tuatahi o Aotearoa	3. Buck Shelford	3. Ka noho ki te Whare Tahua hei poipoi mā reira
_____	_____	_____	_____

1. Kaua e inumia 2. He mōrearea 3. He kupu anō mō te paihana	1. Kua tipu ngā mauti 2. Me tapahi pātītī 3. He hoihoi tana tangi	1. He pai mō te waku niho 2. He pai mō te peita 3. He māmā te kawe	1. Ka whakairi kākahu māku kia pēnei ai 2. Mā ngā hihi o te rā 3. Kupu tauaro ki te maroke
1. He wāhi kei te kāuta / kīhini 2. Ka horoi utauta ki reira 3. Ka whakataka kai ki reira	1. He waka 2. He tāwiri 3. Kātahi te waka ka haruru	1. Ka pāinaina ki reira 2. Ka rangona ngā ngaru 3. Te atua o tātahi	1. Whā tau ki te whare wānanga 2. Ka tae tō whānau ki te hurō 3. Ka whakawhiwhia ki tō tohu
1. Kaha rawa ki te kai 2. Taumaha 3. Nui rawa te puku	1. Koinei te mahi ki runga i tō kawe reo 2. Whakapā atu ki tō hoa 3. Pēhi pātene, kōrero	1. Mō te hunga takahi ture 2. Kei reira ngā mauhere 3. Ka kīa, he hīnaki	1. He whakatipu uaua 2. He puehu 3. Ka kitea i ngā whare hākinakina

Rāmere – Friday

 30-minute challenge

1. **Whakarongo ki te pāhorangi mō tēnei wiki, he momo whakamātautau whakarongo kei reira.**
   1. *Listen to this week's podcast, a listening test has been prepared for you.*

 www.MaoriMadeEasy2.co.nz

Weekend Word List

Taputapu	Equipment / Instrument
Whao	Chisel
Whakairo	Carving
Whakatūwhera	Open
Whakanikoniko	Adorn / Decorate
Māharahara	Anxious / Worry
Irāmutu	Niece / Nephew
Whakatutuki	To complete
Pūahi	Lighter
Tēhea	Which (singular – one item)
Ēhea	Which (plural – more than one item)
Hautū waka	Driving / Drive a car
Maha	Many
Whakamahi	To use
Kauruku	Colour in
Tia	Deer
Pūhuki	Blunt
Kura noho	Boarding school
Kō	Term of endearment for young girl
Pūoto	Cylinder / Can
Rehu	Spray

WEEK FORTY-SIX
When to use 'hei'

Whakataukī o te wiki
Proverb of the week
Kia kotahi te waihoe i te waka, kia ū ki uta
Only by rowing the canoe in unison
will we reach our destination

He Tauira Kōrero

Mere: Kia ora, e Māka, hei aha ēnā taputapu?
Māka: Hei whakairo i te papa rākau nei. He whao ēnei.
Mere: Hei aha ngā whakairo?
Māka: Hei whakapiri ki ngā pātū o tō mātou whare tupuna hōu. Hei tērā marama whakatūwherahia ai tō mātou whare hōu.
Mere: Ka pai ēnei whakairo hei whakanikoniko i te whare, te ātaahua hoki!
Māka: Hei aha te mihi mai! Āwhina mai i a au ki te whakaoti, he poto te wā e toe ana!
Mere: Kaua hei māharahara, e hoa, māku koe e āwhina, me aha au?
Māka: Kōwhirihia he whao hei taputapu māu, ka tīmata ai ki te mahi.
Mere: Mmm, he kūare nōku ki tēnei mahi, me waea atu au ki a Hēmi.
Māka: He aha koe e waea atu ai ki a ia?
Mere: He mōhio nōna ki te whakairo, he kore mahi hoki nōna i tēnei wā nō reira kei te wātea. Koia hei irāmutu māku. He aha ngā mea hei kawe mai māna?
Māka: Karekau, engari me kī atu ki a ia he nui ngā mahi hei whakatutuki mā tātou.

This week we are focusing on how to use **hei**. As you can see by this week's conversation, there are many different ways **hei** can be used, so let's dive right in and begin this week's wānanga!

In the very first sentence of this week's conversation Mere asks, 'Hei aha ēnā taputapu?' (*What is that equipment for?*) When you begin a sentence with **Hei aha** and follow it with a noun or the name of an item or object, you are asking what that item or object is for, or what its purpose is. For example, if you were holding a knife and I asked you, 'What is that knife for?' You might reply with, 'It is for cutting' or in other words 'Its purpose is to cut something'.

So, in Māori I would ask, 'Hei aha tēnā māripi?' and just like most Māori question phrases where you can start your answer the same way as the question, you can respond, 'Hei tapahi', which means *to cut something*. But to cut what? If you were cutting some meat, you would answer with, 'Hei tapahi **i** te mīti'. Remember, the **i** indicates the object being affected by the action (**ki** may also be used if the object is being moved *to* a location). In this example, *the meat* is being cut, so the **i** goes in front of **te mīti**.

Hei aha tēnā māripi?	*What's that knife for?*
Hei tapahi **i** te mīti	*To cut the meat*
Hei aha ēnā taputapu?	*What's that equipment for?*
Hei whakairo **i** te papa rākau nei	*To carve this piece of wood*
Hei aha ngā whakairo?	*What are the carvings for?*
Hei whakapiri **ki** te pātū o tō mātou whare tupuna hōu	*To attach to the walls of our new ancestral meeting house*

HARATAU – PRACTICE
Rāhina – Monday

 30-minute challenge

1. Whakahonoa ngā rerenga i te taha mauī ki te taha matau.
1. Join the sentence on the left to its correct partner on the right.

Hei aha te pōro?	Hei patu i ngā rango hōhā nei
Hei aha te pūahi?	Hei mahi wai āporo
Hei aha tēnā kai?	Hei horoi i te tinana
Hei aha ērā āporo?	Hei tahu ahi
Hei aha tēnā mōhani pūmua?	Hei whāngai i te kurī
Hei aha ngā pātara wai māori rā?	Hei whakatipu i ngā uaua
Hei aha te uku?	Hei oranga mō te tinana
Hei aha tēnā pūoto, he rango kei runga?	Hei tākaro mā ngā tamariki

1. _____
2. _____
3. _____
4. _____
5. _____
6. _____
7. _____
8. _____

2. Ināianei me whakapākehā koe i ō rerenga; rerenga pātai tuatahi, rerenga whakautu tuarua.

2. Now translate your sentences into English; question phrase first, then answer phrase.

1. _____
2. _____
3. _____
4. _____
5. _____
6. _____
7. _____
8. _____

Rātū – Tuesday

So far we have learnt that if we start a sentence with **Hei aha . . .?**, we are asking *What for?* or *What is the purpose of?* For example, 'Hei aha te mārau nei?' is asking *'What is this fork for?'*

If we simply start a sentence with **Hei**, we are describing what the purpose of that object is, or what it is used for – for example, 'Hei tiki i tō kai' or *'To get your food'*. Even though **hei** will not occur at the beginning of a sentence all the time, if it is followed by a noun (naming word) or a verb (action word) it is still performing the function of saying what the item, object, or person preceding the **hei** is being used for.

Anei <u>taku hoa</u> **hei** kaiāwhina i a koe	*Here is <u>my friend</u> (whose purpose is) to help you*
Tīkina he <u>māripi</u> **hei** tapahi i te reme	*Fetch a <u>knife</u> (which its purpose is) to cut the lamb*
E <u>pānui pukapuka</u> ana ia **hei** whakapiki i ōna mōhiotanga	*He / She is <u>reading books</u> (for which the purpose is) to increase his / her knowledge*

In these examples, 'the friend', 'the knife', and 'reading books' precede **hei**. So, the purpose of that person (the friend), that object (the knife) and that action (reading books) is to: 1) help you; 2) cut the lamb; and 3) increase knowledge.

 30-minute challenge

1. **Whakahonoa ngā rerenga i te taha mauī ki te taha matau.**
1. *Join the sentence on the left to its correct partner on the right.*

He maha ngā mahi	hei whakamāori māu
Ko tēhea pukapuka	hei pekepeke mā ngā tamariki
Anei te mīti	hei whakautu māu
Anei te tūraparapa	hei kai mā tāua, e kō?
Ko ēhea keke	hei hoa mō Mere e noho mokemoke rā
Kei te tukuna he kōrero ki a koe	hei whakatutuki mā tātou
He maha aku pātai	hei pānui mā tāua?
Kua haere ia ki Pāniora	hei tapahi mā ngā tāne

1. _____
2. _____
3. _____
4. _____
5. _____
6. _____
7. _____
8. _____

2. Ināianei me whakapākehā koe i ō rerenga.
2. Now translate your sentences into English.

1. _____
2. _____
3. _____
4. _____
5. _____
6. _____
7. _____
8. _____

Rāapa – Wednesday

Now it's time to learn the rules around using **hei**:
1. Never use a passive after **hei**.

Hē	**Tika**
He āporo tāna **hei** kai<u>nga</u> māu	He āporo tāna **hei kai** māu
Anei he pukapuka **hei** pānui<u>tia</u> mā koutou	Anei he pukapuka **hei pānui** mā koutou
Whakamahia tērā **hei** tahitahi<u>a</u> i te papa	Whakamahia tērā **hei tahitahi** i te papa

2. Never use a stative after **hei**.

Hē	**Tika**
Koinei te mahi **hei** <u>tutuki</u> māu	Koinei te mahi **hei whaka**tutuki māu
Anei he kai **hei** <u>pau</u> mā koutou	Anei he kai **hei whaka**pau mā koutou
Kei te tiki rehu **hei** <u>mate</u> i ngā rango	Kei te tiki rehu **hei whaka**mate i ngā rango

🕒 30-minute challenge

1. E hē ana ēnei rerenga kōrero, māu e whakatika.
1. The following sentences are incorrect, fix them.

1. Anei te kiriata hei mātakitakihia mā tō whānau

    _____

2. Ko Mereana te wahine tika hei waeahia atu māu

    _____

3. Ko Morewhati tōku koroua, koia hei tohutohungia i te iwi

    _____

4. Ko Hori tōna teina i tukuna ki te kura noho hei whakatikahia i tōna whanonga
   _____

5. Tīkina he māripi hei tapatapahia i ngā kāroti
   _____

6. Arā ngā pene hei oti i te mahi kauruku nei
   _____

7. Tukuna te kai nei ki runga i te tēpu hei pau mā ngā manuhiri
   _____

8. Mere, e puta i te waka, ko koe hei tūwhera i te kūaha
   _____

9. Kei a au te pū hei mate i ngā tia
   _____

10. Whakamahia te kani hei hinga i te rākau, he pūhuki rawa te toki
    _____

You will have noticed in this week's conversation between Mere and Māka, this particular use of **hei**: 'Kaua **hei** māharahara, e hoa, māku koe e āwhina'. This is a variation of the **Kaua e** sentence pattern you learned in *Māori Made Easy*. Some speakers of te reo Māori and some tribal dialects prefer the **Kaua hei** form, but the meaning is the same as **Kaua e** which is *Don't (do something)*.

2. Kī atu ki ngā tāngata o ēnei pikitia kia *kaua hei* mahi i te mahi e mahia ana e rātou.
2. Tell the people in these pictures to not do what they are doing.

1. _____
2. _____
3. _____
4. _____
5. _____

6. _____
7. _____
8. _____
9. _____
10. _____

Rāpare – Thursday

The final function of **hei** for us to study this week is using it to describe family relationships and how people in your family connect to you. You will note that Mere says, 'Koia hei irāmutu māku' (*He / She is a nephew / niece of mine*). Here are some other examples:

Ko Pāora hei tuakana ki a ia	*Pāora is an older brother of his*
Ko Te Rina hei kuia ki a au	*Te Rina is a grandmother of mine*
Hei mokopuna a Rewi mā rātou	*Rewi is a grandchild of theirs*
Hei pēpi hōu a Rukuwai mā tātou	*Rukuwai is a new baby of ours*

30-minute challenge

1. **Tuhia tō rākau whakapapa, tae atu ki ō koroua me ō kuia, heke iho ki ō tuākana, teina, tuāhine, tungāne, ki ā rātou tamariki, ki ō tamariki. Mēnā he mokopuna, whakaurua hoki rātou. (E pai ana hoki kia hangaia he whakapapa whakataruna.)**
1. *Draw up your family tree right back to your grandparents, down to your brothers and sisters, to their children and your children. If there are mokopuna, put them in too. (You can make up a pretend whakapapa if you wish.)*

2. **Ināianei me tuhi i ngā kōrero mō tō whakapapa, whakamahia te *hei*.**
2. *Now write some sentences to describe your family tree and the family relationships using **hei**.*
   1. Ko _____ hei koroua ki a au
   2. Ko _____ hei tuakana ki a _____
   3. Ko _____ hei _____
   4. Ko _____
   5. Ko _____
   6. Ko _____
   7. Ko _____
   8. Ko _____
   9. Ko _____
   10. Hei _____ a _____ mā rātou
   11. Hei _____ a _____ mā tātou
   12. Hei irāmutu a _____ ki a au
   13. Hei _____
   14. Hei _____
   15. Hei _____

Learn these lines and store them in your memory so they are ready to use. You will find that talking about your family and the relationships within your family is quite common, especially when you attend Māori gatherings or are meeting someone for the first time.

Rāmere – Friday

30-minute challenge

1. **Whakarongo ki te pāhorangi mō tēnei wiki:**
1. *Listen to this week's podcast at:*

   www.MaoriMadeEasy2.co.nz

2. **Whakapākehātia tā Mere rāua ko Māka kōrero.**
2. *Translate into English the dialogue between Mere and Māka.*
   Mere: Kia ora, e Māka, hei aha ēnā taputapu?
   _____

   Māka: Hei whakairo i te papa rākau nei. He whao ēnei.
   _____

Mere: Hei aha ngā whakairo?

Māka: Hei whakapiri ki ngā pātū o tō mātou whare tupuna hōu. Hei tērā marama whakatūwherahia ai tō mātou whare hōu.

Mere: Ka pai ēnei whakairo hei whakanikoniko i te whare, te ātaahua hoki!

Māka: Hei aha te mihi mai! Āwhina mai i a au ki te whakaoti, he poto te wā e toe ana!

Mere: Kaua hei māharahara, e hoa, māku koe e āwhina – me aha au?

Māka: Kōwhirihia he whao hei taputapu māu, ka tīmata ai ki te mahi.

Mere: Mmm, he kūare nōku ki tēnei mahi, me waea atu au ki a Hēmi.

Māka: He aha koe e waea atu ai ki a ia?

Mere: He mōhio nōna ki te whakairo, he kore mahi hoki nōna i tēnei wā, nō reira kei te wātea. Koia hei irāmutu māku. He aha ngā mea hei kawe mai māna?

Māka: Karekau, engari me kī atu ki a ia, he nui ngā mahi hei whakatutuki mā tātou.

Weekend Word List

Huka kore	Sugar free
Ū	Commitment / Dedication
Makere	Alight / Descend / Abandon
Whakaaro-kore	Thoughtless
Ruku	Dive
Toromi	Drown
Haurakiraki	Unreliable
Paihamu	Possum
Pouaka	Box
Tiaki	Look after

WEEK FORTY-SEVEN
Using 'kore'

Whakataukī o te wiki
Proverb of the week
Kia mahara ki te hē o Māka
Remember the mistake that Māka made
(Take heed of advice from others)

He Tauira Kōrero

Kei te kai parakuihi a Mere rāua ko Māka.
Mere: He aha māu, e Māka?
Māka: Homai he kāngarere, tēnā koa.
Mere: He miraka me te huka hoki?
Māka: Miraka, āe! Huka, kāo. Kei te huka kore au ināianei.
Mere: E kī rā! Nōnāhea tēnā i tīmata ai?
Māka: Nō tērā wiki. I te whakaaro hoki a Hema rāua ko Nita kia huka kore rāua, engari nā tō rāua kore ū, kāore i tutuki ... rua rā noa iho e huka kore ana, ka makere i te kaupapa!
Ka tipu te pukuriri o Mere.
Mere: Kore ū ... whakaaro-kore rānei! Koirā tō rāua mate, he whakaaro-kore ... ētahi wā, kāore rāua i te whai whakaaro, e ruku ana rāua ki te aha, ki hea rānei, mea rawa ake, ka toromi. Koretake!
Māka: Kia māmā ngā whakaaro, e hoa. Ehara i a rāua te hē e ū kore nei rāua ki tēnā kaupapa, ki tēnā kaupapa, he momo nō tō rāua whānau te haurakirakitanga. Mōhio koe, kua pōwhiritia tāua ki tō rāua ā te pō nei.
Mere: Ki te aha?
Māka: Ki te kai tahi.
Mere: Kai tahi? He whare kore kai tō rāua whare, ka whangahia tāua ki te aha? Kore rawa au e haere, ka noho au ki te kāinga.
Māka: Ā kāti, kore hoki au e haere, engari ki te kore tāua e haere, kua kore ō rāua hoa mō te kai tahi nei.
Mere: Hei aha māku!

There are many different ways of using **kore**. You have already learnt how to use **kore** to negate sentences such as:

He aha koe e kore ai e haere = *Why will you not be going?*
He aha koe i kore ai e haere = *Why didn't you go?*

One of the neat ways of using **kore** is to place it in front of (or sometimes after) a noun (naming word) to show the lack of, or absence of, the particular thing articulated by the noun.

Our first example of this usage of **kore** comes when Māka says, 'Kei te huka **kore** au ināianei' which means, *'I am sugar-free now'*. So, *sugar* is the noun, but when we add **kore** after it, it shows the lack of or absence of the sugar, so we get – sugar-free.

Māka then says, '... nā tō rāua **kore** ū'. In this context, Māka is alluding to the lack of commitment his two friends Hēmi and Nita have shown to the kaupapa 'huka kore', or *sugar-free*, cause. 'Nā tō rāua kore ū' therefore means, *'because of their lack of commitment'*.

Mere replies with, 'Kore ū ... whakaaro-**kore** rānei', which means *lack of thought*, *not thinking*, or *thoughtlessness*. Remember, you can place the **kore** in front of or after the noun. Sometimes, when it's placed after the noun, a hyphen is added. Sometimes the word will be written as one word, like the word **koretake**, or *useless*. Ok, let's try some!

HARATAU – PRACTICE
Rāhina – Monday

 30-minute challenge

1. **Tuhia kia waru ngā rerenga kōrero i te tūtohi i raro iho nei. (Tīwhiri: Rawekehia noatia ngā poutū mutunga e rua kia oti ai he rerenga mārama.)**
1. *Use the table below to construct 8 sentences. (Clue: You only need to change the last two columns to form a comprehensible sentence.)*

Nā	tō rātou	kore	pātai	mātou
He	wāhi	kore	mōhio	rātou
Kei te	noho	hiko	kore	i raru ai
Ka	tū	kaiako	kore	ka kūare
I	haere	hū	kai	i tamō ai ia
He	iwi	whakaaro	wātea	a Whangahī
Nā	tōna	kore	kore	ki rō whare
Mā	te	kore	kore	ngā tamariki

1. _____
2. _____
3. _____
4. _____
5. _____
6. _____

7. _____
8. _____

2. Ināianei me whakapākehā i ō rerenga kōrero e waru.
2. *Now translate your 8 sentences into English.*

1. _____
2. _____
3. _____
4. _____
5. _____
6. _____
7. _____
8. _____

Rātū – Tuesday

Kore can also be used to provide extra emphasis to the future negative, **Kāore . . . e**. For example, 'Kāore au e haere' (*I will not go*) becomes 'E kore au e haere' (*I most certainly will not go*). Here are some more examples:

Active

Kāore au e kai i tēnā	*I will not eat that*
E kore au e kai i tēnā	*I certainly will not eat that*
Kāore mātou e hinga	*We will not lose*
E kore mātou e hinga	*We certainly will not lose*

Passive

Kāore e taea e koe	*You cannot do it*
E kore e taea e koe	*You certainly cannot do it*
Kāore tēnā e kainga e au	*That will not be eaten by me*
E kore tēnā e kainga e au	*That certainly will not be eaten by me*

Stative

Kāore au e mate i a koe	*I will not be defeated by you*
E kore au e mate i a koe	*I will certainly not be defeated by you*
Kāore ērā inu e pau i a rātou	*Those drinks won't be consumed (completely) by them*
E kore ērā inu e pau i a rātou	*Those drinks certainly won't be consumed (completely) by them*

30-minute challenge

1. **Hurihia ēnei rerenga kōrero i te rerenga tūāhua, ki te rerenga whakakāhore noa E kore, ā, ki te rerenga hāngū. Tirohia te tuatahi hei tauira.**
1. *Change these stative sentences into normal negative sentences using **E kore**, then into passive sentences. Take a look at the first example.*

   Stative sentence
   1. E kore au e ora i a koe
   Active sentence
   E kore koe e whakaora i a au
   Passive sentence
   E kore au e whakaorangia e koe
   Stative sentence
   2. E kore e wera i a au te wai
   Active sentence
   _____
   Passive sentence
   _____
   Stative sentence
   3. E kore e tika i te kaiako tō tuhinga
   Active sentence
   _____
   Passive sentence
   _____
   Stative sentence
   4. E kore e pau i a rātou ngā inu
   Active sentence
   _____
   Passive sentence
   _____
   Stative sentence
   5. E kore e wehi i a koe taku tama
   Active sentence
   _____
   Passive sentence
   _____
   Stative sentence

6. E kore e mate i a rātou ngā paihamu
   Active sentence

   Passive sentence

   Stative sentence
7. E kore e tū i a koe tō kaupapa
   Active sentence

   Passive sentence

Rāapa – Wednesday

In yesterday's session we learnt how to emphasise the future negative **Kāore ... e ...** by using **E kore ... e**:

Kāore au e tautoko i a rātou	*I will not support them*
E kore au **e** tautoko i a rātou	*I will **certainly not** support them*

Well, guess what – we can emphasise the negativity even more! Woohoo! This is achieved by omitting the initial **e** like this:

Kore au e tautoko i a rātou	*I will **most certainly not** support them*

We can increase the intensity even more by adding intensifiers like **rawa** and **tino** into the sentence.

Kore rawa au e tautoko i a rātou	*I will **most definitely not** support them*
Tino kore **rawa** au e tautoko i a rātou	*I will **absolutely definitely not** support them*

 30-minute challenge

1. **Whakakāhoretia ēnei rerenga kōrero. Whakamahia te *Kore rawa* mō ngā tau kehe, *Tino kore rawa* mō ērā atu tau.**
1. *Negate the following sentences. Use both methods; **Kore rawa** for odd numbers, **Tino kore rawa** for even numbers.*

   1. Kāore ngā tamariki e whātui i ngā kākahu

   2. Ka peita te koroua i te whare

3. Ka hoko pene rākau a Mere

4. Kāore te whānau e hoe i te waka

5. Ka pau i ngā kōtiro ngā rare te kai

6. Ka whakatangihia e rātou te kōauau

7. Kāore ia e whakahoki i te kākahu kaukau ki tōna hoa

8. Me whana koe i te pōro

9. Me hiki kōrua i te pouaka āporo rā

10. Ka hopukina e ia te pōro

11. Ka raru te iwi i tērā whakatau

12. Ka kimihia e ia te rau mamao

13. Me hoko ngā whare wānanga i ngā pukapuka

14. Ka waruwaru te whānau i ngā rīwai

15. Kāore ngā iwi e tiaki i te whenua

Rāpare – Thursday

So far we have been concentrating on intensifying the future tense negative sentence **Kāore e** by using **E kore . . . e**, **Kore e**, **Kore rawa e** and **Tino kore rawa e**. If you have doubts as to whether the future tense negative will actually happen, in other words, if you are not *absolutely* sure that you will *not* attend Hārata's party, you can start your sentence with **Kua kore** to illustrate this. **Kua kore** is the weaker future tense negative at your disposal. Let's take a look:

Kāore au e haere ki te ngahau a Hārata — *I will not go to Hārata's party*
E kore au e haere ki te ngahau a Hārata — *I will certainly not go to Hārata's party*

Kore au e haere ki te ngahau a Hārata	I will most certainly not go to Hārata's party
Kore rawa au e haere ki te ngahau a Hārata	I will most definitely not go to Hārata's party
Tino kore rawa au e haere ki te ngahau a Hārata	I will absolutely definitely not go to Hārata's party
Kua kore au e haere ki te ngahau a Hārata	I will (more than likely) not go to Hārata's party

As you can see by the last example, when you start a sentence using **Kua kore**, the opportunity is there for the speaker to have a possible change of mind.

 30-minute challenge

1. **Whakamāoritia ngā rerenga kōrero nei. Tīmata tō rerenga ki te Kua kore.**
1. *Translate the following sentences into Māori. Start your sentence with **Kua kore**.*
   1. Mere will (more than likely) not gather the children

   2. They (2) will (more than likely) not catch the fish

   3. She will (more than likely) not take them (2) to school

   4. He will (more than likely) not cook the food

   5. The tribe will (more than likely) not support you

   6. He will (more than likely) not commit to being sugar-free

   7. The container will not be broken (Stative)

   8. The boys (2) will (more than likely) not dive in

   9. It will probably not be spoken about (Passive)

   10. It will probably not be seen (Passive)

Rāmere – Friday

Congratulations! You have made it to the end of another great week of learning. Koia kei a koe! There is one more thing to learn about the word **kore**. It can be used as a verb to express that something is missing or lost. As with yesterday's sentence, we start our sentence with **Kua kore**, but remember, this time **kore** is a *verb*. It is not being used to indicate future tense negative, it is expressing the absence of something.

Kua kore he wana o tērā kapa haka	*There is no energy in that performing group*
Kua kore ngā pūkōrero o tō rāua marae	*There are no more orators on their marae*
Kua kore te ika o ngā roto o Te Arawa	*There are no more fish in Te Arawa lakes*
Kua kore he kaha o tērā tangata	*There is no more strength left in that person*

 30-minute challenge

1. Whakatikahia ēnei rerenga nanu.
1. Correct these jumbled sentences.

1. kore kaumātua tērā iwi kua he o
   _____

2. kaiako o kura tērā pāngarau kua he kore
   _____

3. makawe upoko kore kua he tōna o
   _____

4. whakairo he kua o tō whare rātou kore
   _____

5. whare hiko kore kua o te he
   _____

2. Whakapākehātia ngā rerenga e rima.
2. Translate those five sentences into English.

1. _____
2. _____
3. _____
4. _____
5. _____

3. Whakarongo ki te pāhorangi mō tēnei wiki:
3. Listen to this week's podcast at:

 www.MaoriMadeEasy2.co.nz

Weekend Word List

Pātōtō	To knock / To tap
Pukamata	Facebook
Pāhorangi	Podcast
Hono	Join / Connect
Wheta	Dodge / Sidestep
Tōngakingaki	Give 100%
Hōtaka	Programme
Tāmure	Snapper
Taiepa	Fence
Kuti	Cut
Makawe	Hair
Rautaki	Plan

WEEK FORTY-EIGHT
Using 'me kore' and how to add on information to a sentence

Whakataukī o te wiki
Proverb of the week
*Ko Hinetītama koe,
matawai ana ngā whatu i te tirohanga atu*
You are like the dawn maiden,
the eyes glisten at the sight of you

Following on from last week's study of **kore**, it is quite common for Māori speakers to use **kore** with **me** to say a similar thing to the English language phrases, *'fortunately'*, *'to see if'*, and *'just in case'*. Here are some examples of each:

Me kore ake tō pāpā hei kawe i a koe ki te kura
Fortunately, you have your father to take you to school

Kia tōngakingaki koe, me kore koe e toa
Go hundy (give it 100%) to see if you win

Hokona he tīkiti Lotto, me kore koe e waimarie
Buy a Lotto ticket, just in case you get lucky

HARATAU – PRACTICE
Rāhina – Monday

 30-minute challenge

1. **Porohitatia te kupu tika kia mōhio ai koe ko tēhea o ngā tikanga e toru o te *me kore* e whakahuatia ana.**
1. *Circle the correct word to show that you know which of the three versions of **me kore** is being used.*
    1. Taihoa e haere, Māmā, me kore e mau i a au he ika anō
        a. fortunately   b. to see if   c. just in case
    2. Me kore ake koe i toa ai tō kapa
        a. fortunately   b. to see if   c. just in case
    3. Pātōtōhia te kūaha, me kore e huakina e ia
        a. fortunately   b. to see if   c. just in case
    4. Me kore ake a Mere hei kaiwhakahaere i te hui
        a. fortunately   b. to see if   c. just in case

5. Me kore ake a Pukamata e hono ai tātou ki a tātou
   a. fortunately   b. to see if   c. just in case
6. E hui ana mātou me kore e ora i a mātou te reo
   a. fortunately   b. to see if   c. just in case
7. Kia teitei ake tō peke, me kore tō ringa e pā ki te tuanui
   a. fortunately   b. to see if   c. just in case
8. Kia kaha te wheta, me kore koe e whai piro
   a. fortunately   b. to see if   c. just in case
9. E rite tonu ana taku whakarongo ki ana pāhorangi, me kore e mau i a au ngā whakamārama mō te 'ā' me te 'ō'
   a. fortunately   b. to see if   c. just in case
10. Me kimi tonu, me kore e kitea
    a. fortunately   b. to see if   c. just in case
11. Nau mai ki tēnei hui, me kore e kitea he rongoā mō tēnei raru
    a. fortunately   b. to see if   c. just in case
12. I haere mai ia, me kore ia e tautokohia e mātou
    a. fortunately   b. to see if   c. just in case
13. Me kore tō pāpā, kua kore tēnei hōtaka
    a. fortunately   b. to see if   c. just in case
14. Haria tō kawe reo, me kore au e whakapā atu ki a koe
    a. fortunately   b. to see if   c. just in case
15. Me uru koe ki te whakataetae, me kore koe e angitū
    a. fortunately   b. to see if   c. just in case

Rātū – Tuesday

🕒 30-minute challenge

1. Me whakapākehā i ngā rerenga kōrero tekau tuatahi o inanahi.
1. *Translate the first 10 sentences from yesterday into English.*

1. Taihoa e haere, Māmā, me kore e mau i a au he ika anō

_____

2. Me kore ake koe i toa ai tō kapa

_____

3. Pātōtōhia te kūaha, me kore e huakina e ia

_____

4. Me kore ake a Mere hei kaiwhakahaere i te hui

_____

5. Me kore ake a Pukamata e hono ai tātou ki a tātou

6. E hui ana mātou me kore e ora i a mātou te reo

7. Kia teitei ake tō peke, me kore tō ringa e pā ki te tuanui

8. Kia kaha te wheta, me kore koe e whai piro

9. E rite tonu ana taku whakarongo ki ana pāhorangi, me kore e mau i a au ngā whakamārama mō te 'ā' me te 'ō'

10. Me kimi tonu, me kore e kitea

Rāapa – Wednesday

Today we are going to learn how to add more information on to our sentence. The most common mistake people make when adding on information or further defining something they have already spoken about, is that they forget to repeat the particle. Even high-level speakers neglect to repeat the defining particle! But that's not going to happen with you! Take a look at these examples; the defining particle I am talking about has been highlighted so that you understand what I mean (the English translations are also specially written to help you understand this aspect of the language; you wouldn't, of course, normally structure an English-language sentence in this way!).

He kōrero tēnei **mō** taku kuia, **mō** Te Puhi
*This is a story **about** my grandmother, **about** Te Puhi*

Ko te kurī nei, **ko** te Rottweiler, he mōrearea ki ētahi
***The** dog we have here, **the** Rottweiler, is considered dangerous by some*

Kei reira kē a Manu, **kei** Rotorua
*Manu is already **at** that place, **at** Rotorua*

Nā taku wahine, **nā** Stacey au i rangatira ai
***It is because** of my wife, **it is because** of Stacey, I have become someone*

Mā koutou, **mā** ngā tamariki e mahi
***It is for** you, **it is for** you kids to do*

Ka haere a Maui ki te kimi **i** ōna mātua, **i** a Makea rāua ko Taranga
*And so Maui went in search **of** his parents, **of** Makea and Taranga*

30-minute challenge

1. **Whakaotia ēnei rerenga kōrero.**
1. *Complete these sentences.*
   1. Nā taku tungāne au i āwhina, _____ Kākuere
   2. Mā rātou ngā inu e hoko, _____ ngā matua kēkē
   3. I haere rātou ki te kōrero ki te koroua rā, _____ Hēmi
   4. Kātahi ia ka kapo ake i tana rākau, _____ taiaha
   5. Hoatu ēnei kai ki tērā hunga, _____ ngā tamariki rā
   6. Hokona he perehana māna, _____ Te Awa, ko tōna huritau hoki āpōpō
   7. Ka hui tātou ā tērā marama, _____ te Hakihea
   8. Kei konā kē a Rewi mā, _____ te whare o Rākai
   9. Kei te kimi au i taku pāpā, _____ Tūkere, kei konei ia?
   10. Ko te mea nui, e hoa, _____ te aroha
   11. I kōrerotia te take nei e rātou, _____ ngā kaumātua
   12. I pakaru i a ia te matapihi, _____ Kurawaka
   13. Ka wānangatia tēnei take e ngā iwi e toru o konei, _____ Ngāi Tā Manuhiri, Rongowhakaata me Te Aitanga-a-Māhaki
   14. Mā mātou koe e whakahoki, _____ mātou ko Hāna, ko Pāora, ko Anaru
   15. Mō rātou tēnei pūrongo, _____ Te Taura Whiri
   16. I kōhetengia ia e tōna whaea kēkē, _____ Wai
   17. Ko te awa ia tērā o ngā tūpuna o mua, _____ te awa o Ōrongo
   18. I oma rātou ki tērā taha o te huarahi, _____ te whare o Anya mā
   19. I haere mai te tāne pōtarotaro mauti i te rā nei, _____ Steve
   20. I pau i a rātou ngā kai katoa, _____ te iwi tuatahi rā

Rāpare – Thursday

Today, we are going to continue practising how to add further information to our sentences. Don't forget to repeat the particles in your translations.

 30-minute challenge

1. Whakamāoritia ēnei rerenga nei.
1. Translate these sentences into Māori.

1. The dog was killed by her, by Mere

2. The fence was painted by them, by the whānau

3. We (2) went to school, the school of Te Rehu

4. We (2) are looking for our mother, Hūhana. Have you seen her?

5. This fish is very tasty, this snapper

6. Talk to him, to Tame

7. These dolls are for them (3), for Arahia, Tira and Kārena

8. This is my girlfriend, her name is Wonder Woman

9. The plan was supported by the teachers, by Rīhari and the others

10. Her hair is being cut by her mother, by Teriana

Rāmere – Friday

 30-minute challenge

1. Whakarongo ki te pāhorangi mō tēnei wiki:
1. Listen to this week's podcast at:

 www.MaoriMadeEasy2.co.nz

2. Whakaotia tēnei pangakupu.
2. *Complete the crossword.*

Whakararo | *Down*
1. makawe
2. dawn maiden
4. knock
7. pukamata
9. cut hair

Whakapae | *Across*
3. tāmure
5. programme
6. connect
8. go hundy
10. wheta

Weekend Word List

Takitahi	Individual
Takirua	Pair
Tīemiemi	See-saw
Tāheke	Slide
Pā onepū	Sandcastle
Hāmene	Punish
Whakakapi	Fill (a vacant space)
Tūranga	Position
Rorohiko	Computer
Tāhae	Steal
Pōrangi	Crazy / Insane
Pāparakāuta	Pub
Hūnuku	Shift / Move
Pūareare	Full of holes

WEEK FORTY-NINE
An extension on using numbers and how to use the well-known word 'taihoa'

Whakataukī o te wiki
Proverb of the week
Wāwāhi tahā, raru ki uta
Breaking the calabash is a problem easily solved
(Don't cry over spilt milk)

Sometimes when we use numbers from 1 to 9, we place the word **taki** in front. This indicates the size of a particular group. One of the most common examples of this you might hear is 'Whutupōro Takiwhitu' or *Sevens Rugby*: **taki** in front of the **whitu** indicates a group of seven, or seven players on the field. Let's look at some other examples:

I tū **takirua** mai ngā tamariki o te rōpū	The children of the group stood in pairs
Me mahi **takiwhā** koutou kia oti ai	Work in fours to complete it
Me whakarōpū i a koutou, **takiiwa** ki ia rōpū	Get into groups, nine in each group
Kia **takitahi** mai koutou ki roto nei	Come inside, one by one

If there are more than 9, the **taki** cannot be used. However, we can use it in front of two words, **mano** and **tini**, to indicate the size of the group is very large. One of our very well-known proverbs states that:

Ehara taku toa i te toa **takitahi**, engari he toa **takitini** kē
My success is not achieved by myself alone, but by the force of many

This can also be written as:

Ehara taku toa i te toa **takitahi**
Engari he toa **takimano** kē

Both show how to use **taki** in front of **mano** and **tini** to indicate multitudes.

HARATAU – PRACTICE
Rāhina – Monday

🕒 30-minute challenge

1. **Tirohia te whakaahua kei raro nei, honoa ngā wāhanga tahi, rua, toru, whā, me te rima o ngā tauira rerenga kōrero kia oti ai he rerenga mārama.**
1. *Look at the picture below, then join parts 1, 2, 3, 4, and 5 to form an understandable phrase based on what's in the picture.*

1	2	3	4	5
E noho	takitahi	ana	ngā tama	i tēnei rā
E tīemiemi	takitini	ana	i te	i te tūru
Kei te tāheke	takirua	te kōtiro	ngā kuia	pā onepū
Kei te mahi	takirua	ngā tamariki	ki te hanga	pahikara
Kei te eke	takitahi	ia	kōtiro mā	tāheke
Inā ngā manu	takitoru	kei te	kei konei	e noho ana
Me mahi	takimano	koutou	i te	
Ka taea te kī, he	takiwhā	ngā tāngata	rākau	

1. _____
2. _____
3. _____
4. _____
5. _____
6. _____
7. _____
8. _____

2. Tirohia ngā whakaahua, whakautua te pātai.
2. *Look at the pictures and answer the question.*
   1. E noho takiaha ana mōkai?
      E noho takitahi ana te mōkai

   2. E tū takiaha ana te kaiako?
      _____

   3. E moe takiaha ana ngā ngeru?
      _____

   4. E tū takiaha ana ngā manu?
      _____

   5. E huna takiaha ana te kiore?
      _____

Rātū – Tuesday

There are two other forms of **taki** in front of numbers from 1 to 9 for us to learn. Firstly, the **taki** and its number can be turned into a passive. So you can have takitahi**tia**, takirua**tia**, takitoru**tia** . . . and so on, and so on. This passive form of **taki** will often follow a passive verb, so you end up with what is known as a double passive, which you have already been exposed to in previous chapters, such as these:

I hāmenetia takiruatia rātou	*They were punished in pairs*
Ka uiuitia takitahitia koutou	*You will be interviewed individually*
Kua pōwhiritia takitinitia ngā iwi ki te marae	*The tribes have been welcomed en masse on to the marae*

Secondly, the word **taki** can be placed by itself in front of a verb to indicate that each and every one in the group is doing that particular action. For example, you might go into your kids' room where three of them are sleeping and say:

Taki oho koutou!	*Each and every one of you wake up!*
Taki moe koutou!	*Each and every one of you go to sleep!*
Taki hoihoi koutou!	*Each and every one of you be quiet!*

 30-minute challenge

1. **Whakapākehātia ēnei rerenga kōrero.**
1. *Translate these sentences into English.*

  1. Taki haere koutou

  2. Kei te horoia takitahitia ngā waka

  3. Taki tū kōrua

  4. E hoatu ana tēnei pukapuka kia pānuitia takitorutia e koutou

  5. Taki oho, e hoa mā, kua wā haere

  6. I te mutunga o te hui i taki wehe atu te katoa

  7. Wānangahia takiwhātia te pātai nei, ka whakautu ai

  8. He take nui tēnei, nō reira me taki hui te iwi ka tika

  9. Taki karakia koutou kia au ai te moe ā te pō nei

  10. Koinei te momo take kia kōrerotia takitinitia e tēnā iwi, e tēnā iwi puta noa

Rāapa – Wednesday

The word **taihoa** has more or less become part of the Kiwi vernacular, although most people will know it pronounced as 'taihoe'. The first usage of **taihoa** we are going to study today is when it is similar in meaning to 'in a short while'. There are many ways this can be used and many sentence structures that **taihoa** will fit into. These first examples show the structure of **'taihoa [pronoun] e'**:

Taihoa au e haere, kia mutu taku kapu tī	*I will go in a short while, after my cup of tea*
Taihoa a Tīmoti e whakaingoa mai ko wai i toa	*In a short while, Tīmoti will announce who won*
Taihoa ia e whakahoki kōrero mai	*He / She will respond in a short while*
Taihoa ake ka kitea he tangata hei whakakapi i tōna tūranga	*In a short while a person will be found to fill the position*
Taihoa tātou ka mōhio, ko wai i toa	*In a short while we will know who won*
Taihoa taku kōrero, kia tae mai te katoa o te iwi	*(In a short while) I will speak once the whole tribe arrives*
Taihoa ake ka tahuri ki te wāhanga hākinakina	*In a short while we will cross to the sports segment*

In this last example you will notice the word **ake** after **taihoa**. This word **ake** is a close companion of **taihoa** and fluent speakers will almost always mention them in the same breath, they are like a takirua, a pair!

 30-minute challenge

1. **Whakamāoritia / Whakapākehātia rānei ēnei kōrero.**
1. *Translate these sentences into Māori / English.*
  1. In a short while they (2) will put on their hats
     Taihoa ake ka mau rāua i ō rāua pōtae
  2. Taihoa ake te ngeru ka mate
     _____
  3. Taihoa ake ka hokona katoatia āna pukapuka
     _____
  4. It won't be long before her computer gets stolen
     _____
  5. In a short while that dog will get caught between the sea and the bank
     _____
  6. Taihoa tō rātou whare karakia e whakatūwherahia e Ngāti Raukawa
     _____
  7. Taihoa tātou ka kite ko wai te pōrangi
     _____

8. Taihoa ake nei ka taka a Hēmi i te pahikara

9. Let's (us 5) finish our work now; in a short while the pub will open

10. Taihoa ake ka hūnuku te whānau i Rotorua ki Tauranga

Rāpare – Thursday

The second usage of **taihoa** for us to explore is when it has a very subtle command contained within it. The command is politely suggesting not to do a particular thing or perform a particular action at this point in time, but to leave it for another time. *Anei ngā tauira* – here are some examples:

Taihoa e hokona tērā motokā	*Don't buy that car yet*
Taihoa koe e kōrero, ko tō tuakana kē ka tuatahi	*Don't you speak yet, your elder sibling must go first*
Taihoa tēnā mahi, me haere tāua ki tātahi	*Don't do that yet, let's go to the beach*
Taihoa rawa e hoatu aihikirīmi, kia pau te kai mātua	*Don't give ice-cream yet, wait till (they) finish their mains*

 30-minute challenge

1. **Tirohia ngā whakaahua, kōwhiri te rerenga tika mō ia whakaahua. Kātahi koe ka whakapākehā i taua rerenga.**
1. *Look at the pictures and select the correct sentence for each picture. Then translate your sentence into English.*

> Taihoa koe e haere, kāore anō te kura kia mutu
> Taihoa koe e kangakanga, tērā pea e tata ana ngā tamariki
> Taihoa koe e pupuhi i ērā manu,
> kei pūareare i a koe te tuanui o te whare
> Taihoa te kurī e tukua kia noho ki te tūru
> Taihoa tēnā mahi, kei maringi te peita ki te tēpu

1.

2.

3.

4.

5.

2. Whakamāoritia ēnei rerenga kōrero.
2. Translate the following sentences into Māori.
 1. Don't put the box on the table yet

 2. Don't go outside yet, it's still raining

 3. Don't sit on the chair yet, the paint is still wet

 4. Don't buy that house yet

 5. Don't board the ship yet, the ocean is still too rough

Rāmere – Friday

30-minute challenge

1. Whakarongo ki te pāhorangi mō tēnei wiki:
1. Listen to this week's podcast at:

www.MaoriMadeEasy2.co.nz

2. Whakaotia tēnei pangakupu.
2. Complete the crossword.

Whakararo | Down
1. tūranga
3. pā onepū
7. punish

Whakapae | Across
2. insane
4. full of holes
5. takitahi
6. to fill a space
8. pair
9. tāhae
10. to move or shift

No weekend word list this weekend, e hoa mā, but prepare for next week! It's your fourth revision week. A week designed to test where you're at, and if you are beginning to comprehend sentence structures and understand the language!

WEEK FIFTY
Wiki Huritao – Revision week

Whakataukī o te wiki
Proverb of the week
Me te kete kainga e riringi ana ki te pari
Like a basket of empty shells being poured over a cliff (makes a lot of noise but no substance)

Rāhina – Monday

 30-minute challenge

Pānuitia tēnei kōrero kei waenganui i a Mere rāua ko Māka nō te Wiki Whā Tekau Mā Whitu, ka tuhi ai i ō whakautu ki ngā pātai.
Read the dialogue between Mere and Māka from Week Forty-Seven, then answer the questions.

Kei te kai parakuihi a Mere rāua ko Māka.
Mere: He aha māu, e Māka?
Māka: Hōmai he kāngarere, tēnā koa.
Mere: He miraka me te huka hoki?
Māka: Miraka, āe! Huka, kāo. Kei te huka kore au ināianei.
Mere: E kī rā! Nōnāhea tēnā i tīmata ai?
Māka: Nō tērā wiki. I te whakaaro hoki a Hema rāua ko Nita kia huka kore rāua, engari nā tō rāua kore ū, kāore i tutuki . . . rua rā noa iho e huka kore ana, ka makere i te kaupapa!

Ka tipu te pukuriri o Mere.
Mere: Kore ū . . . whakaaro-kore rānei! Koirā tō rāua mate, he whakaaro-kore . . . ētahi wā, kāore rāua i te whai whakaaro, e ruku ana rāua ki te aha, ki hea rānei, mea rawa ake, ka toromi. Koretake!
Māka: Kia māmā ngā whakaaro, e hoa. Ehara i a rāua te hē e ū kore nei rāua ki tēnā kaupapa, ki tēnā kaupapa, he momo nō tō rāua whānau te haurakirakitanga. Mōhio koe, kua pōwhiritia tāua ki tō rāua ā te pō nei.
Mere: Ki te aha?
Māka: Ki te kai tahi.
Mere: Kai tahi? He whare kore kai tō rāua whare, ka whangahia tāua ki te aha? Kore rawa au e haere, ka noho au ki te kāinga.
Māka: Ā kāti, kore hoki au e haere, engari ki te kore tāua e haere, kua kore ō rāua hoa mō te kai tahi nei.
Mere: Hei aha māku!

1. He aha mā Māka mō te parakuihi?
   _____

2. Tuhia ngā kupu kei te ngaro: 'Nōnāhea tēna _____ tīmata _____?'
   _____

3. He momo aha nō te whānau o Hema rāua ko Nita?
   _____

4. He whare aha tō Hema rāua ko Nita whare?
   _____

5. I te whakaaro a Hema rāua ko Nita kia aha rāua?
   _____

6. Ko tēhea te whakapākehātanga tika mō, 'Hei aha māku!'
   a. I don't care
   b. Not for me, thank you
   c. That is for me

7. He aha te kupu Pākehā mō 'haurakiraki'?
   _____

8. Nā te aha kāore i tutuki i a Hema rāua ko Nita te huka koretanga?
   _____

9. Tuhia ngā kupu kei te ngaro: 'Koirā _____ _____ mate, _____,'

10. Kei te haere a Māka ki te whare o Hema rāua ko Nita mō te kai tahi?
    _____

Rātū – Tuesday

30-minute challenge

Pānuitia tēnei kōrero kei waenganui i a Atawhai me Anaru, ka tuhi ai i ō whakautu ki ngā pātai.

Read the dialogue between Atawhai and Anaru, then answer the questions.

Kupu āwhina:
karu hōmiromiro – *eye for detail*
hōngere – *channel*
hōtaka – *programme (TV)*
koke – *move on*
Rangatira – *Chiefs (rugby side)*
Kahurangi – *Blues (rugby side)*

Kei te mātakitaki pouaka whakaata a Anaru rāua ko Atawhai.
Anaru: E Ata, hōmai te rau mamao, hōhā noa iho tēnei hōtaka!
Atawhai: Kāore i a au, kei raro i te tūru?
Anaru: Kāo? I ngaro i a koe?
Atawhai: Hei aha tāu! Me kimi tonu, me kore e kitea.
Anaru: Hā! Anei rā! Me kore ake ōku karu hōmiromiro.
Atawhai: Mō te mihi ki a koe anō, kāore he painga i a koe!
Anaru: Nāu au i ako, nō reira me kore ake koe!
Atawhai: Tēnā rūkahu tēnā. Kia tere, mokowhiti hōngere, me kore e tau ki tētahi hōtaka pai hei mātakitaki mā tāua.
Anaru: Ā, ānei, whutuporo . . . Rangatira ki ngā Kahurangi . . .
Atawhai: He aha te tatau?
Anaru: Toru tekau ki ngā Rangatira, tekau ki ngā Kahurangi.
Atawhai: Kāti, kua hinga kē ngā Kahurangi, koke!
Anaru: Taihoa, taihoa, me mātaki tonu, me kore e toa ngā Kahurangi . . .

1. Kei te aha a Ata rāua ko Anaru?

   _____

2. Tuhia ngā kupu kei te ngaro: 'Me _____ _____ ōku _____ _____,'

3. He aha te tatau i te tākaro whutupōro (tuhia ngā whika / write in numbers)?

   _____

4. Me mātaki tonu me kore e aha?

   _____

5. He aha a Anaru i pīrangi ai ki te rau mamao?

   _____

6. Ko tēhea te whakapākehātanga tika mō, 'Mō te mihi ki a koe anō, kāore he painga i a koe!'
   a. You need to pay acknowledgment!
   b. No one is better than you at congratulating yourself!
   c. This is choice!

7. He aha te kupu Pākehā mō 'koke'?

   _____

8. He aha te kupu Pākehā mō 'rūkahu'?

   _____

9. I hea te rau mamao?

   _____

10. Whakapākehātia tēnei kōrero: 'Me kore ake ōku karu hōmiromiro'

    _____

Rāapa – Wednesday

 30-minute challenge

Pānuitia tēnei kōrero kei waenganui i a Atawhai me Anaru, ka tuhi ai i ō whakautu ki ngā pātai.
Read the dialogue between Atawhai and Anaru, then answer the questions.

Kupu āwhina:	puka heketua – *toilet paper*
pokokōhua – *damn you*
tūmatanui – *public*

Kei waho a Anaru i te wharepaku tūmatanui e tū ana. Kei roto a Atawhai.
Anaru: E Ata, kei te ora tonu koe?
Atawhai: Āe, e mate ana au i te mate tikotiko.
Anaru: Kia tere, kei waho nei te takitini e rārangi ana.
Atawhai: Taihoa au e puta, kāore e roa . . . auē, kua pau te puka heketua!
Anaru: Whakamahia tō ringa!
Atawhai: Pokokōhua! Tīkina he puka heketua māku, kia tere! Kei hōhā te takimano kei waho nā!
Anaru: Kei te pai rātou. Kua tīmata te haere takirua a ētahi ki wharepaku kē. I oma atu he takiwhā ki te wharekai kei tērā taha o te huarahi, wharepaku ai.
Atawhai: Heoi anō, he puka heketua te hiahia, kia tere te tiki atu!
Ka ngaro a Anaru mō te wā poto, kātahi ka hoki mai.
Anaru: Kua pai, kei a au he puka heketua māu, me pēhea te tuku ki a koe?
Atawhai: Me porotiti ki raro i te kūaha, he āputa kei raro nei.
Anaru: Ka hoko tiakarete koe māku.
Atawhai: Aaanaaaruuu! Taihoa koe i a au!

1. Kua raru a Atawhai i te korenga o te aha?
   _____

2. He aha te mate kua pā ki a Atawhai?
   _____

3. I te korenga o te puka heketua, he aha te tohutohu a Anaru ki a Atawhai?
   _____

4. Tuhia te kupu kei te ngaro: 'Me _____ ki _____ i _____ _____,'

5. Kei waho a wai e rārangi ana?
   _____

6. Meka (*true*) / Teka (*false*) rānei: Kua tīmata te haere takiwhā a ētahi ki wharepaku kē?
   _____

7. I oma atu ētahi ki hea?
   _____

8. He aha te kupu Pākehā mō 'āputa'?
   _____

9. Kei hea a Anaru?
   _____

10. Whakapākehātia ēnei rerenga:
    a. kia tere te tiki atu = _____
    b. me porotiti ki raro = _____
    c. kua pau te puka heketua! = _____

Rāpare – Thursday

 30-minute challenge

1. Kimihia ngā kupu.
1. Find the words.

T	T	H	T	W	H	A	K	A	K	A	P	I	A	I
T	A	F	U	R	A	O	Z	Y	T	U	A	K	G	H
S	H	K	R	N	Z	H	V	U	A	B	Q	N	N	G
P	A	K	I	G	U	U	A	R	Y	I	A	L	A	K
S	E	L	B	T	Y	K	E	K	A	R	U	N	R	O
B	F	T	N	O	A	A	U	Z	O	B	A	Y	U	F
I	M	A	G	R	R	H	W	P	C	S	R	Q	T	K
Q	R	F	A	E	R	F	I	L	E	S	O	U	F	N
J	K	P	W	F	W	T	P	V	P	N	R	Z	B	L
B	A	U	A	L	Q	M	V	Q	M	Y	O	X	N	T
P	Z	R	S	Y	F	N	V	X	S	E	H	A	L	K
I	I	J	P	W	K	E	K	A	Q	Y	I	E	P	Y
L	F	H	A	M	E	N	E	S	P	X	K	K	J	E
V	F	A	U	R	I	K	A	T	R	M	O	M	K	U
F	F	V	T	R	X	T	M	N	T	F	E	F	M	Z

HĀMENE	HŪNUKU	PA ONEPŪ
PĀPARAKĀUTA	PŌRANGI	PŪAREARE
ROROHIKO	TĀHAE	TAKIRUA
TAKITAHI	TŪRANGA	WHAKAKAPI

2. **Ināianei, kōwhiria kia ono o ēnei kupu hei whakauru māu ki ētahi rerenga, ka rite tonu te whakamahia e koe.**
2. *Now, choose six of these words and create a sentence for each word. Try to create a sentence you think you will use regularly.*

1. _____
2. _____
3. _____
4. _____
5. _____
6. _____

Rāmere – Friday

 30-minute challenge

1. **Whakarongo ki te pāhorangi mō tēnei wiki, he momo whakamātautau whakarongo kei reira.**
1. *Listen to this week's podcast, a listening test has been prepared for you.*

 www.MaoriMadeEasy2.co.nz

Weekend Word List

Kōmaru	Overcast
I te āhua nei	It looks like / It's as if
Hangarau	Technology
Māeneene	Smooth / Sleek
Angiangi	Thin (not for people)
Areare	Concave
Pāmu	Farm
Raumati	Summer
Mania	Slippery
Koi	Sharp
Pūhuki	Blunt
Papatahi	Flat
Pīataata	Shiny
Porotaka	Round
Pōuriuri	Dark
Pūhuruhuru	Hairy / Adolescence
Rawemākoi	Naughty
Papa tākaro	Playing field
Kūiti	Narrow
Tāroaroa	Tall (people)
Taratara	Prickly
Pūioio	Tough
Ngohengohe	Soft
Pīngore	Flexible

WEEK FIFTY-ONE
An extension on describing objects / describing people

Whakataukī o te wiki
Proverb of the week
Kei runga te kōrero, kei raro te rahurahu
Words above, devious thoughts below (says one thing but is thinking another)

He Tauira Kōrero
Kei te whare inu kawhe a Mere rāua ko Māka.

Mere: He rangi kōmaru tēnei, nē?
Māka: Āe! I te āhua nei ka ua ākuanei.
Mere: I kite koe i te whakatairanga i runga i te pouaka whakaata inapō . . . mō te hangarau hōu o te wā?
Māka: Kāo, he pēhea te āhua?
Mere: He pango, he māeneene, he angiangi, he areare, he maitai. E ai ki ngā kōrero, he tino atamai hoki.
Māka: Mīharo! He aha te utu mō taua mea?
Mere: Kotahi mano tāra.
Ka toro te ringa o Mere ki tana pēke.
Māka: Whoa! Kua hoko kē koe i tētahi?
Mere: Āe rā, i te ata nei. I whakamahi au i te moni, nā taku pāpā i hōmai mō taku mahi i runga i te pāmu i ngā wiki o te raumati.
Māka: I haere tō karangatahi a Pere ki te pāmu i te raumati nei?
Mere: Āe, i reira ia.
Māka: He pēhea tōna āhua i ēnei rā?
Mere: He roa ngā makawe, he urukehu hoki . . . he pāuaua tonu te hanga, he pāhau tōna ināianei, ā, he poto tonu, kāore anō kia tipu.
Ka kata rāua.

As you can see by this week's conversation between Mere and Māka, to ask what something looks like, we use the question phrase **He pēhea te āhua?** Remember, the Māori sentence structure for describing things is quite different to English. Probably the major difference to point out is that te reo Māori follows a *noun + adjective* structure, while English follows an *adjective + noun* structure. So, if the noun was **tāne** or *man* and the adjective was **nui** or *big*, the Māori sentence would be **tāne nui**, but the English structure would be *big man*. Descriptive sentences are introduced by the particle **He** and usually will end with the subject or a possessive:

He wāhine ātaahua ia	*She is a beautiful woman*
He whare teitei tērā	*That house (over there) is very tall*
He waka pango tōna	*He has a black car*
He kōtiro tūpore tāna tamāhine	*Her daughter is a very caring girl*

Sometimes, however, the sentence may just be *He + adjective*, like the ones in this week's dialogue when Mere describes to Māka what the new technological device looks like.

He pango	*It's black*
He māeneene	*It's smooth*
He angiangi	*It's sleek*
He areare	*It's concave*
He maitai	*It's steel*
He tino atamai hoki	*It's very smart*

HARATAU – PRACTICE

Rāhina – Monday

 30-minute challenge

1. **Tirohia ngā whakaahua, kōwhiria te kupu āhua tika hei whakaoti i te rerenga.**
1. *Look at the pictures and choose the correct adjective to complete the sentence.*

```
            taumaha
     teitei        reka
  ātaahua          makariri
     wera        kōmaru
            māku
```

1. He maunga _____

2. He rangi _____

3. He wahine _____

4. He wāhi _____

5. He keke _____

2. Kimihia te whakautu tika.
2. *Choose the correct answer.*

> atamai   pango   māeneene
> angiangi   areare   maitai

He pēhea te āhua?
_____

He pēhea te āhua?
_____

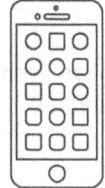

He pēhea te āhua?
_____

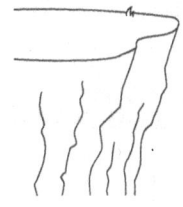

He pēhea te āhua?
_____

He pēhea te āhua?
_____

He pēhea te āhua?
_____

3. Whakamāoritia ēnei rerenga.

3. Translate these sentences into Māori.

1. A tall man

2. A short boy

3. A fat woman

4. A hairy dog

5. A big house

6. A naughty child

4. Whakamāoritia ēnei rerenga kōrero (Whakamahia te *He + kupuāhua*).

*4. Translate the following sentences into Māori (Use **He + adjective**).*

1. The path is slippery

2. The skin is smooth

3. The land is flat

4. The shoes are shiny

5. The room is dark

6. The knife is sharp

7. The playing field is round

8. The knife is blunt

9. The path is narrow

10. The men are tall

11. The hedgehog's coat is prickly
___

12. The benchtop is hard
___

13. The meat is tough
___

14. The stomach is soft
___

15. The body is flexible
___

Rātū – Tuesday

Today we are going to take a look back at the negative versions of the descriptive sentences we have been studying. Remember, to negate sentences beginning with **He**, use the negative word **Ehara**. Our first example has the agent **ia** in the sentence, so here is the formula to negate this sentence:

> Step 1: Adjust the sentence from its original form . . .
> He wahine ātaahua ia

> . . . to this (you are swapping the **ia**, or *agent*, and **He wahine ātaahua**, or *the descriptive phrase*)
> ia he wahine ātaahua

> Step 2: Place your negative word (**ehara**) at the very start of the sentence so you end up with this:
> Ehara ia he wahine ātaahua

> Step 3: The sentence in Step 2 is still grammatically wrong, so the last change you need
> to make is from **he** to **i te**:
> Ehara ia i te wahine ātaahua – *She is not a beautiful person*

Our second example has no agent in the sentence, but has a subject **te wahine**:

> Step 1: Swap the descriptive part of the sentence **He ātaahua** with the subject part of the sentence **te wahine**, so from this . . .
> He ātaahua te wahine

> . . . to this
> te wahine he ātaahua

Step 2: Place your negative word (**ehara**) at the very start of the sentence so you end up with this:
Ehara te wahine he ātaahua

Step 3: The sentence in Step 2 is still grammatically wrong, so the last change you need
to make is **he** to **i te**:
Ehara te wahine i te ātaahua – *The woman is not beautiful*

 30-minute challenge

1. Whakakāhoretia ēnei rerenga kōrero.
1. Negate the following sentences.

1. He mania te ara

2. He māeneene te kiri

3. He papatahi te whenua

4. He pīataata ngā hū

5. He pōuriuri te rūma

6. He koi te māripi

7. He porotaka te papa tākaro

8. He pūhuki te māripi

9. He kūiti te ara

10. He tāroaroa ngā tāne

11. He taratara te kiri o te tuatete

12. He mārō te tūpapa

13. He pūioio te mīti

14. He ngohengohe te puku
_____

15. He pīngore te tinana
_____

2. Whakahonoa ngā rerenga i te taha mauī ki te taha matau.
2. Join the sentence on the left to its correct partner on the right.

Ehara te ara i te kūiti	he tapawhā kē
Ehara te kiri o te tuatete i te māeneene	he whānui kē
Ehara te mīti i te pūioio	he paru kē
Ehara te taiaha i te koi	he ngohengohe kē
Ehara te tāne i te poto	he koio kē
Ehara te papa tākaro i te porotaka	he pūhuki kē
Ehara te tinana i te pīngore	he taratara kē
Ehara ngā hū i te pīataata	he tāroaroa kē

1. _____
2. _____
3. _____
4. _____
5. _____
6. _____
7. _____
8. _____

3. Ināianei me whakapākehā koe i ō rerenga.
3. Now translate your sentences into English.

1. _____
2. _____
3. _____

4. _____
5. _____
6. _____
7. _____
8. _____

Rāapa – Wednesday

 30-minute challenge

Let's begin today's mahi with a crossword to get the juices flowing! Karawhiua, e hoa mā!

1. Whakaotia tēnei pangakupu.
1. *Complete the crossword.*

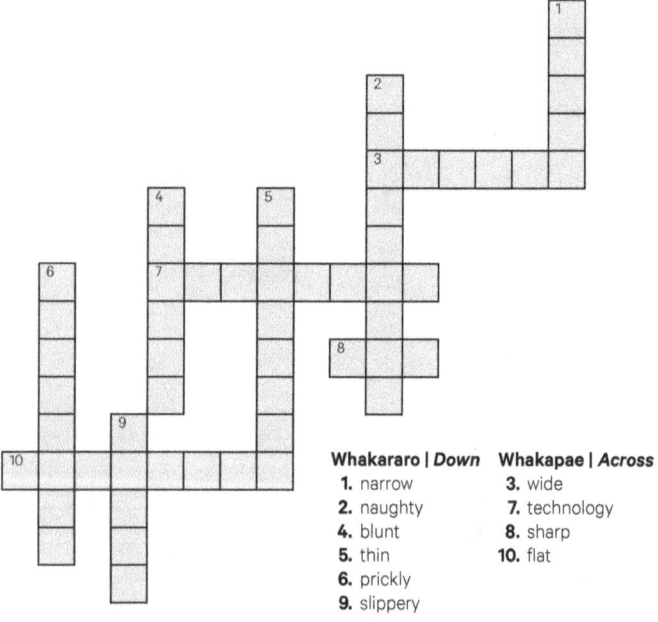

Whakararo | *Down*
1. narrow
2. naughty
4. blunt
5. thin
6. prickly
9. slippery

Whakapae | *Across*
3. wide
7. technology
8. sharp
10. flat

And time! Because you are getting so good at the mahi in *Māori Made Easy*, I bet that crossword took you only rima meneti or 5 minutes to complete, tika?

Now, describing a person is something most of us do on a daily basis. Sometimes you will describe someone to jog the memory of the person or people you are speaking to, so they remember who that person is. Sometimes their appearance might have changed and you are describing what they look like now. You usually don't have to go into too much detail, however; this may depend on whether the person being described is known and has been seen before, or if the person is a complete stranger, like a blind date or something!

Let's start with a person's face, hair, eyes, and skin colour. Remember, because it's a descriptive sentence we start with **He**. We can use either **he** + noun + adjective = **he makawe roa ōna** or **he** + adjective + subject = **he roa ōna makawe**. We need to include the possessive **ōna / tōna** to show who possesses the characteristics we are describing, and because they are characteristics or *āhuatanga tāngata*, we use the '**o**' category possessive – **ōna** (plural) / **tōna** (singular). Let's take a look at some kupu we might need to use:

Urukehu	Blonde
Mingimingi	Curly
Hina	Grey (hair)
Porohewa / horehore	Bald
Torokaka	Straight (hair)
Pūhutihuti	Messy (hair)
Karu rewha	Cross-eyed
Kāpō	Blind
Kiritea	Pale skin
Kiri mangumangu	Black skin
Kiri pākākā	Brown skin
Kōtiwhatiwha	Freckled
Nawe	Scar
Ira	Mole
Pāhau	Beard
Huru ngutu	Moustache
Kūwhēwhē	Wrinkled
Pukukata	Funny / hardcase
Pukumahi	Hard-working / industrious
Whīroki	Lean / skinny

2. Tirohia ngā whakaahua, kōwhiria te kupu āhua tika hei whakaoti i te rerenga.

2. *Look at the pictures and choose the correct adjective to complete the sentence.*

> torokaka
> pūhutihuti   urukehu
> mingimingi   roa
> hina   porohewa
> wera

1. He makawe _____ ōna

2. He makawe _____ ōna

3. He makawe _____ ōna

4. He makawe _____ ōna

5. He makawe _____ ōna

6. He makawe _____ ōna

3. Kimihia te whakautu tika.

3. *Choose the correct answer.*

> karu rewha
> kākāriki   kahurangi
> pākākā   nui   kāpō

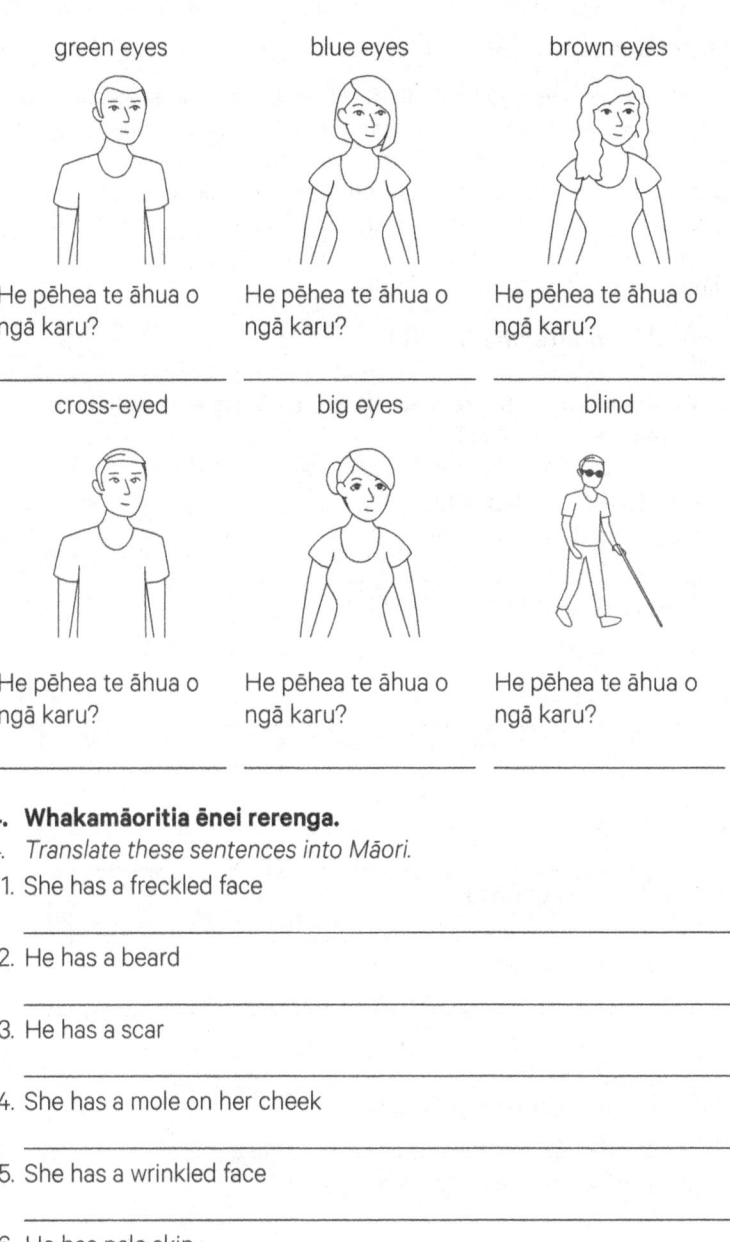

4. Whakamāoritia ēnei rerenga.
4. *Translate these sentences into Māori.*

1. She has a freckled face

2. He has a beard

3. He has a scar

4. She has a mole on her cheek

5. She has a wrinkled face

6. He has pale skin

Rāpare – Thursday

Ok, let's see how you go trying to describe someone to someone else. Let's say you are telling a friend about our 2018 prime minister, Jacinda Ardern. Your friend has no idea who she is. Now, you are going to have to recall some of the sentence structures from *Māori Made Easy* to complete this task. Think carefully about which sentence structure you are going to use, analyse what the English is saying before you translate. Good luck, e hoa!

 30-minute challenge

1. **Whakamāoritia ēnei rerenga kōrero e pā ana ki te pirimia o Aotearoa i te tau 2018.**
1. *Translate the following sentences about the prime minister of New Zealand in 2018, into Māori.*

 1. Her name is Jacinda Ardern

 2. She is 37 years old

 3. She is tall

 4. She has long, straight, black hair

 5. She is smart

 6. She is from South Waikato

 7. She has green eyes

 8. She went to the University of Waikato

 9. She worked in the office of Helen Clark

 10. Her parents are Ross and Laurell Ardern

 11. She is funny

 12. She is a hard worker

13. She is lean
_____

14. She likes reading and watching sport
_____

15. She has beautiful clothes (style)
_____

One of the skills we haven't discussed yet is listing. When you were describing Jacinda Ardern to your friend in the previous challenge, one of the sentences was a list, i.e. *'She has long, straight, black hair'*. There are three adjectives in this sentence and as you discovered when you checked your answers, the best way to list in Māori is simple: keep repeating the **he** = '**He** roa, **he** torokaka, **he** pango ōna makawe'.

2. **Tuhia kia rua ngā rerenga kōrero kupu āhua mō ia tāngata i ēnei whakaahua.**
2. *Write two sentences describing each person in the following pictures.*

green eyes

1. _____   1. _____   1. _____
2. _____   2. _____   2. _____

1. _____   1. _____   1. _____
2. _____   2. _____   2. _____

3. **Whakapākehātia ēnei rerenga kōrero.**
3. *Translate these sentences into English.*
   1. He pukukata, he pukumahi, he atamai ia
   _____

2. He karu nui, he karu ātaahua, he karu pīataata ōna

_____

3. He kūwhēwhē, he kōtiwhatiwha tōna kanohi

_____

4. He poto, he mingimingi ōna makawe

_____

5. He kiri pākākā, he kiri māeneene tōna

_____

Rāmere – Friday

 30-minute challenge

1. Whakahonoa ngā rerenga i te taha mauī ki te taha matau.
1. Join the sentence on the left to its correct partner on the right.

He poto, he kaiwhakaari, nō Rotorua	Lucy Liu
He tāroaroa, he kiri mangumangu, he kaitākaro poitūkohu	Bob Marley
He kōtiwhatiwha kei tōna kanohi, he kaiwhakaari, he wahine hainamana	Kahurangi Kiri Te Kanawa
He roia, he atamai, he koroua, nō Ngāti Kahungunu	Temuera Morrison
He pukukata, he ringatohu kiriata, nāna a *Thor: Ragnarok*	Michael Jordan
He roa ōna makawe, he kōrinorino ōna makawe, he atua o te reggae	Moana Jackson
He māia, he poto ngā makawe, koia te kāpene o ngā Ōpango i te tau 2011	Taika Waititi
He kuia, he ātaahua, he reo waitī tōna, he poto ngā makawe	Richie McCaw

1. _____
2. _____
3. _____
4. _____
5. _____
6. _____
7. _____
8. _____

2. Tuhia he pikitia e whakaatu ana i te āhua o te tangata e kōrerotia ana.
2. *Draw a picture of the people being described.*

He roa ōna makawe, he mōhiti kei ōna karu, he pāhau tōna	He poto ōna makawe, he huru ngutu tōna, he nawe kei tōna pāpāringa	He wahine, he karu kahurangi ōna, he mingimingi ngā makawe, engari he roa

He porohewa, he karu kākāriki, he kiri mangumangu	He koroua, he makawe hina ōna, he mōhiti ōna	He kuia, he kūwhēwhē te kiri, he kōtiwhatiwha ōna kei tōna kanohi

3. Whakarongo ki te pāhorangi mō tēnei wiki:
3. *Listen to this week's podcast at:*

 www.MaoriMadeEasy2.co.nz

4. **Whakaotia tēnei pangakupu.**
4. *Complete the crossword.*

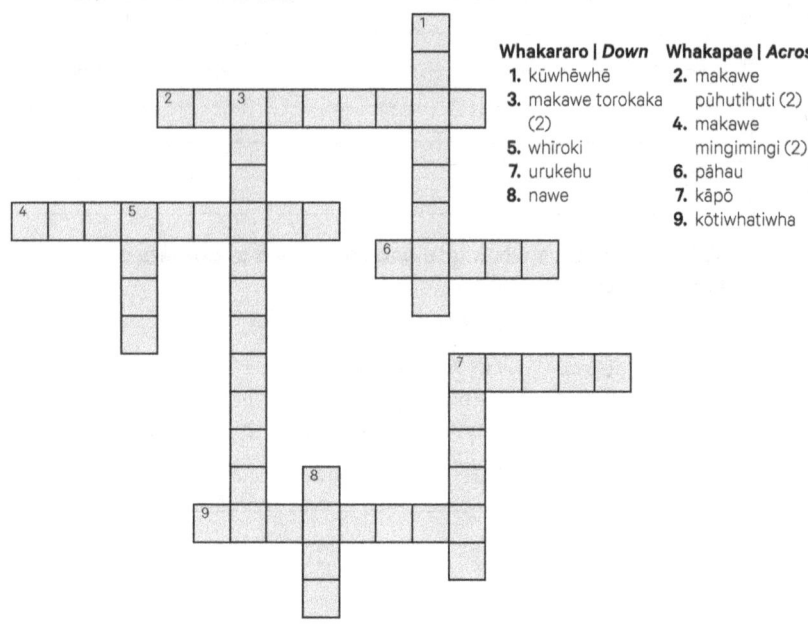

Whakararo | *Down*
1. kūwhēwhē
3. makawe torokaka (2)
5. whīroki
7. urukehu
8. nawe

Whakapae | *Across*
2. makawe pūhutihuti (2)
4. makawe mingimingi (2)
6. pāhau
7. kāpō
9. kōtiwhatiwha

Weekend Word List

Whakamau	Hold a grudge
Hūneinei	Resentful
Matangurunguru	Disappointed
Pāmamae	Hurt (feelings)
Kaniāwhea	Guilt / Remorse
Māharahara	Worry / Anxious
Pōkaikaha	Stressed
Āmaimai	Nervous
Mauri rere	Panic
Mauri tau	Calm
Manawarū	Delighted
Ngākau kore	Lacking motivation
Tiriwhana	Prise free
Pūhaehae	Jealousy

WEEK FIFTY-TWO
Describing and expressing feelings

Whakataukī o te wiki
Proverb of the week
Aitia te wahine o te pā harakeke
Marry the woman capable of rearing a family

Early on in *Māori Made Easy*, we learnt how to greet and introduce ourselves to others, and to ask, and respond to, the question, 'Kei te pēhea koe?' *(How are you?)*. Describing and expressing feelings will be a major part, and a very important part, of most of the conversations you will have in te reo Māori. Some of the sentences we learnt included:

Kei te hiakai au	=	*I'm hungry*
Kei te hiainu au	=	*I'm thirsty*
Kei te tino ora au	=	*I'm extremely well*
Kei te pērā tonu au	=	*I'm still the same*
Kei te māuiui au	=	*I'm unwell or sick*
Kei te ngenge au	=	*I'm worn out or tired*
Kei te pukumahi au	=	*I'm very busy*
Kei te pukuriri au	=	*I'm a bit peeved or annoyed*
Kei te hōhā au	=	*I'm over it or had enough*
Kei te kaha tonu au	=	*I'm still strong*

Now we are going to extend the range of words we can use to describe our feelings. You already have the sentence structures in your arsenal, i.e. the **Kei te**, the **I**, and so on. You also have the **He** sentences which are great to use when describing feelings. This week's work will be more focused on learning words to articulate our feeling more accurately.

HARATAU – PRACTICE
Rāhina – Monday

 30-minute challenge

1. **Kimihia te whakamārama tika mō ēnei rerenga kōrero. Tuhia he rārangi i te rerenga reo Māori ki tōna hoa reo Pākehā.**
1. *Match the sentences on the left to the correct meanings on the right. Draw a line to the correct meaning.*

1. Kaua e aro ki a ia, he hūneinei noa iho nōna	a. He is feeling guilty / remorseful (Guilt has landed in his heart)
2. Kei te whakamau ia ki a koe	b. Don't panic, call the police
3. I pāmamae ia i ō kōrero mōna	c. They were nervous before they got on stage
4. Kua tau te kaniāwhea ki tōna ngākau	d. I'm very worried about you
5. Kei te tino māharahara au ki a koe	e. He was hurt by what you said about him
6. Me ngana koe, ki te kore ka matangurunguru mātou	f. Don't pay attention to him, he is just resentful
7. Kei te pōkaikaha koe? Nā te aha?	g. The tribe was delighted, the meeting went well
8. I te āmaimai rātou i mua i te piki ki te atamira	h. She is holding a grudge towards you
9. Kaua e mauri rere, me waea atu ki ngā pirihimana	i. You have to try, if you don't we will be disappointed
10. Manawarū ana te iwi, i tutuki pai tā rātou hui	j. Are you stressed out? How come?
11. He pēpi tino mauri tau, nē?	k. It was because of his lack of motivation that he didn't attend
12. He ngākau kore nōna i kore ai i tae mai	l. She is a very calm baby, isn't she?

Rātū – Tuesday

⏰ 30-minute challenge

1. Whakaraupapahia ēnei kupu kia tika ai te rerenga – i tēnei wā kei te nanu.
1. *These words are jumbled. Put them in order to complete the sentences.*

1. roa kua rātou e ana whakamau

2. ki te kōti tae puta ia ka ka te kaniāwhea

3. pāmamae tūpato i ō ka kia kupu ia

4. matangurunguru koe au ki a te kei

5. he kāore i oti pōkaikaha nōna a ia i

6. hūneinei ana e ia te mea nā tohu te kei whiwhi koe

7. i koe kaunihera ki te eke manawarū mātou i

8. a i uaua he tiriwhana ia moenga te kore ngākau he nōna i te

9. rātou tō ka rātou kataina āmaimai ko

10. kore me ake koe i ai mauri tau iwi te

Rāapa – Wednesday

⏰ 30-minute challenge

1. Whakapākehātia ngā rerenga kōrero nanu o inanahi.
1. *Translate the sentences you unjumbled yesterday into English.*

1. _____
2. _____
3. _____
4. _____

5. _____
6. _____
7. _____
8. _____
9. _____
10. _____

Rāpare – Thursday

Sometimes you can tell exactly how a person is feeling by their facial expressions or body language. With that in mind, try this exercise!

 30-minute challenge

1. **Tuhia he rerenga kōrero mō ia pikitia. Kua hoatu te tuatahi hei tauira, engari kei a koe te tikanga mō ō rerenga whakaahua i ngā kare-ā-roto i ngā pikitia – kia auaha, kia whānui.**
1. *Write a sentence for each picture. The first one has already been done for you as an example, but it's up to you what type of sentences you compose to express the emotion in the picture – be creative, be varied.*

Kei te riri koe

_____   _____   _____   _____

2. Hōmai te kupu hei whakaea i ēnei tīwhiri.
2. *Guess the word for the feeling being described.*

> whakamau
> mataku   āmaimai
> pōkaikaha   pāmamae
> manawarū   pūhaehae
> ngākau kore

1. He tamaiti koe, e rima ō tau, kātahi ka papā te whatitiri, ka hikohiko te uira

   _____

2. Kei te tūtaki koe ki te pirimia mō te wā tuatahi

   _____

3. Kua whai tō tuakana i te taonga i pīrangi rā koe

   _____

4. I hē tō mahi ki a ia, ā, mai i taua wā, kāore anō ia kia kōrero ki a koe

   _____

5. Me oti i a koe tō tuhinga roa āpōpō, engari kāore anō koe kia tīmata

   _____

6. Kua whai koe i tō tino hiahia mō te Kirihimete

   _____

7. Me haere koe ki te mahi i te mahi kāore e pai ana ki a koe

   _____

Rāmere – Friday

 30-minute challenge

1. Whakarongo ki te pāhorangi mō tēnei wiki:
1. Listen to this week's podcast at:

 www.MaoriMadeEasy2.co.nz

2. Whakaotia tēnei pangakupu.
2. Complete the crossword.

Whakararo | *Down*
2. delighted
3. worried
6. resentful

Whakapae | *Across*
1. hurt (feelings)
3. calm
4. stressed
5. guilt
7. panicked
8. jealousy

Weekend Word List

Te hiapai hoki!	How cheeky!
Hāmama	Shout
Koretake	Useless
Rorirori	Idiot / Stupid / Fool
Rawa kore	Poor
Wairangi	In a daze
Ninipa	Unskilled
Pakihawa	Clumsy
Whakatoi	Cheeky
Hoa piripono	Close friend
Pārurenga	Victim
Kare-ā-roto	Emotions
Toromi	Drown
Rāoa	Choke

WEEK FIFTY-THREE
More on expressing feelings

Whakataukī o te wiki
Proverb of the week
Anei tātou nā ko te pō, anā tātou nā he rā ki tua
Here we are in the night, but day is on the way (there is light at the end of the tunnel)

Sometimes the best way to express feelings is via exclamation. Today we are going to learn some sentence structures that are perfect for expressing an emotion, whether it be anger, resentment, pain, sorrow, surprise or sadness. Our first exclamation begins with **te** and ends with **hoki**. The **te** introduces the emotion, the **hoki** emphasises it! So, all you have to think about is which word describing an emotion you are going to place between **te** and **hoki**.

Te _____ hoki!

HARATAU – PRACTICE
Rāhina – Monday

 30-minute challenge

1. **Kimihia te whakamārama tika mō ēnei rerenga kōrero. Tuhia he rārangi i te rerenga reo Māori ki tōna hoa reo Pākehā.**
1. *Match the sentences on the left to the correct meanings on the right. Draw a line to the correct meaning.*

1. Te māngere hoki!		a.	*Absolutely hopeless!*
2. Te hiapai hoki!		b.	*How lazy!*
3. Te riri hoki ōna!		c.	*Man am I hungry!*
4. Te koretake hoki!		d.	*What lack of motivation!*
5. Te pāmamae hoki ō rātou!		e.	*Far out, their feelings are really hurt!*
6. Te pūhaehae hoki!		f.	*What a damn cheek!*
7. Te mataku hoki!		g.	*How nerve-racking!*
8. Te āmaimai hoki!		h.	*How jealous!*
9. Te ngākau kore hoki!		i.	*How scary!*

10. Te manawarū hoki o te iwi i tō taenga mai!
11. Te mauri tau hoki o te pēpi nā!
12. Te hiakai hoki ōku!

j. *Far out, that child is calm!*
k. *My word, how angry he is!*
l. *How delighted the tribe was at your arrival!*

Rātū – Tuesday

Today we are going to learn another exclamation to express emotions. Our sentence yesterday began with **te** and ended with **hoki**. The **te** introduced the emotion, the **hoki** emphasised it. The word describing an emotion was then placed between **te** and **hoki** to complete the sentence. In our new exclamation sentence today, we are going to start our sentence with the word **tētahi**. This word performs the same function as the **hoki** – it provides the emphasis. We then place the noun after **tētahi**, and then the word describing the emotion or feeling. And that's it! Another three-word sentence to express emotions or feelings.

Tētahi tamaiti pakirara!   *What a rude child!*

tētahi + *noun* + *emotion*

 30-minute challenge

1. **Tuhia he rerenga kōrero mō ia pikitia. Whakamahia te rerenga o tēnei rā. Kua hoatu te tuatahi.**
1. *Write a sentence for each picture. Use the structure from today. The first one has already been done.*

Tētahi wahine pukuriri!

_____ _____ _____ _____
_____ _____ _____ _____

2. Whakapākehātia ngā rerenga kōrero nei.
2. *Translate these sentences into English.*
  1. Tētahi tangata rorirori!

  2. Tētahi wahine whakamau!

  3. Tētahi iwi rawa kore!

  4. Tētahi whānau wairangi!

  5. Tētahi kapa ninipa!

  6. Tētahi kōtiro pakihawa!

  7. Tētahi manu whakatoi!

  8. Tētahi wahine tarau makere!

Rāapa – Wednesday

A very Māori way of expressing feelings and emotions is to use **kīwaha**. As you know, **kīwaha** are colloquialisms that are used and understood by high-level or native speakers of the language. As learners, we have to take the time out to learn these sayings. Today we are going to learn some **kīwaha** to help us to express our emotions and feelings. I have grouped these **kīwaha** under some headings to make the learning process easier . . . this is *Māori Made Easy* after all! We'll also have some fun as we learn!

The first group of **kīwaha** have been grouped under the heading, **Kupu Tautoko** or *Expressing Agreement*. Practise these **kīwaha** and use them when you speak Māori!

30-minute challenge

1. **Kimihia te whakamārama tika mō ēnei rerenga kōrero. Tuhia he rārangi i te rerenga reo Māori ki tōna hoa reo Pākehā.**
1. *Match the sentences on the left to the correct meanings on the right. Draw a line to the correct meaning.*

   1. Tautoko!   a. *Absolutely correct!*
   2. Hurō!   b. *Excellent!*
   3. Ka rawe!   c. *How neat!*
   4. Te tika hoki!   d. *Hooray!*
   5. Kia ora!   e. *Totally! (I support that)*
   6. He tika tāu!   f. *I agree!*
   7. Tau kē hoki!   g. *You are quite right!*

This next group of kīwaha have been grouped under the heading, **Mamae me te Pōuritanga**, or *Pain and Sadness*.

2. **Hōmai te *kīwaha* hei whakaea i ēnei tīwhiri.**
2. *Guess the **kīwaha** for the feeling being described.*

> I wāna nei hoki!
> Ka aroha!   Āta koia!
> Auē!
> Kua hē! Kua hē!   Taukuri e!

1. Kua pā te rongo kōrero mō te matenga o tētahi hoa piripono, ka puta tēnei tangi, e toru pūreta kei tēnei kupu

   _____

2. I ētahi wā, e haere takirua ana tēnei kupu me te kupu auē – anei nā tētahi tīwhiri: *year / dog*

   _____

3. This is wrong, this is wrong!

   _____

4. Ka aro koe ki te pārurenga, kia pai ai tō tuku i te hā o ō kare-ā-roto ki a ia

_____

5. So unfortunate for him / her!

_____

6. Damn!

_____

And our final group of kīwaha for today have been grouped under the heading, **Kanga** or *Cursing*. I have given literal translations for this group of kīwaha so you can complete the exercise.

Traditionally, Māori were more about insults rather than swearing at someone. Most people will tell you there are no swear words in Māori, just insults! But if I were to give modern-day translations of these **kanga** they would be pretty similar to today's swear words!

3. Kimihia te whakamārama tika mō ēnei rerenga kōrero. Tuhia he rārangi i te rerenga reo Māori ki tōna hoa reo Pākehā.

3. Match the sentences on the left to the correct meanings on the right. Draw a line to the correct meaning.

1. Kai a te kurī!   a. *I'll feed you to the fire!*

2. Tō hamuti!   b. *Shovel my shit!*

3. Tō tero!   c. *Go boil your head!*

4. Pokokōhua!   d. *Head like a black hole!*

5. Pokotiwha!   e. *You remind me of excrement!*

6. Koko tūtae!   f. *Up your arse!*

7. Kai a te ahi!   g. *I'll feed you to my dog!*

Rāpare – Thursday

 30-minute challenge

1. **Pānuitia te kōrero e whai ake nei, ka tuhi ai koe i ētahi kupu kare-ā-roto ki te taha o ngā rerenga. Whakamahia ngā kupu, kīwaha, rerenga o ngā wiki e rua nei.**
1. *Go through the following dialogue and write your feelings next to the lines. Use the words, the colloquialisms, the sentences from the past two weeks.*

Kei te maumahara tonu au ki te rā i mate ai taku koroua. I roto au i taku akomanga i

___

te kura. Tekau mā toru pea ōku tau i taua wā. He hoa piripono māua ko taku koroua.

___

I ētahi wā, ka haria au e ia ki te hī ika, ka kōrero mai ia mō te wā e tamariki ana ia. Tino

___

pārekareka ki a au āna kōrero. Te pukukata hoki! He hīanga taku koroua i ngā wā o

___

mua, ā, hei tāna, he maha āna whaiāipo. He wiki, he wahine, he wiki, he wahine, koirā

___

tāna! I tētahi rā, i a māua e hī ika ana, i makere au i te waka ki te wai. I raro au i te wai

___

e toromi ana, kī katoa te waha i te wai, rāoa ana i te kore hā. Kātahi au ka rongo i te

___

ringa o Koro e kukume ana i a au ki runga. Me kore ake koe, Koro! I mate taku kuia,

___

te wahine pūmau a taku koroua, e rua tekau tau ki muri. Kāore a Koro i whai wahine

___

hōu, he kore nōna i pīrangi. I mate taku kuia i te tukinga waka, nō tērā atu kaihautū

___

te hē. Kāore a Koro i pīrangi tūtaki ki a ia. I ētahi wā ka wāwāhi mea ia, he mokemoke

nōna ki taku kuia. Ināianei kua mate a Koro. Ka tino mokemoke au ki a koe, e Koro.

Haere ki tō wahine pūmau . . .

Rāmere – Friday

 30-minute challenge

1. Whakarongo ki te pāhorangi mō tēnei wiki:
1. Listen to this week's podcast at:

 www.MaoriMadeEasy2.co.nz

2. Whakaotia tēnei pangakupu.
2. Complete the crossword.

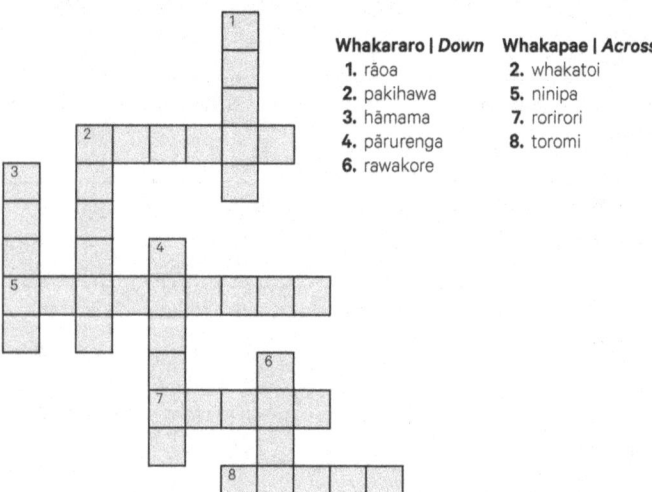

Whakararo | *Down*
1. rāoa
2. pakihawa
3. hāmama
4. pārurenga
6. rawakore

Whakapae | *Across*
2. whakatoi
5. ninipa
7. rorirori
8. toromi

Weekend Word List

Kawititanga	Wrist
Kapukapu	Sole of foot
Takapū	Calf
Rīrapa	Hamstring
Kōmata	Nipple
Takakaha	Shin
Matiwae	Toe
Matimati	Finger
Heke	Thigh
Pīkau	Backpack
Tōkena	Sock
Hārau	Graze (stative)
Tanoi	Sprain (stative)
Haukume	Pull
Tīhae	Torn
Marū	Bruise (stative)
Takoki	Twist (stative)
Whati	Break (stative)

WEEK FIFTY-FOUR
Parts of the body

Whakataukī o te wiki
Proverb of the week
He rangi tā matawhāiti, he rangi tā matawhānui
Narrow vision – restricted opportunities; wide vision – plentiful opportunities

After spending the last two weeks learning how to describe feelings and emotions, you are probably wondering why we have all of sudden jumped to parts of the body. Well, we did mention body language over the past two weeks – bit of a segue there – plus, there are many expressions in te reo Māori that use the parts of the body to describe characteristics and / or feelings about things. For example, the word for *nose* is **ihu**, and if you get called an '**ihu hūpē**' by someone, they are calling you '*snotty nose*', or someone who is yet to learn how to wipe or blow their nose, implying that you are a novice or inexperienced.

Ihu hūpē	Novice / Inexperienced

Before we delve into more of this, we need to learn the parts of the body.

HARATAU – PRACTICE
Rāhina – Monday

 30-minute challenge

1. Kōwhiria te kupu mō tēna wāhanga, mō tēnā wāhanga o te tinana.
1. *Select the correct word for each part of the body and write it by the correct line.*

karu	kawititanga	kapukapu	upoko	kakī	korokoro
takapū	rīrapa	kōmata	takakaha	puku	pokohiwi
taringa	waha	ringaringa	matimati	matiwae	arero
paemanu	heke	poho	ringa	tuke	pona
rekereke	ngutu				

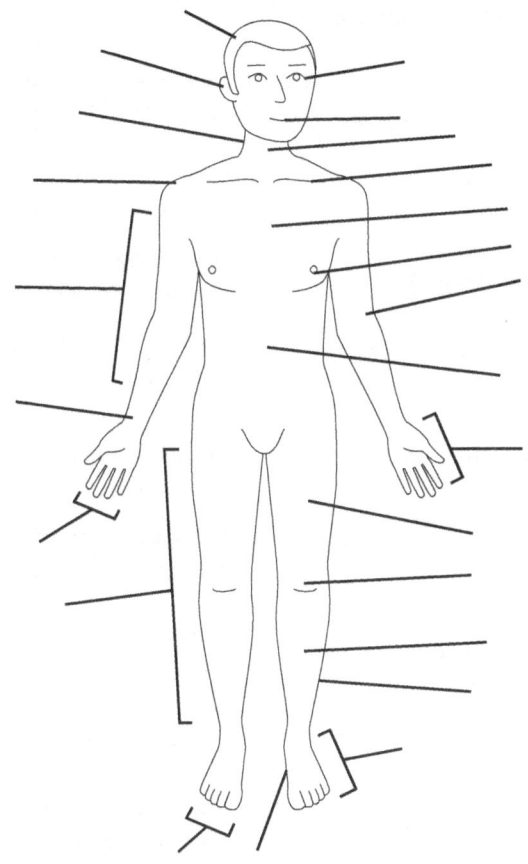

Rātū – Tuesday

Learning the parts of the body yesterday should help you with today's exercise. Practise the metaphors around body parts that you learn today. Just like the kīwaha the previous week, the more you are exposed to te reo Māori speakers, the more you will hear them use this type of language, and the more you will use it too!

30-minute challenge

1. **Kimihia te whakamārama tika mō ēnei kupu whakarite mō te tinana. Tuhia he rārangi i te rerenga reo Māori ki tōna hoa reo Pākehā.**
   1. *Match the metaphors about the body on the left to the correct meanings on the right. Draw a line to the correct meaning.*

   1. He karu hōmiromiro ōna!
   2. He taringa kōhatu ō koutou!
   3. He upoko mārō tērā tangata!
   4. He ihu hūpē koe, e noho!
   5. Waea atu ki a Hēmi kia haere mai ki te āwhina, he ihu oneone nōna
   6. Kaua e pōwhiri i a ia, he ringa kakama hoki!
   7. Me he korokoro tūī!
   8. He ngutu repe!
   9. Koia te pokohiwi kaha o te whānau!
   10. He waewae kaipakiaka ia!
   11. He waha papā tō irāmutu!
   12. Kia tūpato ki a ia, he arero rua!

   a. *Don't invite him, he's light fingered! (Thief)*
   b. *Your nephew is a loud mouth! (Big mouth)*
   c. *Be careful of her, she has a forked tongue! (Untrustworthy)*
   d. *His legs have trodden the path! (Experienced)*
   e. *She has an eye for detail! (Perceptive)*
   f. *Just like the throat of a tūī! (Great singer)*
   g. *You are a novice, sit down! (Inexperienced)*
   h. *He is the strong shoulder of the family! (Reliable in times of need)*
   i. *You guys have ears like stone! (Don't listen!)*
   j. *Ring Hēmi to come and help because he is a hard worker (Industrious)*
   k. *That person over there is hard-headed! (Stubborn)*
   l. *Loose lips! (Gossiper)*

Rāapa – Wednesday

 30-minute challenge

1. Whakatikahia ēnei kupu e nanu ana, kātahi ka whakapākehātia.
1. Unscramble the following words, then translate into English.

  1. ruak rioriommhō

  2. utung peer

  3. atakōm

  4. pakupaku

  5. kaūpta

  6. uih pūēh

  7. angaiitkawt

  8. aeiamwt

  9. apenuma

  10. eaweaw iakakpakai

2. Hōmai te *kīwaha* hei whakaea i ēnei tīwhiri.
*2. Guess the **kīwaha** for the body part being described.*

> rīrapa
> matiwae   korokoro
> pokohiwi   ngutu
> waha

  1. Ka heke te kai mā tēnei ki tō puku

  2. Ka herea tō pīkau ki ēnei

3. Ka mahana ēnei ki rō tōkena

4. Ka puta tō reo i tēnei wāhanga o te tinana

5. Hōmai he kihi

6. Mēnā he tere koe ki te oma, tērā pea ka tīhae koe i tēnei

Rāpare – Thursday

30-minute challenge

1. Whakamahia ngā kupu i ako ai koe i te rārangi kupu o te wiki ki te whakamāori i ēnei rerenga.
1. *Use the words from this week's word list to help you translate these sentences.*
   1. I have broken my clavicle / collarbone

   2. She twisted her ankle

   3. Mere bruised her calf

   4. I am going to tear my hamstring, I can feel it

   5. I have a black eye

   6. I twisted my knee yesterday

   7. He broke his wrist

   8. She bruised the sole of her foot

   9. Rīhari sprained his elbow

   10. I have grazed my knee

Rāmere – Friday

 30-minute challenge

1. Whakarongo ki te pāhorangi mō tēnei wiki:
1. Listen to this week's podcast at:

 www.MaoriMadeEasy2.co.nz

2. Whakaotia tēnei pangakupu.
2. Complete the crossword.

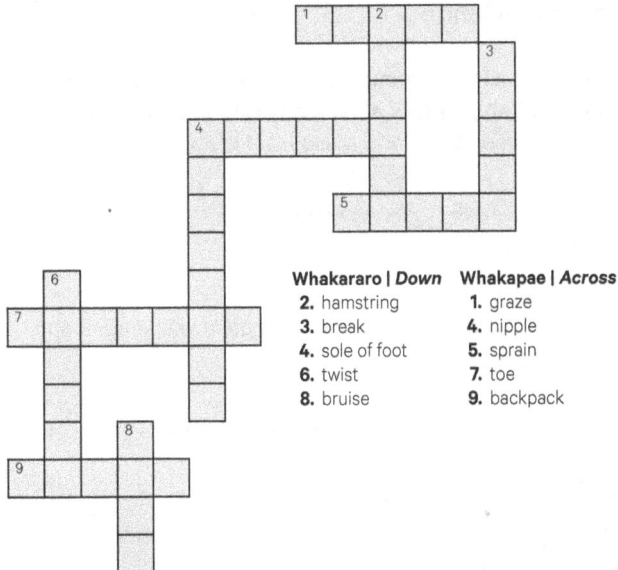

Whakararo | Down
2. hamstring
3. break
4. sole of foot
6. twist
8. bruise

Whakapae | Across
1. graze
4. nipple
5. sprain
7. toe
9. backpack

No weekend word list this weekend, e hoa mā, but prepare for next week! It's your fifth revision week. A week designed to test where you are at, and if you are beginning to comprehend sentence structures and understand the language!

WEEK FIFTY-FIVE
Wiki Huritao – Revision week

Whakataukī o te wiki
Proverb of the week
Ko te whare whawhao o Te Aokapurangi
This house is crammed-full like that of Te Aokapurangi (packed to the rafters)

Rāhina – Monday

 30-minute challenge

Pānuitia tēnei kōrero kei waenganui i a Mere rāua ko Māka nō te Wiki Rima Tekau Mā Tahi, ka tuhi ai i ō whakautu ki ngā pātai.
Read the dialogue between Mere and Māka from Week Fifty-One, then answer the questions.

Kei te whare inu kawhe a Mere rāua ko Māka.
Mere: He rangi kōmaru tēnei, nē?
Māka: Āe! I te āhua nei ka ua ākuanei.
Mere: I kite koe i te whakatairanga i runga i te pouaka whakaata inapō . . . mō te hangarau hōu o te wā?
Māka: Kāo, he pēhea te āhua?
Mere: He pango, he māeneene, he angiangi, he areare, he maitai. E ai ki ngā kōrero, he tino atamai hoki.
Māka: Mīharo! He aha te utu mō taua mea?
Mere: Kotahi mano tāra.
Ka toro te ringa o Mere ki tana pēke.
Māka: Whoa! Kua hoko kē koe i tētahi?
Mere: Āe rā, i te ata nei. I whakamahi au i te moni, nā taku pāpā i hōmai, mō taku mahi i runga i te pāmu i ngā wiki o te raumati.
Māka: I haere tō karangatahi a Pere ki te pāmu i te raumati nei?
Mere: Āe, i reira ia.
Māka: He pēhea tōna āhua i ēnei rā?
Mere: He roa ngā makawe, he urukehu hoki . . . he pāuaua tonu te hanga, he pāhau tōna ināianei, ā, he poto tonu, kāore anō kia tipu.
Ka kata rāua.

1. He pēhea te āhua o te huarere?

2. Mō te aha te whakatairanga i runga pouaka whakaata?

3. He aha te utu?
   _____

4. Ka hoko a Mere i tētahi?
   _____

5. He pēhea te āhua o Pere i ēnei rā?
   _____

6. Ko tēhea te whakapākehātanga tika mō, 'Miharo!'
   a. spectacular
   b. spectacles
   c. sceptical

7. He aha te kupu Pākehā mō 'māeneene'?
   _____

8. Nā wai te moni i hoatu ki a Mere, he aha ai?
   _____

9. I kite a Māka i te whakatairanga?
   _____

10. Ko Pere hei aha ki a Mere?
    _____

11. Inahea te whakatairanga?
    _____

12. Ka ua ākuanei?
    _____

Rātū – Tuesday

 30-minute challenge

Pānuitia tēnei kōrero, ka whakautu ai i ngā pātai.
Read the dialogue, then answer the questions.

I ētahi wā, ka haria au e ia ki te hī ika, ka kōrero mai ia mō te wā e tamariki ana ia. Tino pārekareka ki a au āna kōrero. Te pukukata hoki! He hīanga taku koroua i ngā wā o mua, ā, hei tāna, he maha āna whaiāipo. He wiki, he wahine, he wiki, he wahine, koirā tāna! I tētahi rā, i a māua e hī ika ana, i makere au i te waka ki te wai. I raro au i te wai e toromi ana, kī katoa te waha i te wai, rāoa ana i te kore hā. Kātahi au ka rongo i te ringa o Koro e kukume ana i a au ki runga. Me kore ake koe, e Koro! I mate taku kuia, te wahine pūmau a taku koroua, e rua tekau tau ki muri. Kāore a Koro i whai wahine hōu, he kore nōna i pīrangi. I mate taku kuia i te tukinga waka, nō tērā atu kaihautū te hē. Kāore a Koro i pīrangi tūtaki ki a ia. I ētahi wā ka wāwāhi mea ia, he tino mokemoke nōna ki taku kuia. Ināianei kua mate a Koro. Ka tino mokemoke au ki a koe, e Koro. Haere ki tō wahine pūmau . . .

1. Kei te ora tonu te koroua o te kaituhi?

   _____

2. Tuhia ngā kupu kei te ngaro, 'Me _____ _____ koe, _____'!

3. Ka haria te kaituhi e wai ki te hī ika?

   _____

4. Nōnāhea te kuia o te kaituhi i mate ai?

   _____

5. I whai wahine hōu te koroua o te kaituhi?

   _____

6. Ko tēhea te whakapākehātanga tika mō, 'rāoa ana i te kore hā!'
   a. joking with no breath!
   b. choking with no flavour!
   c. choking from no air!

7. He aha te kupu Pākehā mō 'toromi'?

   _____

8. He aha te kupu Pākehā mō 'hīanga'?

   _____

9. Nō wai te hē mō te tukinga waka?

   _____

10. Whakapākehātia tēnei kōrero: 'I ētahi wā, ka wāwāhi mea ia, he mokemoke nōna ki taku kuia.'

    _____

Rāapa – Wednesday

 30-minute challenge

Pānuitia tēnei kōrero kei waenganui i a Atawhai me Anaru, ka tuhi ai i ō whakautu ki ngā pātai.

Read the dialogue between Atawhai and Anaru, then answer the questions.

Kupu āwhina: tangiweto – *crybaby*
                   pōtae mārō – *helmet*
                   horokukū – *reluctant*

Kei waho a Anaru e tangi ana.
Atawhai: Auē taukuri e, Anaru! He aha te mate?

Anaru: I taka au i taku pahikara, kua hārau tōku pona.
Atawhai: Taihoa! Māku a Māmā e tiki!
Anaru: Kāo, kaua! Ka kōhete ia i a au mō te kore mau pōtae mārō!
Atawhai: Tētahi tamaiti taringa kōhatu! I kī a Māmā, me mau pōtae mārō i ngā wā katoa! Heoi anō rā, e kaha ana koe ki te tū?
Anaru: Āe.
Ka ngana a Anaru ki te tū, kātahi ka hinga anō ki te papa.
Anaru: Pokokōhua! Te mamae hoki!
Atawhai: I te āhua nei kua whati hoki i a koe tō raparapa. Auē, titiro ki te marū e hua ake ana!
Anaru: Āwhina mai i a au ki te tū ake me te hoki ki roto.
Atawhai: Me haere kē koe ki te hōhipera!
Anaru: Tautoko! Heoi anō, āwhina mai i a au ...
Ka kukume a Atawhai i tōna ringa.
Anaru: Owww!
Atawhai: Tētahi tamaiti tangiweto! I te āhua nei kua tanoi hoki i a koe tō kawititanga! Ka aroha koe, e hoa, i wāu nei hoki!

1. Kua ahatia te pona o Anaru?
   _____

2. I aha ia?
   _____

3. He aha tana horokukū kia tika a Atawhai i a Māmā?
   _____

4. Tuhia ngā kupu kei te ngaro: 'Kua _____ hoki _____ a _____,'

5. He aha te kupu kanga a Anaru?
   _____

6. Meka (*true*) / Teka (*false*) rānei: E kaha ana a Anaru ki te tū?
   _____

7. Kua tanoi hoki te aha?
   _____

8. He aha te kupu Pākehā mō 'taringa kōhatu'?
   _____

9. Me haere a Anaru ki hea?
   _____

10. Whakapākehātia ēnei rerenga:
    a. ka aroha koe = _____
    b. i wāu nei hoki = _____
    c. tētahi tamaiti tangiweto! = _____

Rāpare – Thursday

 30-minute challenge

1. Kimihia ngā kupu.
1. Find the words.

R	T	I	K	L	Y	Q	I	J	N	E	H	W	U	K
C	A	A	G	N	E	R	U	R	A	P	A	A	P	U
L	K	J	K	F	N	N	A	W	L	E	K	Z	A	Q
I	O	I	S	O	I	O	I	H	K	I	A	C	K	C
T	K	W	O	N	M	T	V	A	P	A	O	B	U	X
A	I	R	I	N	A	A	I	I	H	U	H	U	P	E
H	U	P	A	M	A	P	T	O	R	E	R	A	A	G
W	A	H	T	O	A	T	F	A	N	I	A	B	K	G
T	Z	Q	O	K	A	H	J	E	E	U	A	F	M	Q
H	E	H	I	K	J	Y	C	H	J	A	U	U	K	P
A	I	A	G	T	O	T	X	Q	O	R	B	M	Q	G
L	K	H	O	N	P	K	Z	A	Q	B	T	U	H	J
A	G	F	R	W	C	R	O	K	J	M	A	R	U	P
S	C	B	O	B	R	W	R	P	Y	I	C	X	Y	O
X	D	R	P	O	D	Y	W	O	X	J	U	J	X	S

ARERO	IHUHŪPĒ	KAPUKAPU
KŌMATA	MARŪ	MATIWAE
NINIPA	PĀRURENGA	PĪKAU
POKOKŌHUA	RĀOA	TAKOKI
TANOI	WAEKAIPAKIAKA	WHATI

2. Ināianei, kōwhiria kia ono o ēnei kupu hei whakauru māu ki ētahi rerenga, ka rite tonu te whakamahia e koe.
2. Now, choose six of these words and create a sentence for each word. Try to create a sentence you think you will use regularly.

1. _____
2. _____
3. _____
4. _____
5. _____
6. _____

Rāmere – Friday

 30-minute challenge

1. **Whakarongo ki te pāhorangi mō tēnei wiki, he momo whakamātautau whakarongo kei reira.**
1. *Listen to this week's podcast, a listening test has been prepared for you.*

 www.MaoriMadeEasy2.co.nz

Weekend Word List

Whiu upoko / Upoko ānini	Headache
Kirikā	Fever
Mate Tikotiko	Diarrhoea
Tākaikai / Piriora	Band-aid / Plaster
Takai	Bandage
Ruaki	Vomit
Niho tunga	Toothache
Ngau puku	Stomach ache
Maremare	Cough
Ihu hūpē	Runny nose
Pōātinitini	Dizzy
Tūroro	Patient
Ero	Pus
Mariao	Pimple
Mahu	Healed
Pāpaka	Scab
Pupuhi	Swollen
Pirau	Infected
Mangeo	Itchy
Hīwiniwini	Aching

WEEK FIFTY-SIX
Ailments

Whakataukī o te wiki
Proverb of the week
Tukua ki tua, ki ngā rā o te waru
Save it for the future, for times of scarcity

One thing that's almost guaranteed is that sooner or later we will get sick. So it's important to have a reasonably extensive vocabulary to use when talking about ailments and remedies.

HARATAU – PRACTICE
Rāhina – Monday

 30-minute challenge

1. Whakapākehātia ēnei rerenga kōrero.
1. Translate into English.

1. Auē, kei te hūpē taku ihu

2. Auē, kei te mamae ōku karu

3. Auē, kei te mamae ōku taringa

4. Auē, kei te ānini taku rae

5. Auē, kei te māngeongeo ōku makawe

6. Auē, kei te ngau tōku puku

7. Auē, kei te hīwiniwini ōku waewae

8. Auē, kei te pirau te pāpaka

9. Auē, kua pā mai te kirikā

10. Auē, kei te whakapae ruaki au

Rātū – Tuesday

🕐 30-minute challenge

1. Kōwhiria te kupu tika mō ia wāhanga o te tinana.
1. *Choose the correct ailment that affects these parts of the body.*

> niho tunga āninitanga ngau puku
> ataruatanga maremare
> hūpētanga pāpaka

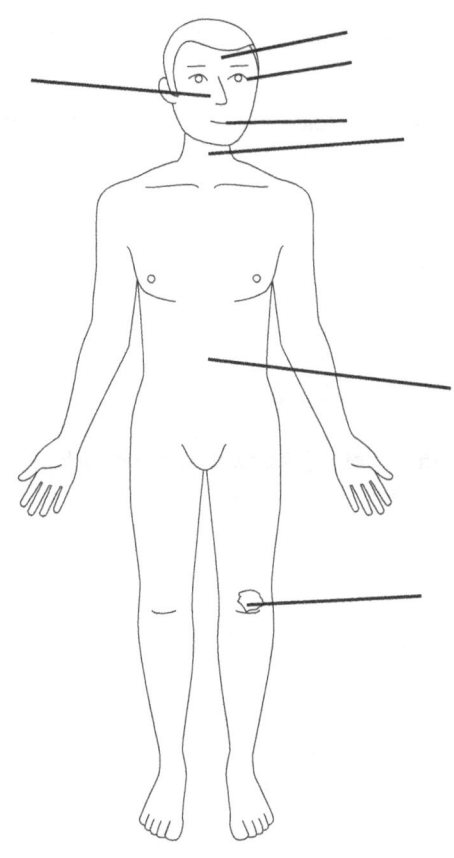

2. Kimihia te whakamārama tika mō ēnei māuiuitanga o te tinana. Tuhia he rārangi i te rerenga reo Māori ki tōna hoa reo Pākehā.
2. Match the ailments on the left to the correct meanings on the right. Draw a line to the correct meaning.

1. Ko te rewharewha pea

2. Mō wai te rongoā maremare nei?

3. Nō wai tēnei rongoā korokoro mamae?

4. He kirieke kei ō kūhā

5. He mate niho tunga tōku

6. He kino taku kirikā

a. Who is this cough medicine for?

b. Who does this throat remedy belong to?

c. I have a toothache

d. It looks like the flu

e. You have a bad fever

f. You have a rash in your groin

Rāapa – Wednesday

30-minute challenge

1. Whakatikahia ēnei kupu e nanu ana, kātahi ka whakapākehātia.
1. Unscramble the following words, then translate to English.

1. rrooūt

2. reo

3. ihpuup

4. maeong

5. remarema

6. kaita

7. aurik

_____

8. ākirik

_____

9. tinipōātini

_____

10. unga uukp

_____

2. Kimihia te whakamārama tika mō ēnei māuiuitanga o te tinana. Tuhia he rārangi i te rerenga reo Māori ki tōna hoa reo Pākehā.
2. Match the ailments on the left to the correct meanings on the right. Draw a line to the correct meaning.

1. I hea te kete ohotata?   a. Where is the chemist?

2. Me whakatā koe ināianei   b. The medicines are in the cupboard in the bathroom

3. Me kai koe i tō rongoā   c. Where was the first-aid kit?

4. Kei hea te whare rongoā?   d. Better go to the doctor

5. Me haere ki te tākuta   e. Get some rest now

6. Kei roto ngā rongoā i te whata o te kauranga   f. You must take your medicine

Rāpare – Thursday

 30-minute challenge

1. Whakamāoritia ēnei rerenga kōrero.
1. Translate these sentences into Māori.

Kupu āwhina: tohutohu – *instructions*
                          arokore – *ignore*
                          hōrapa – *spread*

1. Don't ignore the doctor's instructions

2. Don't forget to take your medicine

3. Don't wake up early, sleep in

4. Be careful or you'll get the same thing (sickness) he / she has

5. Be careful or you will spill the medicine

6. Be careful, the flu is going around

7. Be steadfast, deal to this sickness!

8. Drink lots of water!

9. You will feel better tomorrow

10. The medicine will 'kick in' soon

Rāmere – Friday

 30-minute challenge

1. Whakarongo ki te pāhorangi mō tēnei wiki:
1. *Listen to this week's podcast at:*

 www.MaoriMadeEasy2.co.nz

2. Ko koe te tākuta. Koinei ō pātai ki ō tūroro, me ā rātou whakautu. Kōwhiria te rongoā tika mō ēnei māuiuitanga.
2. *You are the doctor. These are your Q and A's with your patients. Choose the correct remedy for their ailments.*

Me whēngu tō ihu		Me hoko rongoā taringa	
Me mirimiri tō hoa i tō tinana		Me hoko patu kutu	
Me turuturu rongoā karu ki roto	Me whakatā	Me kimi rongoā e tau ai tō puku	

Pātai – Tākuta	Whakautu – Tūroro	Pātai – Tūroro	Rongoā – Tākuta
Kei te hūpē tō ihu?	Āe	Me aha au?	
Kei te mamae ō karu?	Āe	Me aha au?	
Kei te mamae ō taringa?	Āe	Me aha au?	
Kei te ānini tō rae?	Āe	Me aha au?	
Kei te māngeongeo ō makawe?	Āe	Me aha au?	
Kei te ngau tō puku?	Āe	Me aha au?	
Kei te hīwiniwini tō tinana?	Āe	Me aha au?	

Weekend Word List

Tōmato	Tomato
Rengakura	Beetroot
Roi huamata	Coleslaw
Ranu	Sauce
Kīnaki	Garnish / Complement
Kakukaku	Crunchy (of food)
Mōwhakiwhaki	Brittle
Kiko	Flesh
Pakapaka	Baked hard
Pakē	Crispy
Kōmāmā	Light (food – not heavy to digest)
Whakatiki	Diet (when talking about food)
Kōpūtoitoi	Moist (of food)
Nakunaku	Falling off the bone
Whēua	Bone

WEEK FIFTY-SEVEN
Talking about food

Whakataukī o te wiki
Proverb of the week
Tohaina ō painga ki te ao
Share your skills with the world

He Tauira Kōrero

Kei te noho a Mere rāua ko Māka ki te kai.

Mere: He aha māu, e Māka?

Māka: Ka mahi hanawiti au ki te tōmato, te rengakura, te roi huamata me te heihei.

Mere: Anei rā ngā momo ranu hei kīnaki i tō hanawiti.

Māka: Tēnā koe! Hōmai te kiri o te heihei, he pai ki a au te kakukakutanga o te kiri.

Mere: Kāore pea i tino tika te maoatanga o te heihei nei, e mōwhakiwhaki ana ētahi wāhanga o te kiko, he pakapaka ētahi wāhanga, i hoko i hea?

Māka: I te hokomaha tonu.

Ka ngau a Mere i tētahi o ngā āporo.

Māka: Kei te pēhea ngā āporo, he pai?

Mere: Pakē ana, e hoa, he reka!

Māka: Mā te aha i tēnā! I hoko keke hoki au hei tōwhiro mā tāua.

Mere: Koia kei a koe! Te tūmanako kia āhua kōmāmā te keke nei, kei te whakatiki au.

Māka: Kia kōpūtoitoi hoki, kāore au i te rata ki te keke maroke.

Mere: Hā, hā! Mō te tātā kai, kāore he painga i a tāua, Māka.

Māka: He tika tāu. Tēnā, hōmai te waewae o te heihei rā, e nakunaku ana te kiko i reira.

Mere: Anei rā, kia pai te kai! Mauri ora!

Sharing a meal is a great time to use te reo Māori. It is also a frequent, daily activity, so it's pragmatic to know how to hold a conversation in that context. By now, you should have a variety of sentences at your disposal to be able to maintain a basic conversation at the kai table. Over the course of this week, we are going to add to your vocabulary to ensure you get better and better at talking about food!

First and foremost, get into the habit of saying grace – if not for spiritual reasons, do it for reo practice reasons!

Karakia whakapai kai:
Nau mai, e ngā hua
o Papatūānuku
o Ranginui kete kai

Whītiki kia ora!

Haumi ē, hui e tāiki ē!

Grace:
I welcome the gifts of food
provided by the earth mother
and the sky father, bearer of food
baskets

Gifts bound together to sustain all
of us!

United and connected as one!

HARATAU – PRACTICE
Rāhina – Monday

 30-minute challenge

1. Kimihia te whakamārama tika mō ēnei rerenga kōrero. Tuhia he rārangi i te rerenga reo Māori ki tōna hoa reo Pākehā.
1. Match the sentences on the left to the correct meanings on the right. Draw a line to the correct meaning.

1. Ka mahi hanawiti au ki te tōmato, te rengakura	a. Here is some sauce to complement (the dish)
2. Ka mahi hanawiti au ki te roi huamata me te heihei	b. I am on a diet
3. Anei rā he ranu hei kīnaki	c. Hopefully this is not a heavy (texture) cake
4. E nakunaku ana te kiko	d. I'll make a sandwich with tomato and beetroot
5. Kia kōpūtoitoi hoki, kāore au i te rata ki te keke maroke	e. This food has been baked hard / burnt
6. Te tūmanako, kia āhua kōmāmā te keke nei	f. This apple is really crispy!
7. Kei te whakatiki au	g. The meat is just falling off the bone
8. Kāore pea i tino tika te maoatanga	h. Make sure it's moist too! I don't like dry cakes
9. E mōwhakiwhaki ana ētahi wāhanga o te kiko	i. I'll make a sandwich with coleslaw and chicken
10. He pakapaka te kai nei	j. Do you want some of this (of what I am having)?
11. Te pakē hoki o te āporo nei!	k. Maybe it wasn't cooked properly
12. He pēnei māu?	l. Some of the flesh is brittle

Rātū – Tuesday

 30-minute challenge

You are going to do a practical activity today – some baking! Study the *kupu āwhina*, then off you go. I have put the translation in the answer section but try not to look unless you absolutely have to. Following the instructions and preparation time should take you about 30 minutes, so that part is your 30-minute challenge! The cooking part can be done when you are ready.

Kupu āwhina: **roroa** – *courgette*
heahea te tapahi – *roughly chopped*
hinu kokonati – *coconut oil*
kua rewa – *melted*
peru penupenu – *ground almonds*
here kore – *free range*
kōkō – *cocoa*
pēkana paura – *baking powder*
whakahinuhinu – *grease*
pae kōmeke – *cupcake tray*
tāwhirowhiro – *blender*
kūrarirari – *sloppy*
ranunga – *mixture*
whakanikoniko – *decorate*

Roroa Tiakarete

Ngā whakauru

Kia rua kapu roroa kua heahea te tapatapahia
Kia haurua kapu hinu kokonati, kua rewa
Kia rua kapu peru penupenu
Kia kotahi kapu huka kokonati
Kia whā hēki here kore
Kia kotahi kapu kōkō
Kia kotahi me te haurua kokoiti pēkana paura

Ngā tohutohu

1. Whakamahanatia te umu kia 160°C te pāmahana.
2. Whakahinuhinuhia ngā pae kōmeke, ipu keke kotahi rānei.
3. Tukua ngā whakauru katoa ki te tāwhirowhiro, ka tāwhirowhirotia ai kia kūrarirari rā anō.

4. Riringihia te ranunga ki ngā pae kōmeke, ki te ipu keke rānei.
5. Tunua ki te umu mō te 30–40 meneti.
6. Waiho kia mātao, kātahi ka whakanikonikohia.

Rāapa – Wednesday

You're likely to ask or get asked 'How many?' or 'How much?' a lot when cooking or sitting down to eat with others, or even at the supermarket, so here's an important phrase to lock in – **Kia hia**.

Kia hia ngā hēki (māu)?	*How many eggs (do you want)?*
Kia hia ngā kokoiti huka?	*How many teaspoons of sugar?*
Kia kotahi te rīwai (māku).	*(I will have) 1 potato please.*
Kia rua ngā paukena (māu)?	*(Do you want) 2 pumpkins?*
Pūnaunau!	*I'm full!*

For this exercise we are going to focus on vegetables. Keep an eye on your pronouns, too, when answering these questions.

```
rīwai – potato     rētihi – lettuce
kīkini – green pepper    pīni – bean
pītau pīni – green bean    kānga – corn
kūmara – sweet potato    kāroti / uhikaramea – carrot
kamoriki – gherkin    riki – onion
nīko – cabbage    korare – silverbeet
rengakura – beetroot    aonanī – brussel sprout
uhikura – radish    hirikakā – chilli
huamata – salad    roi huamata – coleslaw
```

 30-minute challenge

1. **Whakautua ngā pātai mō ia whakaahua.**
1. *Answer the questions about each picture.*

   1. Kia hia ngā kānga mā koutou?
      Kia ono ngā kānga **mā mātou**

   2. Kia hia ngā rau rētihi mā kōrua?
      _____

   3. Kia hia ngā riki māu?
      _____

4. Kia hia ngā niko māu?
   _____

5. Kia hia ngā korare mā tāua?
   _____

6. Kia hia ngā puananī mā tātou?
   _____

7. Kia hia ngā rengakura mā te whānau?
   _____

8. Kia hia ngā hirikakā mā rāua?
   _____

9. Kia hia ngā kamoriki mā rātou?
   _____

10. Kia hia ngā kāroti māu?
    _____

2. Hōmai te kupu hei whakaea i ēnei tīwhiri.
2. Guess the word for the sensation being described.

> kakukaku
> pakapaka   pakē   pūioio
> nakunaku   kōpūtoitoi

1. Koinei te āhua mēnā rā ka wera i a koe te kai

2. He mīti tino uaua nei te tīhaehae ki te niho
   _____

3. Anō nei e makere noa mai ana i te whēua
   _____

4. Ka ngau te āporo, ka rongo koe i tēnei, mēnā rā he āporo pai
   _____

5. He tiakarete, he kōura te mōkihi
   _____

Rāpare – Thursday

In today's exercises we are going to focus on fruit.

> tarata – lemon
> huakiwi – kiwifruit rōpere – strawberry
> rāhipere – raspberry pītiti – peach
> āporo – apple patatini kuihi – gooseberry
> tūrutu – blueberry kerepe – grape
> maika – banana ārani – orange
> pea – pear

 30-minute challenge

1. Whakamāoritia ēnei rerenga kōrero. Whakamahia te kupu *hōmai* ki te tīmatanga.

1. *Translate these sentences into Māori. Use the word **hōmai** or 'give (to me)' at the start of each sentence.*

   1. I will have 2 apples
      Hōmai kia rua ngā āporo māku

   2. We (2) will have a dozen lemons

   3. I will have 10 grapes

   4. They (2) will have 6 bananas

   5. I will have 1 orange

   6. I will have 2 kiwifruit

   7. We (7) will have 7 peaches

   8. I will have 15 strawberries

   9. I will have 1 raspberry

   10. I will have a box of fruit, half gooseberries, half blueberries

2. Hōmai te kupu hei whakaea i ēnei tīwhiri.
2. *Guess the word for the object being described.*

> tēpu   ranu
> umu   pūhā
> ngaruiti   māripi

1. Koinei te taputapu hei tunu i ō kai
   _____

2. Koinei te taputapu hei whakamahana i ō kai
   _____

3. Koinei te taputapu hei tapahi i ō kai
   _____

4. Koinei te taputapu e noho nei ō kai ki runga
   _____

5. Koinei te kīnaki mō ō kai
   _____

Rāmere – Friday

 30-minute challenge

1. Whakarongo ki te pāhorangi mō tēnei wiki:
1. *Listen to this week's podcast at:*

 www.MaoriMadeEasy2.co.nz

2. Whakaotia tēnei pangakupu.
2. *Complete the crossword.*

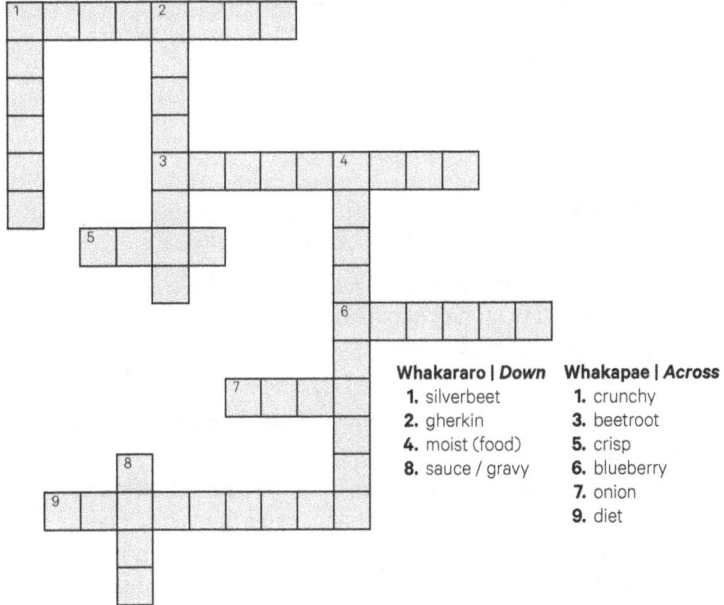

Whakararo | *Down*
1. silverbeet
2. gherkin
4. moist (food)
8. sauce / gravy

Whakapae | *Across*
1. crunchy
3. beetroot
5. crisp
6. blueberry
7. onion
9. diet

Weekend Word List

Huarahi	Road
Ngōki	Crawl
Huri	Turn
Matau	Right
Maui	Left
Tōtika	Straight
Haere	Go
Koki	Corner
Tū	Stop
Tuku	Give way
Arahanga	Bridge
Whakawhiti	Cross over
Huarahi matua	Motorway
Kiromita	Kilometre
Tawhiti	Distance

WEEK FIFTY-EIGHT
Asking for and giving directions

Whakataukī o te wiki
Proverb of the week
He ua ki te pō, he paewai ki te ao
Rain at night, eels in the day (optimism)

He Tauira Kōrero

Kei te hautū haere a Mere rāua ko Māka ki roto o Tāmaki.

Māka: Te hōhā hoki o tēnei tāone! He maha rawa ngā waka! Ngōki ki hea, ngōki ki hea, tētahi tāone pokokōhua!

Mere: Kia mauri tau koe, Māka. Mōhio tonu koe, he take nui i haere mai ai tāua ki konei, ko te huritau o tō tāua tino hoa, o Maiana.

Māka: He tika tāu. He aha ngā tohutohu a Matua Kūkara e tae ai tāua ki te whare o Maiana?

Mere: Kei Papakura tāua ināianei . . . hei tāna, me haere tonu mā te huarahi matua, me whakawhiti i te arahanga nui o Tāmaki, kia tae atu ki Takapuna, me wehe i te huarahi matua. Huri matau i ngā pou rama tuatahi. Haere tōtika ki te huarahi o Moana. Kātahi ka huri maui, ka haere tonu mō te kotahi kiromita. Kātahi ka huri matau, ā, koirā te huarahi kei reira te whare o Maiana.

Māka: Pēhea te tawhiti i konei ki korā?

Mere: Rua tekau mā rima kiromita pea.

Māka: E hia te roa kia tae atu?

Mere: Kei te āhua o ngā pokokōhua huarahi nei, engari i tōna tikanga, e rua tekau meneti.

Māka: Ki ō whakaaro, i tika tā tāua haere mai mā Tauranga? Ka mahue rānei te haere mā Rotorua, he tere ake hoki?

Mere: I pai tonu te haere mā Tauranga. Kotahi rau kiromita te tawhiti i reira ki Tāmaki, kotahi rau kiromita hoki te tawhiti i Rotorua ki Tāmaki, nō reira, ehara i te aha.

Giving directions while travelling in a car is, believe it or not, a fun thing to do. It is quite challenging, unless you've had a bit of practice at it and have learnt the basic vocabulary you need. So, with that in mind, let's practise! You will find that you will frequently start your sentence with **Me**. Some people will tell you that this is a mild form of command, issued in a very polite way, however, that all depends on the tone of voice! When using **Me** you are suggesting that something should be done, or an action should happen.

Me haere tōtika	*Go straight*
Me huri matau	*Turn right*
Me huri maui	*Turn left*

The question form of a **Me** sentence for directions will look like this:

Me haere ki hea?	*Where shall I go?*
Me ahu ki hea?	*Which direction shall I go?*
Me huri ki hea?	*Where shall I turn?*

A very important thing to remember when using **Me** is to never ever make the verb that follows it passive: *me kōrerotia* or *me tangohia* are grammatically incorrect and big mistakes!

HARATAU – PRACTICE

Rāhina – Monday

 30-minute challenge

1. **Tirohia te mahere nei, ka tohutohu i tō hoa kia tae ki te whare karakia. Tuhia ō tohutohu. Kia neke atu i te toru tohutohu.**
1. *Look at the map and give your friend directions to get to the church. Write down your directions. Give at least three directions.*

1. _____
2. _____
3. _____
4. _____
5. _____

2. Tirohia te mahere nei, ka tohutohu i tō hoa kia tae ki te kura. Tuhia ō tohutohu. Kia neke atu i te toru tohutohu.

2. Look at the map and give your friend directions to get to the school. Write down your directions. Give at least three directions.

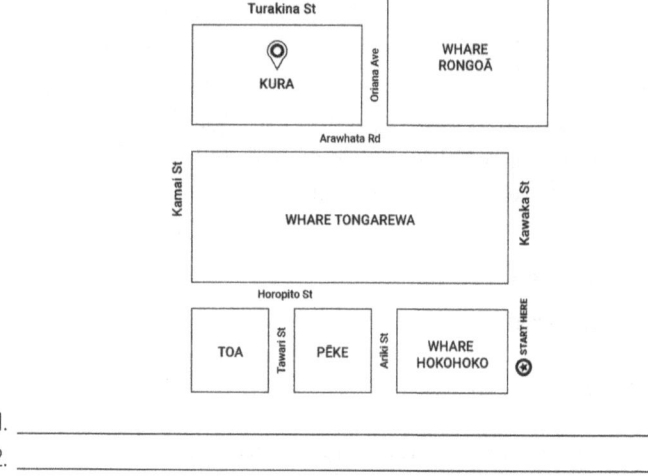

1. _____
2. _____
3. _____
4. _____
5. _____

3. Tirohia te mahere nei, ka tohutohu i tō hoa kia tae ki te whare wānanga. Tuhia ō tohutohu. Kia neke atu i te toru tohutohu.

3. Look at the map and give your friend directions to get to the university. Write down your directions. Give at least three directions.

1. _____
2. _____
3. _____
4. _____
5. _____

Rātū – Tuesday

30-minute challenge

1. Tuhia he whakaahua o ēnei tohutohu.
1. Draw pictures of these directions.

1. Me puta koe i tō whare	2. Tukatukahia tō waka	3. Me huri matau
4. Me hipa i te kura	5. Me piki i te puke	6. Me tū ki ngā pou rama
7. Me huri mauī i te koki	8. Me haere tōtika	9. Me hipa i te whare kararehe
10. Me whakawhiti i te arahanga	11. Me huri mauī	12. Ko tōku whare te nama 40

2. Tuhia he whakaahua o ēnei tohutohu.
2. Draw pictures of these directions.

Kupu āwhina: rewarangi – *pedestrian crossing*
pūtake – *base of hill or mountain*

1. Me puta koe i te kura	2. Me piki koe i tō pahikara	3. Me huri mauī
4. Me hipa i te toa	5. Me heke i te puke	6. Me huri matau i te pūtake
7. Me whakawhiti i te rewarangi	8. Me haere tōtika mō te rua kiromita	9. Me huri mauī i ngā pou rama
10. Me whakawhiti i te arahanga	11. Me huri matau	12. Koinei te huarahi o Moananui

Rāapa – Wednesday

 30-minute challenge

1. **Whakapākehātia te wāhanga tuatahi o te kōrero i waenganui i a Mere rāua ko Māka.**
1. *Translate into English, the first part of the dialogue between Mere and Māka.*

   Kei te hautū haere a Mere rāua ko Māka ki roto o Tāmaki.

   Māka: Te hōhā hoki o tēnei tāone! He maha rawa ngā waka! Ngōki ki hea, ngōki ki hea, tētahi tāone pokokōhua!

   Mere: Kia mauri tau koe, Māka. Mōhio tonu koe, he take nui i haere mai ai tāua ki konei, ko te huritau o tō tāua tino hoa, o Maiana.

   Māka: He tika tāu. He aha ngā tohutohu a Matua Kūkara e tae ai tāua ki te whare o Maiana?

   Mere: Kei Papakura tāua ināianei . . . hei tāna, me haere tonu mā te huarahi matua, me whakawhiti i te arahanga nui o Tāmaki, kia tae atu ki Takapuna, me wehe i te huarahi matua.

   Huri matau i ngā pou rama tuatahi. Haere tōtika ki te huarahi o Moana.

Rāpare – Thursday

 30-minute challenge

1. **Whakapākehātia te wāhanga tuarua o te kōrero i waenganui i a Mere rāua ko Māka.**
1. *Translate into English, the second part of the dialogue between Mere and Māka.*

   Kātahi ka huri mauī, ka haere tonu mō te kotahi kiromita.

Kātahi ka huri matau, ā, koirā te huarahi kei reira te whare o Maiana.

Māka: Pēhea te tawhiti i konei ki korā?

Mere: Rua tekau mā rima kiromita pea.

Māka: E hia te roa kia tae atu?

Mere: Kei te āhua o ngā pokokōhua huarahi nei, engari i tōna tikanga, e rua tekau meneti.

Māka: Ki ō whakaaro, i tika tā tāua haere mai mā Tauranga? Ka mahue rānei te haere mā Rotorua, he tere ake hoki?

Mere: I pai tonu te haere mā Tauranga. Kotahi rau kiromita te tawhiti i reira ki Tāmaki, kotahi rau kiromita hoki te tawhiti i Rotorua ki Tāmaki, nō reira ehara i te aha.

Rāmere – Friday

 30-minute challenge

1. **Whakarongo ki te pāhorangi mō tēnei wiki:**
1. *Listen to this week's podcast at:*

  www.MaoriMadeEasy2.co.nz

2. Whakaotia tēnei pangakupu.
2. *Complete the crossword.*

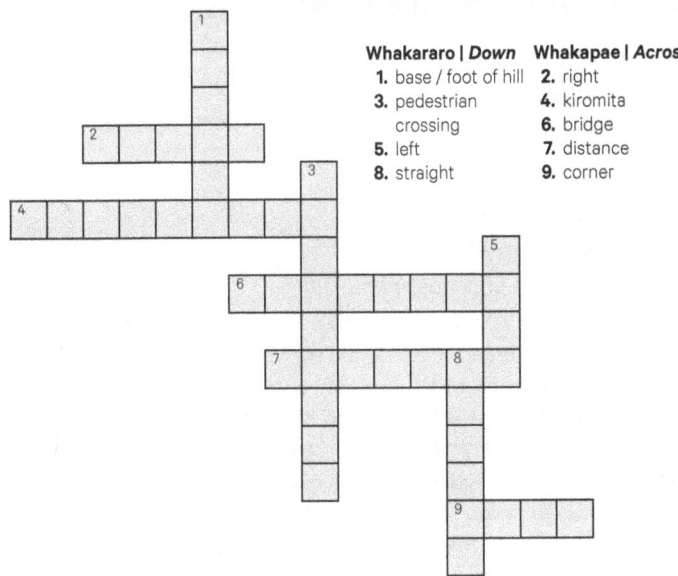

Whakararo | *Down*
1. base / foot of hill
3. pedestrian crossing
5. left
8. straight

Whakapae | *Across*
2. right
4. kiromita
6. bridge
7. distance
9. corner

Weekend Word List

Rīpeka	Ex-partner
Pahū	Explode
Whakarākai	Get flashed up
Kōpā	Overcrowded / Packed
Pāparakāuta	Pub
Uru	Enter / Go into
Tū te puehu	Conflict ('dust flying')
Ata pongipongi	Early hours of the morning
Pātuhi	Text
Hemo	Wasted / Struggling / No strength
Rangi	Tune
Tiripapā	Fireworks
Porotiti	Wheels

WEEK FIFTY-NINE
More skills for telling a story

Whakataukī o te wiki
Proverb of the week
Me te wai kōrari
Like the nectar of the flax flower (sweet)

He Tauira Kōrero
Kei runga a Mere rāua ko Māka i te pahi.
Māka: Kōrero mai mō tō pō inapō, e hoa.
Mere: I tīmata mātou ki te whare o Kahu. Ka kai, ka kōrero, mea rawa ake ka kī a Kahu, me haere ki te tāone inu ai. Whakaae katoa ana mātou. Nō reira, ka whakarākai mātou, ka waea atu ki te Uber. Nā wai rā, ka tae mai te Uber, kōpā katoa ana mātou ki roto. Kāore i roā, ka tae atu ki te pāparakāuta tuatahi, ko 'Mihi Mai' te ingoa. Uru ana mātou, pahū ana a Terehia i te kitenga o tana rīpeka i te taha o tana wahine hōu. Tere tonu ana tā mātou puta i reira, kei tū te puehu! Kātahi mātou ka haere ki te pāparakāuta tuarua, ko 'Ka taka te Pō' te ingoa. Rawe, e hoa, kanikani pai ana mātou ki ngā waiata, pau ana te kaha ki te inuinu i ngā inu maha. I rawe! Nō te rua karaka i te ata pongipongi nei ka hoki au ki te kāinga. Ao ake te ata, ka haere au ki te whakangungu, ka pātuhi ki ngā hoa kia kite ai pēhea ana rātou. Hemo katoa ana rātou i te ata nei, e hoa, ka aroha kē hoki!
Māka: Waimarie koe i āhua moata tō hoki ki te kāinga, nē?
Mere: Āe, e hoa . . . oh, tētahi atu kōrero i puta i te pō rā, kua wehe a Tame rāua ko Hine!
Māka: I nē? E kī, e kī!
Mere: Āe . . . tae atu ana a Hine ki te kāinga i tētahi rā, i reira a Tame me tētahi wahine nō tana wāhi mahi! Haukerekerehia ana a Tame e Hine, panaia atu ana i te whare!
Māka: Kātahi rā hoki!

Towards the end of *Māori Made Easy* (Week Twenty-Seven to be exact!) we learnt how to tell a story or, for example, recall an event from the previous night by using the particle **ka** to introduce the flow of actions in the story. **Ka** is the key to telling a story! Its primary function is to introduce an action or a verb. It does not indicate a tense. The tense is usually set by other means or by the context in which the **ka** has been used, like this:

I tērā wiki, ka wehe te whānau i Rotorua ki Tāmaki
Last week, the family left Rotorua for Auckland

Inanahi, ka haere a Mere ki te whare o tōna hoa
Yesterday, Mere went to her friend's house

Āpōpō, ka karanga te iwi i te manuhiri
Tomorrow the tribe will call the visitors

As you can see, the tense is set by **I tērā wiki**, **Inanahi** and **Āpōpō**. The **ka** introduces the action. Other key phrases to use when telling a story are:

Nā wai rā	Eventually
Ao ake te ata	The next day
I tētahi rā	One day
Kāore i roa	It wasn't long
Mea rawa ake	Next minute
Kātahi ka	And then
ā	and

These help to link your story together. Another common characteristic of storytelling is the use of **ana**. So far you have learnt to use **ana** in a present-tense action phrase in conjunction with **e**. For example:

E noho ana mātou	We are sitting
E kai ana ngā tamariki i ngā āporo	The kids are eating the apples
Kei roto i te whare rāua e inu ana	They are in the house drinking

Quite often, when you are in the flow of your story, you will use **ana** but not **e**. This is common and acceptable in conversational language, especially when you are telling a story.

Tae atu ana mātou, kua moe kē rātou	When we arrived there, they were already asleep
Kātahi a Mere ka kite i tana rīpeka, pahū ana ia!	Then Mere saw her ex and blew her stack!
Ka noho, ka tatari, hōhā ana a Timi, ka wehe!	We stayed, we waited, then Timi got fed up and left!

HARATAU – PRACTICE

Rāhina – Monday

 30-minute challenge

1. **Pānuitia te kōrero i waenganui i a Mere rāua ko Māka, ka tuhi ai i ngā rerenga *ana*. Kātahi ka whakapākehātia.**
1. *Read the conversation between Mere and Māka and write down any sentences that use **ana**. Then translate into English.*

   1. _____
      Whakapākehātanga: _____

   2. _____
      Whakapākehātanga: _____

   3. _____
      Whakapākehātanga: _____

   4. _____
      Whakapākehātanga: _____

   5. _____
      Whakapākehātanga: _____

   6. _____
      Whakapākehātanga: _____

   7. _____
      Whakapākehātanga: _____

   8. _____
      Whakapākehātanga: _____

   9. _____
      Whakapākehātanga: _____

   10. _____
       Whakapākehātanga: _____

11. _____
    Whakapākehātanga: _____

12. _____
    Whakapākehātanga: _____

Rātū – Tuesday

30-minute challenge

1. **Whakaraupapahia ēnei rerenga kōrero kia tika ai te takoto o te kōrero i waenganui i Mere rāua ko Māka.**
1. *Put the following sentences in order so that the dialogue between Mere and Māka makes sense.*
   a. Kātahi mātou ka haere ki te pāparakāuta tuarua, ko 'Ka taka te Pō' te ingoa.
   b. Hemo katoa ana rātou i te ata nei, e hoa, ka aroha kē hoki!
   c. Ka kai, ka kōrero, mea rawa ake, ka kī a Kahu, me haere ki te tāone inu ai.
   d. I tīmata mātou ki te whare o Kahu.
   e. Nō te rua karaka i te ata pongipongi nei, ka hoki au ki te kāinga.
   f. Kāore i roa, ka tae atu ki te pāparakāuta tuatahi, ko 'Mihi Mai' te ingoa.
   g. Ao ake te ata, ka haere au ki te whakangungu, ka pātuhi ki ngā hoa kia kite ai, pēhea ana rātou.
   h. Nō reira, ka whakarākai mātou, ka waea atu ki te Uber.

   1. _____
   2. _____
   3. _____
   4. _____
   5. _____
   6. _____
   7. _____
   8. _____

Sometimes, when you are telling a story, you may forget a name or the word for an object or item that's in your story ... How do you manage that? Here are the first few phrases for you to learn that you might find handy when you are telling a story!

2. Kimihia te whakamārama tika mō ēnei rerenga kōrero. Tuhia he rārangi i te rerenga reo Māori ki tōna hoa reo Pākehā.

2. Match the sentences on the left to the correct meanings on the right. Draw a line to the correct meaning.

1. Taihoa ake nei

2. He aha anō te kupu mō . . .

3. Ko wai anō te ingoa o te hoa o . . .?

4. He pēnei te āhua o te mea nei . . .

5. He pēnei te nui o te mea nei

6. Kei te mārama koe?

a. What's the word again for . . .

b. This thing (I'm talking about) looks like this . . .

c. This thing (I'm talking about) was this big

d. Do you understand?

e. Hang on a minute (gives you time to think!)

f. What's the name of . . . friend again?

Rāapa – Wednesday

Of course, there are times when you won't be telling the story, someone else will be. So what do you say if you are not following or don't understand a word? Let's start off today by learning a few phrases we can use should that kind of scenario arise!

30-minute challenge

1. Kimihia te whakamārama tika mō ēnei rerenga kōrero. Tuhia he rārangi i te rerenga reo Māori ki tōna hoa reo Pākehā.
1. Match the sentences on the left to the correct meanings on the right. Draw a line to the correct meaning.

1. Whakahokia mai anō tō kōrero...?

2. He aha te kupu...?

3. Āta kōrero mai, e hoa

4. Kāore i mau i a au te tikanga o tēnā kōrero...

5. He / I pēhea te āhua?

6. Āe, haere tonu tō kōrero

a. *What's the word...?*

b. *What did it look like? / What was it like?*

c. *Yes, go on with your story*

d. *I didn't catch the meaning of what you said there...*

e. *Can you repeat what you just said?*

f. *(Can you) Talk a bit slower, my friend*

Sounds are also prevalent during storytelling... the barking of the dog, the explosion of the fireworks at the concert, the crash that happened between two cars, the trickling of the rain which meant you didn't sleep well! Let's look at some adjectives to describe sounds.

2. Kōwhiria te kupu tika mō ia pikitia. Kua hoatu te tuatahi.
2. Choose the correct word for each picture. The first one has already been done.

> turuturu
> haruru   hotuhotu
> pahū   hihī   korowhiti
> tanguru   korihi
> ngē   tīoro   ngengere
> mapu

auau

Rāpare – Thursday

30-minute challenge

1. **Whakamāoritia ēnei rerenga kōrero.**
1. *Translate into Māori.*
   1. And then the car's wheels made this screeching noise

   2. We (2) jumped the fence, and next minute, we were standing in front of a growling dog

   3. Last night, Mere and I went to watch the fireworks exploding in the sky

   4. We (3) then heard this plane humming above us

5. The next morning, Mere was sick and sobbing hard out

6. We (6) met this man, and he was whistling a tune we knew

7. We (4) were in the pub dancing, and then water started trickling from the roof

8. I heard the chirping of birds, I saw the trees, I saw the beautiful buildings, I saw the . . . what's the word for statue?

9. We got on the bus at 2pm and sat down. Then . . . what's Hēmi's friend's name again? Yes, then he got on the bus

10. We (5) started to cross the road, then we heard the rumbling of a truck, so we ran

Rāmere – Friday

 30-minute challenge

1. **Whakarongo ki te pāhorangi mō tēnei wiki:**
1. *Listen to this week's podcast at:*

 www.MaoriMadeEasy2.co.nz

2. Whakaotia tēnei pangakupu.
2. Complete the crossword.

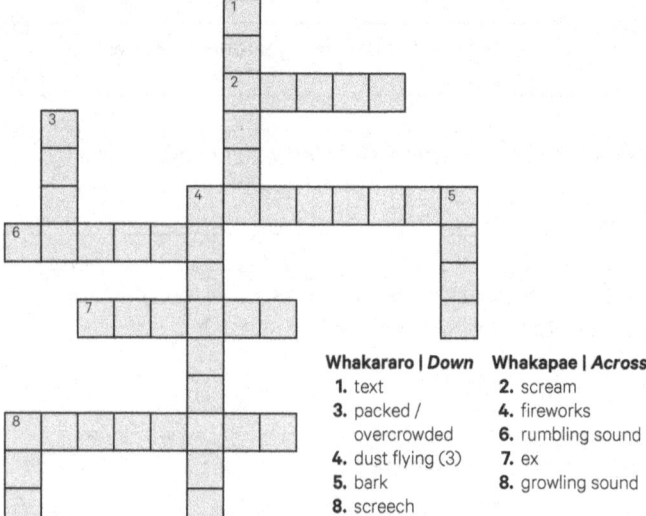

Whakararo | *Down*
1. text
3. packed / overcrowded
4. dust flying (3)
5. bark
8. screech

Whakapae | *Across*
2. scream
4. fireworks
6. rumbling sound
7. ex
8. growling sound

No weekend word list this weekend, e hoa mā, but prepare for next week! It's your final revision week. A week designed to test where you're at, and if you are beginning to comprehend sentence structures and understand the language!

WEEK SIXTY
Wiki Huritao – Revision week

Whakataukī o te wiki
Proverb of the week
He kōpara kai rērere
A flitting bellbird (she looks good, sounds good but she flits about everywhere)

Rāhina – Monday

 30-minute challenge

Pānuitia tēnei kōrero kei waenganui i a Mere rāua ko Māka nō te Wiki Rima Tekau Mā Whitu, ka tuhi ai i ō whakautu ki ngā pātai.
Read the dialogue between Mere and Māka from Week Forty-Seven, then answer the questions.

Kei te noho a Mere rāua ko Māka ki te kai.
Mere: He aha māu, e Māka?
Māka: Ka mahi hanawiti au ki te tōmato, te rengakura, te roi huamata me te heihei.
Mere: Anei rā ngā momo ranu hei kīnaki i tō hanawiti.
Māka: Tēnā koe! Hōmai te kiri o te heihei, he pai ki a au te kakukakutanga o te kiri.
Mere: Kāore pea i tino tika te maoatanga o te heihei nei, e mōwhakiwhaki ana ētahi wāhanga o te kiko, he pakapaka ētahi wāhanga, i hoko i hea?
Māka: I te hokomaha tonu.
Ka ngau a Mere i tētahi o ngā āporo.
Māka: Kei te pēhea ngā āporo, he pai?
Mere: Pakē ana, e hoa, he reka!
Māka: Mā te aha i tēnā! I hoko keke hoki au hei tōwhiro mā tāua.
Mere: Koia kei a koe! Te tūmanako, kia āhua kōmāmā te keke nei, kei te whakatiki au.
Māka: Kia kōpūtoitoi hoki, kāore au i te rata ki te keke maroke.
Mere: Hā, hā! Mō te tātā kai, kāore he painga i a tāua, Māka.
Māka: He tika tāu. Tēnā, hōmai te waewae o te heihei rā, e nakunaku ana te kiko i reira.
Mere: Anei rā, kia pai te kai! Mauri ora!

1. Kei te mahi a Māka i tana hanawiti ki te aha?

___

2. Tuhia ngā kupu kei te ngaro: 'Te _____, kia _____ te keke nei, kei _____ au.'
3. E pirau ana, e pakē ana rānei te āporo?
   _____
4. He pai ki a Māka te aha o te kiri o te heihei?
   _____
5. I hokona te heihei e wai, i hea?
   _____
6. Ko tēhea te whakapākehātanga tika mō, 'e nakunaku ana te kiko . . .'?
   a. the meat is tough
   b. the meat is falling off (the bone)
   c. the meat is tender
7. He aha te kupu Pākehā mō 'kōpūtoitoi'?
   _____
8. I hoko aha hei towhiro mā rāua?
   _____
9. Tuhia ngā kupu kei te ngaro: 'Mō _____ _____ kai, _____ _____ _____ i a tāua'
   _____
10. Whakapākehātia tēnei rerenga: 'Kia pai te kai, mauri ora!'
    _____

Rātū – Tuesday

 30-minute challenge

Pānuitia tēnei kōrero kei waenganui i a Mere me Māka, ka tuhi ai i ō whakautu ki ngā pātai.
Read the dialogue between Mere and Māka, then answer the questions.
Māka: Te hōhā hoki o tēnei tāone! He maha rawa ngā waka! Ngōki ki hea, ngōki ki hea, tētahi tāone pokokōhua!
Mere: Kia mauri tau koe, Māka. Mōhio tonu koe, he take nui i haere mai ai tāua ki konei, ko te huritau o tō tāua tino hoa, o Maiana.
Māka: He tika tāu. He aha ngā tohutohu a Matua Kūkara e tae ai tāua ki te whare o Maiana?
Mere: Kei Papakura tāua ināianei . . . hei tāna, me haere tonu mā te huarahi matua, me whakawhiti i te arahanga nui o Tāmaki, kia tae atu ki Takapuna, me wehe i te huarahi matua. Huri matau i ngā pou rama tuatahi. Haere tōtika ki te huarahi o Moana. Kātahi ka huri mauī, ka haere tonu mō te kotahi kiromita. Kātahi ka huri matau, ā, koirā te huarahi kei reira te whare o Maiana.

Māka: Pēhea te tawhiti i konei ki korā?
Mere: Rua tekau mā rima kiromita pea.
Māka: E hia te roa kia tae atu?
Mere: Kei te āhua o ngā pokokōhua huarahi nei, engari i tōna tikanga, e rua tekau meneti.
Māka: Ki ō whakaaro, i tika tā tāua haere mai mā Tauranga? Ka mahue rānei te haere mā Rotorua, he tere ake hoki.
Mere: I pai tonu te haere mā Tauranga. Kotahi rau kiromita te tawhiti i reira ki Tāmaki, kotahi rau kiromita hoki te tawhiti i Rotorua ki Tāmaki, nō reira ehara i te aha.

1. He aha te take kei Tāmaki rāua?

2. Tuhia ngā kupu kei te ngaro: 'Me _____ mā _____ _____,'

3. E whai ana i tō whakautu ki te pātai 2, tuhia te roanga o ngā tohutohu kia tae ki te whare o Maiana.

4. E hia te roa kia tae atu i Papakura ki te whare o Maiana?

5. He aha a Māka i hōhā ai ki a Tāmaki?

6. Ko tēhea te whakapākehātanga tika mō, 'He aha ngā tohutohu a Matua Kūkara?'
    a. What are Uncle Google's directions?
    b. What is Uncle Google doing?
    c. Can you ask Uncle Google?

7. He aha ngā kupu Pākehā mō 'haere tōtika'?

8. He aha ngā kupu Pākehā mō 'huri matau'?

9. I haere rāua mā Tauranga, mā Rotorua rānei?

10. Ko wai kei te hautū?

Rāapa – Wednesday

 30-minute challenge

Pānuitia tēnei kōrero kei waenganui i a Mere me Māka, ka tuhi ai i ō whakautu ki ngā pātai.

Read the dialogue between Mere and Māka, then answer the questions.

Kei runga a Mere rāua ko Māka i te pahi.

Māka: Kōrero mai mō tō pō inapō, e hoa.

Mere: I tīmata mātou ki te whare o Kahu. Ka kai, ka kōrero, mea rawa ake, ka kī a Kahu, me haere ki te tāone inu ai. Whakaae katoa ana mātou. Nō reira, ka whakarākai mātou, ka waea atu ki te Uber. Nā wai rā, ka tae mai te Uber, kōpā katoa ana mātou ki roto. Kāore i roa, ka tae atu ki te pāparakāuta tuatahi, ko 'Mihi Mai' te ingoa. Uru ana mātou, pahū ana a Terehia i te kitenga o tana rīpeka i te taha o tana wahine hōu. Tere tonu ana tā mātou puta i reira, kei tū te puehu! Kātahi mātou ka haere ki te pāparakāuta tuarua, ko 'Ka taka te Pō' te ingoa. Rawe, e hoa, kanikani pai ana mātou ki ngā waiata, pau ana te kaha ki te inuinu i ngā inu maha. I rawe! Nō te rua karaka i te ata pongipongi nei, ka hoki au ki te kāinga. Ao ake te ata, ka haere au ki te whakangungu, ka pātuhi ki ngā hoa kia kite ai pēhea ana rātou. Hemo katoa ana rātou i te ata nei, e hoa, ka aroha kē hoki!

Māka: Waimarie koe i āhua moata tō hoki ki te kāinga, nē?

Mere: Āe, e hoa . . . oh, tētahi atu kōrero i puta i te pō rā, kua wehe a Tame rāua ko Hine!

Māka: I ne? E kī, e kī!

Mere: Āe . . . tae atu ana a Hine ki te kāinga i tētahi rā, i reira a Tame me tētahi wahine nō tana wāhi mahi! Haukerekerehia ana a Tame e Hine, panaia atu ana i te whare!

Māka: Kātahi ra hoki!

1. I tīmata te pō o Mere ki hea?

   _____

2. I pēhea tā rātou noho ki roto i te Uber?

   _____

3. Ko hea te ingoa o te pāparakāuta tuatahi?

   _____

4. Tuhia ngā kupu kei te ngaro: '_____ _____
   a Tame _____ _____, _____ _____
   _____ i te whare'

5. He aha ā rātou mahi i te whare 'Ka taka te Pō'?

   _____

6. Meka (*true*) / Teka (*false*) rānei: Nō te toru karaka i hoki ai a Mere ki te kāinga?
   _____

7. He aha ia i pātuhi ai ki ōna hoa?
   _____

8. He aha te whawhewhawhe nui i puta i te pō rā?
   _____

9. Nō wai te whakaaro kia haere ki te tāone?
   _____

10. Whakapākehātia ēnei rerenga:
    a. Kātahi rā hoki! = _____
    b. E kī, e kī! = _____
    c. Tere tonu ana tā mātou puta = _____

Rāpare – Thursday

 30-minute challenge

1. **Kimihia ngā kupu.**
1. *Find the words.*

I	T	K	C	I	K	U	K	A	R	A	T	U	P	D
M	A	U	O	S	H	A	H	I	Q	I	S	R	S	Z
X	U	K	R	D	K	A	H	A	O	D	S	U	Y	G
M	I	U	A	U	A	U	R	R	P	O	D	R	Y	G
K	V	N	K	R	T	M	O	A	I	N	R	A	N	U
W	A	A	G	A	A	U	Z	E	U	R	S	H	I	A
W	K	M	P	E	M	K	R	T	A	H	M	T	X	H
U	A	T	A	M	A	T	A	U	M	A	I	P	K	A
M	D	T	H	Q	U	X	O	H	W	H	T	O	I	E
A	U	K	A	J	H	L	A	T	W	X	P	R	R	E
O	D	T	P	T	I	N	Y	O	I	Z	Y	O	I	B
I	K	J	B	L	O	T	R	M	K	K	R	T	K	L
N	J	C	W	M	R	O	X	J	E	N	A	I	A	H
R	E	N	G	A	K	U	R	A	R	M	D	T	D	B
E	R	A	M	E	R	A	M	Q	O	K	C	I	W	G

ERO	HARURU	HUARAHI
KAKUKAKU	KIKO	KIRIKĀ
KOROWHITI	KŪKARA	MAREMARE
MATAU	MAUĪ	NGĒ
PAHŪ	PĀTUHI	POROTITI
RANU	RENGAKURA	ROIHUAMATA
TIORO	TŌTIKA	TURUTURU

2. **Ināianei, kōwhiria kia ono o ēnei kupu hei whakauru māu ki ētahi rerenga, ka rite tonu te whakamahia e koe.**
2. *Now, choose six of these words and create a sentence for each word. Try to create a sentence you think you will use regularly.*

   1. _____
   2. _____
   3. _____
   4. _____
   5. _____
   6. _____

Rāmere – Friday

 30-minute challenge

1. **Whakarongo ki te pāhorangi mō tēnei wiki, he momo whakamātautau whakarongo kei reira.**
1. *Listen to this week's podcast, a listening test has been prepared for you.*

 www.MaoriMadeEasy2.co.nz

ANSWERS

WEEK THIRTY-ONE
Rāhina – Monday
1. **Whakaotia te pangakupu nei.**
1. *Complete the following crossword.*
   Whakararo | Down
   1. KINO
   2. HŌHĀ
   4. MATAKU
   7. NGARO
   8. WAREWARE
   11. TIKA
   14. EA
   15. WHARA
   17. MUTU
   Whakapae | Across
   2. HINGA
   3. RIRO
   5. MĀKONA
   6. PAKARU
   9. WHĀNAU
   10. ORA
   11. TUMEKE
   12. OTI
   13. MAHUE
   15. WERA
   16. MAU
   18. PARU
   19. TŪ
2. **E nanu ana ēnei kupu, māu e whakaraupapa.**
2. *Unscramble the words in these sentences.*
   1. Ka ora au i a koe
   2. Kua pau tana pūtea i tana wahine
   3. I riro te whenua i te tama mātāmua
   4. Ka paru tō tātou whare i a rātou
   5. I kino te huritau i a koe

Rātū – Tuesday
1. **Whakamahia ngā whakaahua ki te whakautu i ngā pātai. Tuhia te katoa o te rerenga.**
1. *Use the pictures to answer the questions. Write the whole sentence.*
   1. Kua oti i te koroua te whare te hanga
   2. Kua pakaru i ngā tamariki te matapihi o te whare
   3. I ngaro i a Mere te pōro
   4. I pau i te kurī te kai a te ngeru
   5. Kua paru i a rāua / i ngā tamariki te whāriki
   6. I mataku i te ngeru te manu
   7. I mākona i te kuia te maroketanga o te korokoro
   8. I hinga i a rāua / i ngā tāne te rākau
   9. I oti i ngā tamariki ngā pukapuka te pānui

2. **Whakaurua te mea tika o ēnei:** *hinga, riro, mate, māku, ora, paru, mataku, mahue, mākona, kī.*
2. *Complete the sentences by inserting the right stative verb:* ***hinga, riro, mate, māku, ora, paru, mataku, mahue, mākona, kī.***
   1. Kua <u>riro</u> te pēke i te tama
   2. Kua <u>māku</u> te pouaka i te wai
   3. I <u>paru</u> te tīhate i te tākaro whutupōro
   4. I <u>mahue</u> te pahikara i te wahine
   5. Kua <u>kī</u> te kete i ngā pene

Rāapa – Wednesday
1. **Pānuitia tēnei kōrero kei waenganui i a Atawhai me Anaru, ka tuhi ai i ngā rerenga kōrero e whakamahi ana i te *tonu*.**
1. *Read the dialogue between Atawhai and Anaru, then write down any sentences that use* ***tonu***.
   1. Kī tonu te puku i te kai
   2. Mataku tonu ētahi i tēnā āhuatanga
   3. Tumeke tonu mātou i te whakatau
   4. Whakamā tonu au i te korenga ōku i tohe atu
   5. Whakamā tonu au i taku noho wahangū

2. **Ināianei me whakapākehā aua rerenga kōrero e rima.**
2. *Now translate those five sentences into English.*
   1. The stomach was (absolutely) full of food
   2. Some are (very) afraid of that happening
   3. We were (absolutely) shocked by the decision
   4. I am (very) embarrassed at my inability to challenge (them)
   5. I am (very) embarrassed at how I remained silent

Rāpare – Thursday
1. **Whāia ngā tauira o runga nei e huri ai i a koe te rerenga kōrero tūāhua ki te rerenga kōrero hāngū.**
1. *Using the example above, change these stative sentences into passive sentences.*
   Stative sentence
   1. I ora au i a koe
   Active sentence
   I whakaora koe i a au
   Passive sentence
   I whakaorangia au e koe
   Stative sentence
   2. Kua wera i a au te wai
   Active sentence
   Kua whakawera au i te wai
   Passive sentence
   Kua whakawerahia e au te wai
   Stative sentence
   3. Kua tika i te kaiako tō tuhinga
   Active sentence
   Kua whakatika te kaiako i tō tuhinga

Passive sentence
Kua whakatikaina e te kaiako tō tuhinga
Stative sentence
4. I tumeke au i a rātou mō taku huritau
Active sentence
I whakatumeke rātou i a au mō taku huritau
Passive sentence
I whakatumekehia au e rātou mō taku huritau
Stative sentence
5. Kua pau i ngā tamariki ngā tōhi
Active sentence
Kua whakapau ngā tamariki i ngā tōhi
Passive sentence
Kua whakapauā e ngā tamariki ngā tōhi

Rāmere – Friday

2. Whakamāoritia ēnei rerenga kōrero, whakamahia te tūāhua o te kupu *wareware*.

2. *Translate the following sentences using the stative form of* ***wareware***.

1. Kua wareware **i** a koe tō pōtae
2. I wareware i a ia ngā tikiti?
3. I wareware i a koe te wā?
4. Kua wareware i a rātou ngā tāwiri / kī
5. Ka wareware i te kurī tana whēua

3. Ināianei whakamāoritia ēnei rerenga kōrero engari me kupumahi te kupu *wareware*.

3. *Now translate the following sentences but this time use the normal verb form of* ***wareware***.

1. I wareware koe ki te waea mai
2. I wareware te iwi ki te pōwhiri i te Pirimia
3. Kāore e kore ka wareware ia ki te tiki i ngā inu!
4. I wareware te whānau ki ngā tauera
5. I wareware ia ki ngā tōtiti

WEEK THIRTY-TWO

Rāhina – Monday

1. Whakamāoritia ēnei rerenga kōrero, whakamahia te rerenga tūāhua.

1. *Translate the following sentences into Māori using the stative sentence structure.*

1. Kaua e wareware i a koe tō pōtae
2. Kaua e wareware i a kōrua ngā tikiti
3. Kaua e wareware i a koutou ngā pūhiko
4. Kaua e wareware i a koe ngā tāwiri
5. Kaua e wareware i a rāua te kai

2. Ināianei whakamāoritia ēnei rerenga kōrero, engari me whakamahi i te *ki*.

2. *Now translate the following sentences into Māori, but this time use the* ***ki***.

1. Kaua koe e wareware ki te wāea mai
2. Kaua koe e wareware ki te ārai tīkākā
3. Kaua e wareware ki te hoko i ngā inu
4. Kaua e wareware ki te whakatū i te hunuhunu
5. Kaua e wareware ki ngā tōtiti

3. Whakamahia ngā whakaahua nei ki te hanga kōrero *Kei wareware*. Ko te *ki* mō ngā rerenga e toru tuatahi, ko te tūāhua *i* mō ngā rerenga e toru whakamutunga. Whakamahia hoki te *koe* hei tūpou.

3. *Use the pictures to create sentences beginning with* ***Kei wareware***. *Use* ***ki*** *for the first three sentences, and the stative form* ***i*** *for the last three. Use* ***koe*** *as the subject.*

1. Kei wareware koe ki te Kirihimete
2. Kei wareware koe ki te huritau o Rewi
3. Kei wareware koe ki te horoi i te waka
4. Kei wareware i a koe te whāngai i te pēpi
5. Kei wareware i a koe te whakapai i tō moenga
6. Kei wareware i a koe te tāmau / raka i te kūaha

Rātū – Tuesday

1. Porohitatia te TIKA, te HĒ rānei mō ēnei rerenga, ka tuhi ai he aha ai.

1. *Circle CORRECT or INCORRECT for these sentences, then explain why.*

1. Me kōrerotia ki tō hoa	TIKA / **HĒ**	You can't use a passive after **Me**
2. Me taea e koe tēnā mahi	**TIKA** / HĒ	
3. Ka taea e koe, e hoa	**TIKA** / HĒ	
4. Ka taea koe te rākau te piki	TIKA / **HĒ**	The **e** is missing
5. Kua taea e ia i tōna ingoa te tuhi	TIKA / **HĒ**	The **i** is still in the sentence
6. Ka taea e Rewi te whakatika i tō pahikara	**TIKA** / HĒ	
7. I taea e ngā tāne te kawe whaikōrero te hāpai	**TIKA** / HĒ	
8. Me taea e ngā tāne te kawe whaikōrero te hāpai	**TIKA** / HĒ	
9. Kāore e taea e au ki te āwhina i a koe	TIKA / **HĒ**	The **ki** is still in the sentence
10. Me patua e koutou ngā manu rā, he hōhā!	TIKA / **HĒ**	Passive **patua** after the sentence starter **Me**

Rāapa – Wednesday

1. **Whakamāoritia ēnei rerenga kōrero.**
1. *Translate these sentences into Māori.*
   1. Mere: I ahatia tō pona / popoki?
      Māka: I hārautia e au
   2. Mere: I ahatia tō raparapa?
      Māka: I takokitia
   3. Mere: Kei te ahatia tō tuhinga roa?
      Māka: Kei te whakawāngia / mākahia / arotakehia e te kaiako
   4. Mere: Ka ahatia tō ngeru māuiui?
      Māka: Ka whakamatea
   5. Mere: I ahatia tō karu?
      Māka: I marū i a au (marū – *stative verb*)
   6. Mere: I ahatia tō rīrapa?
      Māka: I tīhaea e au
   7. Mere: Ka ahatia tō kakī?
      Māka: Ka hāparaparatia
   8. Mere: Ka ahatia tō whare?
      Māka: Ka hokona
   9. Mere: Kua ahatia tō kanohi?
      Māka: Kua whakarākeitia e au
   10. Mere: Kua ahatia a Anaru?
       Māka: Kua patua e Hēmi

Rāpare – Thursday

1. **Whakaotia ēnei rerenga kōrero, whakaingoatia kia toru ngā mea e hāngai ana i mua i te *aha atu, aha atu*.**
1. *Complete these sentences, name three relevant items before using **aha atu, aha atu**.*

*These are only examples, you may have listed something different

   1. I runga i te tēpu kai te mīti, te rīwai, te kūmara, te aha atu, te aha atu
   2. Kei roto i te pātaka mātao te miraka, te tīhi, ngā hēki, te aha atu, te aha atu
   3. Kei roto i taku whata kākahu he koti, he poraka, he tōkena, he aha atu, he aha atu
   4. Kei roto i te uenuku te waiporoporo, te kōwhai, te karaka, te aha atu, te aha atu
   5. Kua hoki mai au i te hokomaha me te parāoa, te poaka tauraki, te puka heketua, te aha atu, te aha atu

2. **Whakamāoritia ēnei rerenga kōrero.**
2. *Translate the following sentences into Māori.*
   1. Ki te hiahia koe ki te wehe, ki te noho, ki te aha atu, kei a koe te tikanga
   2. Ka taea e ia te oma, te piki, te kauhoe, te aha atu, te aha atu
   3. Kei tērā toa huarākau te kerepe, te āporo, te maika, te ārani, te aha atu, te aha atu
   4. Mēnā he whakaaro, he āwangawanga, he aha atu, me kōrero
   5. Mō te hanga whare, te whakatika waka, te aha atu, kāore he painga i a ia!

Rāmere – Friday

2. **Whakaotia tēnei pangakupu.**
2. *Complete this crossword puzzle.*

   Whakararo | Down
   2. TEAR
   4. OPERATION
   5. BBQ
   7. GRAZE

   Whakapae | Across
   1. TWIST
   3. RORO
   5. BRUISED
   6. BATTERY
   8. RAINBOW
   9. IDEA

WEEK THIRTY-THREE

Rāhina – Monday

1. **Whakamāoritia ēnei rerenga kōrero auau.**
1. *Translate these habitual sentences into Māori.*
   1. Totohe ai rāua (i ngā wā katoa)
   2. Amuamu ai ia (i ngā wā katoa)
   3. Haere ai ia ki te whitiwhiti ia ata o te Rātapu
   4. Ako whakataukī hōu ia, ia pō
   5. Kōrero Māori ai tērā whānau (i ngā wā katoa)
   6. Kata ai rātou ki a ia (i ngā wā katoa)
   7. Haere ai a Māmā ki te hokomaha ia wiki
   8. Waku niho ai au, ia ata, ia pō
   9. Tipu ai he rākau hōu ia tau
   10. Oho ai ia i te ono karaka ia ata ki te whakangungu

2. **Tirohia te āhua o ngā tāngata i ngā whakaahua tekau e whai ake nei. Me tuhi i te whakautu tika a tēnā, a tēnā o rātou ki te pātai, 'Kei te pēhea koe?'**
2. *Look at the following 10 pictures. Write the correct response that each person would use to answer the question, 'How are you?'*

Kei te hiainu au

Kei te māuiui au

Kei te hiamoe au

Kei te harikoa au

Kei te pouti au

Kei te tino harikoa au

Kei te mataku au

Kei te pukuriri au

Kei te hiakai au

Kei te āmaimai au

Rātū – Tuesday

1. Kimihia te whakamārama tika mō ēnei rerenga kōrero auau. Tuhia he rārangi i te rerenga reo Māori ki tōna hoa reo Pākehā.

1. Draw a line from the habitual action te reo Māori sentence on the left to the correct English translation on the right.

1.	Hiakai ai au	i.	I'm always hungry
2.	Hiainu ai taku pēpi ki te waiū i ngā wā katoa	j.	My baby is always thirsty for breast milk
3.	Ora rawa atu ai tō āhua ia tūtakihanga	h.	You always look extremely well every time (we) meet
4.	Kai ai ia i tōna rongoā ia wā kai	c.	He / She takes his / her medication every meal time
5.	Māuiui ai au ia takurua	b.	I get unwell every winter
6.	Ngenge ai ngā tamariki ia ahiahi pō i ngā rā o te kura	g.	The kids get tired every (late) afternoon on school days
7.	Pukumahi ai ia, ia wā hauhake	a.	He / She is very busy every harvest time
8.	Pukuriri ai te kaiako ia haratau	f.	The coach gets annoyed at every practice session
9.	Hōhā ai rātou ia hingatanga o te kapa Takiwhitu	d.	They get frustrated and over it every time the Sevens team loses
10.	Kaha tonu ai tērā kuia	e.	That elderly lady is always strong

2. Ko te mahi tuarua i tēnei rā he tuhi rerenga auau ki raro iho i ia whakaahua hei tohu i te mahi kei te mahia. Whakatepea to rerenga ki ēnei kupu e rua nei – *ia rā*.

2. Your second task today is to write a habitual sentence under each of the following pictures to demonstrate the regular action taking place. Conclude your sentence with – **ia rā**.

Oma ai te tāne ia rā | Moe ai te ngeru ia rā | Auau te kurī ia rā | Tangi ai te kōtiro ia rā

Tākaro poiwhana ai ngā tama ia rā | Eke pahikara ai te tama ia rā | Tāuwhiuwhi putiputi ai te kuia ia rā | Kauhoe ai te wahine ia rā

Rāapa – Wednesday

1. Whakapākehātia ēnei rerenga kōrero auau. Me whakamahi kupu mahi hāngū.

1. Translate these habitual sentences into English. Use the passive verb form.

1. The deceased are always mourned at the beginning of the official welcome
2. The poor are always on the receiving end of disparaging remarks
3. The multitudes watch Te Karere every night
4. He / She learns a new word every second day
5. His / Her wife does a new painting every month
6. His / Her child is regularly bullied by the other school children
7. How does one (usually) change a nappy?
8. He / She regularly gets called arrogant – serves him / her right too!
9. My dad gets breakfast ready every morning
10. That elderly gentleman always sits on the bench for orators to uphold the prestige of the tribe

Rāpare – Thursday

1. E nanu ana te takoto o ēnei kupu, māu e whakaraupapa. Kātahi ka whakamāori i te whakautu reo Pākehā.

1. The words in these sentences are jumbled. Put them in the correct order. Then translate the English language answer into Māori.

1. Āhea ngā tamariki whakaakona ai ki te mau rākau?
   Ā tērā wiki
2. Āhea au tīkina ai?
   Ākuanei
3. Āhea ngā hapa whakatikahia ai e koe?
   Āpōpō
4. Āhea tātou whitikina ai e te rā?
   Ā tōna wā
5. Āhea tā tātou kai tunua ai e koe?
   Ā te rima meneti
6. Āhea te hui whakatūria ai?
   Ā te Whiringa-a-rangi / Nōema
7. Āhea tōna tūpāpaku nehua ai?
   Ā te Rāpare / Tāite
8. Āhea te whare tākaro hangaia ai e koe?
   Ā te whā karaka
9. Āhea tō rūma whakapaitia ai e koe?
   Ā te wā tika
10. Āhea tō tinana horoia ai e koe?
    Ā tēnei pō / Ā te pō nei

Rāmere – Friday

1. Tirohia ngā pikitia nei, ka whakautu ai i te pātai: 'Mā hea koe haere ai?' Kua hoatu te tuatahi hei koha.

1. Look at the following pictures, then answer the question: 'How will you get there?' The first answer has been provided for you.

Mā hea koe haere ai? Mā runga waka rererangi

Mā hea koe haere ai? Mā runga tereina

Mā hea koe haere ai? Mā raro

Mā hea koe haere ai? Mā runga waka / motukā

Mā hea koe haere ai? Mā runga pahikara

Mā hea koe haere ai? Mā runga motopaika

Mā hea koe haere ai? Mā runga hoiho

Mā hea koe haere ai? Mā runga pahi

2. Whakamahia ngā kupu Pākehā ki te whakautu i aku pātai ki a koe. Kua hoatu te tuatahi hei koha.

2. Use the English words to answer my questions to you. The first answer has been provided for you.

1. Au: Kei te haere koe ki hea? (*Church*)
Koe: Ki te whare karakia
Au: Āhea? (*3pm*)
Koe: Ā te toru karaka i te ahiahi
Au: Mā hea koe haere ai? (*Walking*)
Koe: Mā raro

2. Au: Kei te haere koe ki hea? (*Shop*)
Koe: Ki te toa
Au: Āhea? (*Soon*)
Koe: Ākuanei
Au: Mā hea koe haere ai? (*Car*)
Koe: Mā runga waka

3. Au: Kei te haere koe ki hea? (*School*)
Koe: Ki te kura
Au: Āhea? (*5 minutes*)
Koe: Ā te rima meneti
Au: Mā hea koe haere ai? (*Bike*)
Koe: Mā runga pahikara

4. Au: Kei te haere koe ki hea? (*Movies*)
Koe: Ki te whare kiriata / ki te mātaki kiriata
Au: Āhea? (*8pm*)
Koe: Ā te waru karaka (i te pō)
Au: Mā hea koe haere ai? (*Friend's car*)
Koe: Mā runga i te waka o tōku hoa

5. Au: Kei te haere koe ki hea? (*Museum*)
Koe: Ki te Whare Pupuri Taonga
Au: Āhea? (*Tomorrow*)
Koe: Āpōpō

Au: Mā hea koe haere ai? (*Bus*)
Koe: Mā runga pahi

WEEK THIRTY-FOUR

Rāhina – Monday

1. Tirohia ngā pikitia nei, ka whakautu ai i te pātai: 'Mā hea koe haere ai (te ara ka whāia)?' Kua hoatu te tuatahi hei koha.

1. Look at the following pictures, then answer the question: 'How will you get there (by which route)?' The first answer has been provided for you.

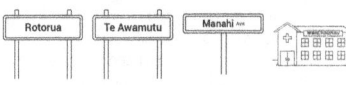

Mā hea koe haere ai? Mā Rotorua

Mā hea koe haere ai? Mā Te Awamutu

Mā hea koe haere ai? Mā te huarahi o Manahi

Mā hea koe haere ai? Mā te Whare Pukupuku

Mā hea koe haere ai? Mā te huarahi taha moana / Mā te moana

Mā hea koe haere ai? Mā Tāmaki, mā Kirikiriroa

Mā hea koe haere ai? Mā maunga Ruapehu / Mā te maunga o Ruapehu

Mā hea koe haere ai? Mā te whare karakia

Rātū – Tuesday

1. Me tuhi anō i ēnei kōrero, kia *ka . . . ai* kē.

*1. Rewrite these sentences using **ka . . . ai**.*

1. Me tatari kia puta ia, ka whawhewhawhe ai tāua
2. Kāore e pai ana kia hāmama koe, ka haere ai ki waho
3. I kōrero Māori ia i te tīmatanga, ka huri ai ki te reo Pākehā
4. Kāore e pai ana kia huri tuarā koutou ki a ia, ka kōhimuhimu ai mōna
5. Me tuku ki te ngaruiti mō te rua meneti, ka tango ai

2. Ināianei me whakapākehā i ō rerenga reo Māori *ka . . . ai*.

*2. Now translate your **ka . . . ai** sentences into English.*

1. Wait until he /she goes out (leaves), then you and I will have a gossip
2. It's not ok for you to yell and scream then disappear outside
3. He / She spoke Māori at the start but then switched to English

4. It's not ok for you (3 or more) to turn your back on him / her and then start whispering / gossiping about him / her
5. Put it in the microwave for two minutes, then take it out

Rāapa – Wednesday

1. Whakapākehātia / Whakamāoritia rānei ēnei rerenga kōrero. Whakamahia te *ai* hei hono i te wāhi ki te mahi.

1. *Translate the following sentences into English or Māori. Use* **ai** *to connect the location to the action.*
   1. Haere ki te kura ako ai
   2. Go to the library and read
   3. Go to your room and gossip
   4. Kaua e haere ki reira / korā kōhimuhimu ai
   5. Don't go to his / her house and moan!
   6. Haere ki te kāuta / kīhini mahi kai ai
   7. Me haere rāua ki reira whakapāha ai
   8. They are going outside to play
   9. They are walking to Parliament to protest
   10. Kei te haere mātou ki te awa kaukau ai

Rāpare – Thursday

1. E nanu ana ngā kupu o ēnei rerenga, māu e whakaraupapa.

1. *The words in the following sentences are jumbled. Place them in the correct order.*
   1. Kua haere ia ki te whare o Mere kōhimuhimu ai
   2. Kua haere rātou ki tātahi pāinaina ai
   3. Kei te neke te whānau ki Kirikiriroa noho ai
   4. Haere koe ki te marae whakarongo ai ki ngā kōrero
   5. Kei te haere ia ki te mīhana āwhina ai
   6. I haere te whānau ki te moana hī ika ai
   7. Kua hoki a Miriama ki te whare wānanga ako ai
   8. I haere taku māmā ki reira mahi ai mō ētahi tau
   9. Kua kuhu ngā rakirakī ki te hōpua kimi kai ai
   10. Ka tae au ki tō whare āpōpō peita ai

Rāmere – Friday

2. Ko te wero i tēnei ra, he tūhura i te nama huna. KAUA E PAKU TITIRO KI TE KŌRERO I WAENGANUI I A MĀKA RĀUA KO MERE I TE TĪMATANGA O TE WIKI! Tuhia te nama tika kia tika ai te raupapatanga o ngā rerenga kōrero i waenganui i a Māka rāua ko Mere.

2. *This challenge today is to 'crack the code'. DON'T TAKE A PEEK AT THE DIALOGUE BETWEEN MĀKA AND MERE AT THE START OF THE CHAPTER! Put the sentences in their correct order, then write the number of each sentence. Did you crack the code?*

The 'code' is:
11 – 5 – 1 – 12 – 7 – 4 – 9 – 10 – 6 – 8 – 3 – 2 – 13

WEEK THIRTY-FIVE

Rāhina – Monday

Pānuitia tēnei kōrero kei waenganui i a Atawhai me Anaru, ka tuhi ai i ō whakautu ki ngā pātai.
Read the dialogue between Atawhai and Anaru, then answer the questions.

1. I ngā pūtu whutupōro o Anaru
2. I wareware au ki te tango
3. I mataku te kapa whutupōro o Anaru i te kaitā o te hanga o ngā hoariri
4. 18–7
5. E kore pea koutou e toa, engari me ngana kia tatā!
6. Not even the slightest bit embarrassed!
7. Cute
8. Tokowhā ngā tamariki a Turahira (ngā tamāhine e toru me te pēpi hōu)
9. Kei te toro a Anaru i tōna whaea kēkē, i a Turuhira
10. Tuhia ngā rerenga tūāhua a Atawhai:
    a. Kua paru te whāriki o te whare i ō pūtu whutupōro
    b. Kaua e pāpouri i tēnā, e tama
    c. Kei wareware i a koe
11. Tuhia ngā rerenga tūāhua a Atawhai:
    a. I mataku ētahi i te kaitā o te hanga o ngā hoariri
    b. Tumeke tonu mātou i te rironga o te wikitōria i a mātou
    c. Whakamā tonu hoki tō mātou kaiako i tana kī mai
    d. Whakamā tonu au i taku noho wahangū
    e. Kātahi anō ka whānau mai i a ia tāna pēpi hōu.
    f. Kua ea te hiahia o Turahira

Rātū – Tuesday

Pānuitia tēnei kōrero kei waenganui i a Atawhai me Anaru, ka tuhi ai i ō whakautu ki ngā pātai.
Read the dialogue between Atawhai and Anaru, then answer the questions.

1. Kei te pīrangi a Koro ki te mōhio i ahatia e Atawhai tōna waka
2. Kei te hāparaparatia te puku o Koro, ā, kei te raruraru ōna whēkau
3. Kei te hāparaparatia kia taea ai e ngā tākuta te rongoā tika te whakarite
4. Kei te tino āwangawanga au ki a ia
5. BBQ
6. I pakaru te waka o Koro i a Atawhai
7. Kei te hui ōkawa te whānau ki ngā tākuta
8. Nō tērā wiki te hunuhunu a te whānau i tū ai
9. Āe

10. Whakapākehātia ēnei rerenga:
    a. takoki raparapa = *twisted ankle*
    b. hārau popoki = *grazed knee*
    c. karu marū = *black eye*

Rāapa – Wednesday

Pānuitia tēnei kōrero kei waenganui i a Atawhai me Anaru, ka tuhi ai i ō whakautu ki ngā pātai.
Read the dialogue between Atawhai and Anaru, then answer the questions.

1. Always be in tune and balanced, spiritually, physically, emotionally
2. Weaponry practice
3. Me hoko pū kākano, kāngarere, puarere, parāoa, miraka ... ngā mea katoa mō te parakuihi
4. Ka whakaputuhia ai ki ngā whata, nē?
5. Stack
6. Mā raro
7. Kātahi anō a Anaru ka takoki i tōna raparapa
8. He tata te hokomaha
9. Me purei kāri
10. E rua ngā kīwaha kei roto i te kōrero nei, tuhia, whakapākehātia:
    a. Hei a koe hoki! = *Get you!*
    b. Koia koia, e hoa! = *Right on the button, my friend! / You've hit the nail on the head!*

Rāpare – Thursday

Pānuitia ngā tīwhiri, ka tuhi ai i te kupu.
Read the clues and guess the word.

Pahikara	Whare Karakia	Porotēhi	Ngaruiti
Hāparapara	Pūhiko	Ārai tīkākā	Roro
Hunuhunu	Kirihimete	Hārau	Marū
Whakarākei	Uenuku	Whakapāha	Huarahi

WEEK THIRTY-SIX

Rāhina – Monday

1. Whakahonoa ngā rerenga i te taha mauī ki te taha matau.
1. Join the sentence on the left to its correct partner on the right.

Kua tiko te kau	te haunga hoki!
Kua toa anō a Usain Bolt i te 100m	tōna tere hoki
Titiro ki tērā mea. Kua kite mea pērā koe?	Kāo! He aha hoki tērā?
Ka taea e rātou	māku hoki rātou e āwhina kia oti ai
Whoa, titiro ki tērā wahine!	Ko wai hoki tērā?
Kua takaroa anō te pahi	Te pōturi hoki, nē?
Tērā e hāmama mai rā, ko wai hoki tērā?	Aua hoki, he tauhou
Kia kaha koe kia toa ai tātou	He aha hoki! E kore tātou e toa, ahakoa pēhea

2. Ināianei me whakapākehā koe i ō rerenga.
2. Now translate your sentences into English.

1. The cow has done a No. 2 – man that stinks!
2. Usain Bolt has won the 100m again, man he's fast as!
3. Look at that thing over there, have you seen anything like that? No! What on earth is it?
4. They can do it, I will make sure to help them, so they complete it
5. Whoa, check out that chick! Who on earth is that?
6. The bus is late again, man it's slow, eh?
7. That dude loud-mouthing over there, who on earth is that? Absolutely no idea, he's new
8. You go hard so we win. Yeah right / Whatever / Not a chance! There's no way we can win, no matter what happens

Rātū – Tuesday

1. Tuhia he rerenga kōrero mō ia pikitia, whakautua tō rerenga ki te kupu *mōna*.
*1. Write a sentence for each picture. The last word in your sentence will be **mōna**, 'for him' or 'for her'.*

He taumaha rawa te pouaka mōna	He teitei rawa te rākau mōna	He tere rawa te hoiho mōna
He taumaha rawa te waka mōna	He uaua rawa te tope rākau mōna	

2. Whakamāoritia ēnei rerenga kōrero.
2. Translate these sentences into Māori.

1. He pōturi rawa koe i ngā ata
2. He hōhonu rawa tērā wāhanga o te moana
3. He nui rawa koe ki te kuhu ki konā
4. He pīrahi rawa tēnei
5. He atamai rawa koe / nōu

6. He tere rawa au mōu
7. I kohetengia mātou, he takaroa rawa nōu / I kohetengia mātou nā te mea i takaroa rawa koe
8. Kaua e kai i tēnā, he pakapaka rawa

Rāapa – Wednesday

1. E nanu ana ngā kupu o ēnei rerenga, whakatikahia (ko ētahi he *hoki*, ko ētahi he *rawa*).

*1. The words in these sentences are jumbled. Put them in the correct order (some are **hoki** sentences, some are **rawa**).*

1. He nui rawa ō karu
2. Nā wai hoki tērā kurī
3. Ko wai hoki koe ki te kōrero pērā ki a au
4. Turituri! He hoihoi rawa nō koutou
5. He reka rawa ēnei rare
6. E kore e pau i a au tēnei kai, he nui rawa
7. Te pirau hoki o ō niho
8. E kore hoki au e haere, he mataku rawa nōku

Rāpare – Thursday

1. Ko te wero i tēnei ra, he tūhura i te nama huna. KAUA E PAKU TITIRO KI TE KŌRERO I WAENGANUI I A MĀKA RĀUA KO MERE I TE TĪMATANGA O TE WIKI! Tuhia te nama tika kia tika ai te raupapatanga o ngā rerenga kōrero i waenganui i a Māka rāua ko Mere

1. This challenge today is to 'crack the code'. DON'T TAKE A PEEK AT THE DIALOGUE BETWEEN MĀKA AND MERE AT THE START OF THE CHAPTER! Put the sentences in their correct order, then write the numbers of each sentence. Did you crack the code?

The 'code' is:
7 – 6 – 8 – 1 – 9 – 4 – 2 – 10 – 3 – 5

2. Whakaotia tēnei pangakupu.
2. Complete the crossword.

Whakararo | *Down*
1. PAKAPAKA
3. HARI
4. WĀHI
6. HUAKI
7. ATAMAI

Whakapae | *Across*
2. WHĒKAU
5. PĪRAHI
6. HĀMAMA
8. URU
9. OKO

Rāmere – Friday

2. Me whakapākehā tā Māka rāua ko Mere kōrero.
2. Now translate Māka and Mere's conversation into English.

Mere: Hey Māka, what on earth is that?
Māka: Kina guts, my friend.
Mere: Man that stinks! Do you really have to gut them there? Are you really going to eat those guts?
Māka: Absolutely, they are delicious!
Mere: Yeah right! Those absolutely stink, mate, take them away from here, or I'm going to vomit.
Māka: Grab (me) a bowl and I will take them somewhere else.
Mere fetches a bowl and gives it to Māka.
Mere: Take them to Rewi's house, no doubt he will want to eat some of those.
Māka: Hey mate, this bowl is too small, all these guts won't fit in (go in) there.
Mere: Too small? No way! They will all fit in, I will give you a hand (help you) to make sure they fit!

WEEK THIRTY-SEVEN

Rāhina – Monday

1. Tirohia ngā whakaahua nei. Tuatahi, tuhia he rerenga *'he aha i . . . ai?'* mō ia whakaahua. Tuarua, me whakakāhore koe i taua rerenga.

*1. Look at the pictures. The first part of this exercise is to write a **'he aha i . . . ai?'** phrase for each picture. The second part is to negate that phrase.*

 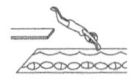

He aha te wahine i kangakanga ai?
He aha te wahine i kore ai e kangakanga?

He aha te wahine i ruku ai (ki te puna kaukau)?
He aha te wahine i kore ai e ruku (ki te puna kaukau)?

He aha te tāne i tope ai i te rākau?
He aha te tāne i kore ai e tope i te rākau?

He aha rāua i haere ai ki te whare karakia?
He aha rāua i kore ai e haere ki te whare karakia?

He aha te kōtiro i tangi ai?
He aha te kōtiro i kore ai i tangi?

He aha rāua i mekemeke ai?
He aha rāua i kore ai i mekemeke?

2. **Ināianei, whakamātauhia ēnei, engari me hāngū ngā rerenga.**
2. *Now, try these, but your phrases must be in passive form.*

He aha te ahi i tahuna ai e te tama?
He aha te ahi i kore ai e tahuna e te tama?

He aha te pukapuka i pānuitia ai e te tama?
He aha te pukapuka i kore ai i pānuitia e te tama?

He aha te putiputi i tāuwhiuwhihia ai e te kuia?
He aha te putiputi i kore ai e tāuwhiuwhihia e te kuia?

He aha te wahine i kataina ai e rāua?
He aha te wahine i kore ai i kataina e rāua?

He aha te manu i kainga ai e te ngeru?
He aha te manu i kore ai e kainga e te ngaru?

He aha te kūtai i huakina ai?
He aha te kūtai i kore ai i huakina?

3. **Ināianei, whakamātauhia ēnei, engari me tūāhua ngā rerenga.**
3. *Now, try these, but your phrases must be in stative verb form.*

He aha te koata/karaehe i pakaru ai i te tama?
He aha te koata/karaehe i kore ai i pakaru i te tama?

He aha te kai i pau ai i ngā tamariki?
He aha te kai i kore ai i pau i ngā tamariki?

He aha ia i mahue ai i te pahi?
He aha ia i kore ai i mahue i te pahi?

He aha te rākau i hinga ai?
He aha te rākau i kore ai e hinga?

He aha te pōro i taka ai i te tama?
He aha te pōro i kore ai i taka i te tama?

He aha ō pukapuka i wareware ai i a koe?
He aha ō pukapuka i kore ai i wareware i a koe?

Rātū – Tuesday

1. **Kōwhirihia te kupu tika mō ēnei pikitia, *hinga*, *taka* rānei.**
1. *Choose the correct word for each picture, **hinga** or **taka**.*

1. hinga
2. taka
3. hinga
4. taka
5. taka
6. taka
7. hinga
8. taka
9. taka

Rāapa – Wednesday
1. Whakamāoritia, whakapākehātia rānei ēnei rerenga kōrero.
1. Translate these sentences into Māori or English.
1. Because I was over / had enough of him / her
2. He pakirara rawa nōu
3. He mataku nō māua
4. I can't believe they won because he / she is weak
5. I wasn't available / free because I was watching *Te Karere*
6. It is because of his / her heart condition that he / she will not be at the meeting
7. It won't be long before you forget about Mere because she is just a 'pant dropper' (tarau makere – promiscuous woman)
8. Me haere koutou, he riri nō tō koutou māmā
9. You should leave him, he sleeps around (ure paratī – promiscuous man)
10. Come with me, because you are a great singer

Rāpare – Thursday
1. Tuhia ngā rerenga he . . . nō nō te kōrero i waenganui i a Mere rāua ko Māka.
1. Write down the he . . . nō sentences from the dialogue between Mere and Māka.
1. He wera rawa nō te ruma nei
2. He kore nōku i pīrangi
3. He hōhā nōku ki aku kaiako
4. He māngere hoki pea noku!
5. He pai nōku ki te whakangungu tinana
6. He hiahia nōku ki te whakarongo ki a Wharehuia
7. He ngenge rawa nōku

2. Panonitia ēnei rerenga kōrero i te *nā te mea* ki te *he . . . nō*. Mēnā he rerenga whakakāhore, me whai *kore* tōmua rawa i te *nō*, kātahi ka *i* tōmua i te kupuāhua, kupumahi rānei.
2. Change these sentences from nā te mea to he . . . nō. If it is a negative sentence, you will need to put a kore right before the nō, then an i before the adjective or verb.
1. He takaroa rawa nōu
2. He kore nō rātou i pōwhiri i a māua
3. Kāore au i haere, he kore nōku i wātea
4. He taringa kōhatu nōku ki ngā tohutohu a māmā
5. He patu nōna i te kurī
6. He ohorere nō māua
7. He hāpai nōku i tāna kaupapa
8. He kore nō ērā tikanga i hāngai i taua wā

Rāmere – Friday
2. Whakapākehātia.
2. Translate into English.
Māka: Hey, my (close) friend, open the windows, (because) it's too hot in this room.
Mere: Right you are! Hey, why didn't you go to uni yesterday?
Māka: Because I didn't want to. I've had enough of my lecturers.
Mere: What's wrong with your lecturers?
Māka: Some of them are just downright boring!
Mere: Is that really the truth?
Māka: Umm, oh well, maybe I'm a bit lazy too!
Mere: Why? You're not a lazy person, you go to training every day.
Māka: I like training the body, but training the mind is another thing altogether!
Mere: Well, I'm going to uni today because I want to listen to Wharehuia.
Māka: I'm not going because I'm too tired.
Mere: Tired from what?
Māka: From training the body this morning!

WEEK THIRTY-EIGHT
Rāhina – Monday
1. Pānuitia anō ēnei rerenga kōrero, ka panoni ai i ngā rerenga *He aha i . . . ai?* ki *Nā te aha i . . . ai?*
1. Have another look at these sentences and change them from He aha i . . . ai? to Nā te aha i . . . ai?
1. Nā te aha koe i tae tōmuri ai ki te kura?
2. Nā te aha koe i haere ai ki Amerika?
3. Nā te aha koe i tautoko ai i a ia?
4. Nā te aha koe i riri ai ki tō teina?
5. Nā te aha te whānau i haere ai i Tāmaki ki Rotorua noho ai?
6. Nā te aha kōrua ko tō ipo i tauwehe ai?
7. Nā te aha koe i pōti ai ki a Reipa?
8. Nā te aha koe i kore ai e pōti ki te Rōpū Tōrangapū Māori?
9. Nā te aha koe i kore ai i whakaae ki tāna tono kia whai kōrua?
10. Nā te aha ia i kore ai i tae mai ki tōku huritau?

2. Tirohia ngā whakaahua nei. Tuatahi, tuhia he rerenga *Nā te aha i . . . ai?* mō ia whakaahua. Tuarua, me whakakāhore koe i taua rerenga.
2. Look at the pictures. The first part of this exercise is to write a Nā te aha i . . . ai? phrase for each picture. The second part is to negate that phrase.

Nā te aha koe i haere mai ai ki konei?
Nā te aha koe i kore ai e haere mai ki konei?

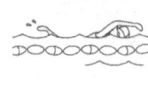
Nā te aha te wahine i kaukau ai?
Nā te aha te wahine i kore ai e kaukau?

Nā te aha te kūaha i pātōtōhia ai e te kuia?
Nā te aha te kūaha i kore ai e pātōtōhia e te kuia?

Nā te aha te whare i peitahia ai e ngā wāhine / e rāua?
Nā te aha te whare i kore ai e peitahia e ngā wāhine / e rāua?

Nā te aha te tāne i pānui ai i te pukapuka?
Nā te aha te tāne i kore ai e pānui i te pukapuka?

Nā te aha te tama i tunu ai i te kai / i tunu kai ai?
Nā te aha te tama i kore ai i tunu i te kai / i tunu kai?

Nā te aha te waiata i waiatahia ai e te kōtiro?
Nā te aha te waiata i kore ai e waiatahia e te kōtiro?

Nā te aha te ngeru i awhitia ai e te kōtiro?
Nā te aha te ngeru i kore ai i awhitia e te kōtiro?

Nā te aha te kōtiro i piki ai ki te tuanui o te whare?
Nā te aha te kōtiro i kore ai e piki ki te tuanui o te whare?

Nā te aha ngā tāne / rāua i tohe ai?
Nā te aha ngā tāne / rāua i kore ai i tohe?

3. **Ināianei, whakamātauhia ēnei, engari me hāngū ngā rerenga.**
3. *Now, try these, but your phrases must be in passive form.*

Nā te aha te pouaka i hikina ai e te tama?
Nā te aha te pouaka i kore ai e hikina e te tama?

Nā te aha te waka i hoea ai e te tama?
Nā te aha te waka i kore ai i hoea e te tama?

4. **Ināianei, whakamātauhia ēnei, engari me tūāhua ngā rerenga.**
4. *Now, try these, but your phrases must be in stative verb form.*

Nā te aha te pene i taka ai i te tama?
Nā te aha te pene i kore ai i taka i te tama?

Nā te aha ngā inu i pau ai?
Nā te aha i kore ai ngā inu i pau?

Nā te aha i mate ai te manu?
Nā te aha i kore ai te manu i mate?

Nā te aha te kōtiro i hinga ai?
Nā te aha te kōtiro i kore ai e hinga?

Rāapa – Wednesday
1. **Whakapākehātia ēnei rerenga kōrero, whakamahia te rerenga hōu o te rā nei.**
1. *Translate these sentences into English using the new phrase from today.*
   1. They moved to Ōmaha because of the traffic in Auckland
   2. Your friends left because of your rude behaviour
   3. We looked for a new venue / place because the kids were scared
   4. We lost because of the weaknesses in the team
   5. I didn't make the unveiling because I wasn't available / free
   6. He died because of heart failure / complications
   7. He went on the look for a new girlfriend because his previous one was promiscuous
   8. They didn't come out because their mum was angry
   9. She cried because her boyfriend was sleeping around
   10. She bought tickets worth $100 because she likes Bruno Mars' songs so much

Rāpare – Thursday
1. **Whakamāoritia ēnei rerenga kōrero, whakamahia te rerenga hōu o te rā nei.**
1. *Translate these sentences into Māori using the new phrase from today.*
   1. He aha koe e takaroa rawa ai?
   2. He aha koe e waiata ai?
   3. He aha rāua e haere ai ki te huritau?
   4. He aha rātou e toa ai?
   5. He aha te heihei e whakawhiti ai i te huarahi?

2. **Tuhia anō ō whakamāoritanga o runga nei, engari hurihia ki te *He aha te take* . . . ?**
2. *Write down the sentences you just translated into Māori, but now change them to **He aha te take** . . . ?*
   1. He aha te take e takaroa rawa ai koe?
   2. He aha te take e waiata ai koe?
   3. He aha te take e haere ai rāua ki te huritau?
   4. He aha te take e toa ai rātou?
   5. He aha te take e whakawhiti ai te heihei i te huarahi?

Rāmere – Friday
2. **Whakaotia te pangakupu.**
2. *Complete the crossword.*

Whakararo | *Down*
1. SWEETHEART
2. ICECREAM
4. AMERICA
6. BOXING
9. RUDE
10. DIVE

Whakapae | *Across*
3. MUSSEL
5. MALL
7. CONE
8. AUSTRALIA
11. LIKE

WEEK THIRTY-NINE
Rāhina – Monday
1. **Hurihia ēnei rerenga hei rerenga whakakāhore. Kātahi ka whakapākehātia ō rerenga whakakāhore.**
1. *Turn these sentences into negative form. Then translate your negative sentence into English.*
   1. He aha koe e tae tōmuri ai ki te kura?
      He aha koe e kore ai e tae tōmuri ki te kura?
      Why will you not be late to school?
   2. He aha koe e haere ai ki te whare o Mere?
      He aha koe e kore ai e haere ki te whare o Mere?
      Why will you not be going to Mere's house?
   3. He aha rātou e tautoko ai i a ia hei heamana?
      He aha rātou e kore ai e tautoko i a ia hei heamana?
      Why will they not be supporting him / her as chairperson?
   4. He aha e whati ai i a koe tēnā pene rākau? (*Stative*)
      He aha e kore ai e whati i a koe tēnā pene rākau
      Why will you not be snapping that pencil?
   5. He aha te whānau rā e whirinaki ai ki tērā kura hei kura mō ā rātou tamariki?
      He aha te whānau rā e kore ai e whirinaki ki tērā kura hei kura mō ā rātou tamariki?
      Why will that family not be relying on that school as a learning institution for their children?
   6. He aha kōrua e mārena ai? Tohe ai kōrua!
      He aha kōrua e kore ai e mārena? Tohe ai kōrua!
      Why will you two not be getting married? You argue all the time!
   7. He aha e pakaru ai i a koe te matapihi? (*Stative*)
      He aha e kore ai e pakaru i a koe te matapihi?
      Why will you not be breaking the window?
   8. He aha te wahine rā e uiuitia ai? (*Passive*)
      He aha te wāhine rā e kore ai e uiuitia?
      Why will that woman not be getting interviewed?
   9. He aha te kurī e patua ai? (*Passive*)
      He aha te kurī e kore ai e patua?
      Why will the dog not be hit / killed?

10. He aha ia e whakawhiwhia ai ki taua tohu? (*Passive*)
    He aha ia e kore ai e whakawhiwhia ki taua tohu?
    Why will he / she not be receiving that award / degree?

Rātū – Tuesday

1. Tirohia ngā whakaahua nei, ka kōwhiri ai i te whakautu tika.
1. Look at the pictures then choose the best answer.
A. (3) He hiahia nōku kia kite i a koe
B. (4) He wera rawa nōna
C. (1) He hiamoe nōu
D. (5) He hiakai nōna
E. (6) He kite nona kāore he kai i te kāinga
F. (2) He kiriweti nō rāua ki a rāua

2. Tirohia ngā whakaahua nei, ka kōwhiri ai i te whakautu tika.
2. Look at the pictures then choose the best answer.
A. (6) Nā te mea ka hiahia tōna pāpā kia kawea te pouaka ki wāhi kē
B. (5) Nā te mea he pai ake te haere mā te pahikara i te hīkoi
C. (3) Nā te mea kei te hiahia ia ki te kuhu ki roto
D. (1) Nā te mea kei te whakarite rāua i te mahere ako mō te tau
E. (2) Nā te mea he pai ia ki te waiata
F. (4) Nā te mea ko ia tētahi e haere ana ki te whakataetae kaipara o te motu

3. Tirohia ngā whakaahua nei, ka kōwhiri ai i te whakautu tika.
3. Look at the pictures then choose the best answer.
A. (4) Ki te kite i tana whanaunga i Rānana
B. (1) Ki te mihi ki te hau kāinga
C. (2) Ki te tiki rongoā
D. (3) Ki te kimi mātauranga mō tana tuhinga roa

Rāapa – Wednesday

1. Whakapākehātia ēnei rerenga.
1. Translate these sentences into English.
1. Because I want to see you
2. Because he / she is too hot
3. Because you are tired
4. Because he / she is hungry
5. Because she / he realised there was no food at home
6. Because they don't like each other
7. Because his / her father wants the box moved to somewhere else
8. Because it's better to bike than to walk
9. Because he / she wants to go inside
10. Because they are organising the teaching plan for the year
11. Because she / he is a good singer
12. Because she is going to the national athletics champs
13. To see his / her relation in London
14. To pay acknowledgement to the local people
15. To get some medicine
16. To get some information for his / her essay / thesis

Rāpare – Thursday

1. Hurihia ēnei rerenga kōrero ki te *He mea*.
*1. Change these sentences into **He mea**.*
1. He mea tino patu rātou e te hoariri
2. He mea kōrero te reo Māori e ia
3. He mea whakanui tōna huritau e rātou
4. He mea meke tōna ihu e ia
5. He mea wānanga te kaupapa?
6. He mea tohe e rātou te take nei, pau rā anō te rā
7. He mea karanga e te kuia rā te manuhiri
8. He mea waea te tumuaki o te mahi e ia, he hiahia nōna ki te whai mahi
9. He mea mātakitaki e ia te hōtaka *Kairākau*
10. He mea mārena e ia te wahine o ōna moemoeā

2. Whakamāoritia ēnei rerenga, whakamahia *He mea*.
*2. Translate these sentences into Māori using **He mea**.*
1. He mea whakatangi te piano e ia
2. He mea tunu te kai e ngā mātua
3. He mea pakipaki e te iwi
4. He mea kite e te tama
5. He mea tūhura e ngā pirihimana
6. He mea peita te whare e te iwi
7. He mea hopu te ika nui rawa e taku tungāne (if you are female) / e taku tuakana (if you are male)
8. He mea hoko tō mātou whare e taku tuakana / teina (if you are female) e taku tuahine (if you are male)
9. He mea whakahaere te hui e te kōmiti
10. He mea whakaweto te pouaka whakaata e tō māua pāpā, he kore nō māua i whakarongo / he taringa kōhatu nō māua

Rāmere – Friday

2. E nanu ana ēnei rerenga, māu e whakatika (*He mea*).
*2. These sentences are jumbled. Put them in order (**He mea**).*
1. He mea patu te hoariri
2. He mea kōhete te kōtiro e ia
3. He mea whakanui tōna huritau e rātou
4. He mea hāparapara tōna ihu e te tākuta
5. He mea mātakitaki e ia inapō
6. He mea pōwhiri rātou e te iwi inanahi
7. He mea karanga te hui e te iwi o te kuia / e te kuia o te iwi
8. He mea pana ia e te tumuaki o tōna wāhi mahi

WEEK FORTY

Rāhina – Monday

Pānuitia tēnei kōrero kei waenganui i a Atawhai me Anaru, ka tuhi ai i ō whakautu ki ngā pātai.
Read the dialogue between Atawhai and Anaru, then answer the questions.

1. He hiahia nōna kia ngaki a Anaru i tana māra
2. Kia tekau ngā maika, kia tekau ngā āporo, kia tekau ngā ārani
3. He tangata pukumahi / industrious / hard working person
4. I whānau tahi a Anaru me te kō ki tōna ringa
5. He kore hoki nōna i paku whakapono ki te kōrero a Anaru
6. (c) Mouth is watering
7. Banana
8. He kore nōna i wātea
9. Mā Anaru te tōneke e hautū
10. Lest you slip on your own saliva

Rātū – Tuesday

Pānuitia tēnei kōrero kei waenganui i a Atawhai me Anaru, ka tuhi ai i ō whakautu ki ngā pātai.
Read the dialogue between Atawhai and Anaru, then answer the questions.

1. Me haere a Anaru ki te whare o tōna kuia
2. Ki te whakanui i te huritau o tōna kuia
3. E waru tekau ngā tau o te kuia o Anaru
4. Kei te mahi hāngi mātou
5. Ka kai ngā manuhiri i te hāngi
6. Tokomaha ngā tāngata ka tae ki te huritau
7. Koia te kuia karanga o te marae. Koia hoki tētahi o ngā kaitohutohu i te Kaunihera o Tāmaki
8. Ā tērā wiki
9. He hiahia nōna kia kite i ngā āhuatanga o Amerika
10. Whakapākehātia ēnei rerenga:
    a. taku whakapae = *I reckon / My suspicion is*
    b. kāore au i pōwhiritia = *I wasn't invited*
    c. I pōhēhē au, ko koe tana makau = *I thought you were her favourite*

Rāapa – Wednesday

Pānuitia tēnei kōrero kei waenganui i a Atawhai me Anaru, ka tuhi ai i ō whakautu ki ngā pātai.
Read the dialogue between Atawhai and Anaru then answer the questions.

1. Daredevil
2. Lucky / Fortunate
3. Anaru, Atawhai me ā rāua irāmutu
4. He mea whakahau rātou e te hapori
5. Ko Mereana
6. Kei Te Kura Kaupapa Māori o Te Atarau
7. Āe
8. He aha ngā taputapu hōu o te papa rēhia?
   a. Porowhawhe – *Roundabout*
   b. Māwhaiwhai – *Climbing spider web*
   c. Tārere – *Swing*
   d. Tāheke – *Slide*
   e. Tiemiemi – *See-saw*
9. Kia tūpato kei taka koe i konā. Heke iho koe ki raro!
10. Ka mahue te tuku mai ki a tāua

Rāpare – Thursday

Pānuitia ngā tīwhiri, ka tuhi ai i te kupu.
Read the clues and guess the word.

1.	Kāore e pirihonga ki te wahine kotahi	1.	He whenua o te ao
2.	He pō he wahine, he pō he wahine	2.	He whenua nui te kaha
3.	He tāne e moe ana i ngā wāhine maha	3.	Te kāinga o te NBA
	Ure parati		**Amerika**
1.	He hākinakina	1.	He kōeko tō te mea nei
2.	Ka mau komo ringa	2.	He tōwhiro
3.	Muhammad Ali	3.	He tiakarete, he rōpere ētahi o ōna tāwara
	Mekemeke		**Aihikirīmi**
1.	Ka haere ki konei ki te īnoi	1.	Ka hui te hunga rangatahi ki tēnei wāhi
2.	Kei reira te wairua o te Karaiti	2.	He whare kiriata kei roto i te nuinga
3.	Āmine	3.	He maha ōna toa
	Whare karakia		**Whare toatini**
1.	Kei roto i te moana	1.	Kāore i mihi
2.	Kei te piri ki te toka	2.	Kei te hē te whanonga
3.	Ka rukua e te tangata	3.	Kua tū te ihu
	Kūtai		**Pakirara**
1.	He oranga	1.	He ako
2.	He kupu anō mō te māngari	2.	Kei te Whare Wānanga tēnei mea
3.	Inā whiwhi koe i te Lotto, ko koe tēnei	3.	He māramatanga kei roto
	Waimarie		**Mātauranga**
1.	He mahi nā ngā ringaringa	1.	Ka kai koe i tēnei mēnā ka māuiui koe
2.	He mihi	2.	Ka hoatu te tākuta ki a koe
3.	Te pānga o tētahi ringa ki tētahi	3.	He mea whakaora
	Pakipaki		**Rongoā**
1.	Ngā tāngata taketake o tētahi wāhi	1.	Taumāhekeheke o te Ao
2.	Tangata whenua	2.	Usain Bolt
3.	Nō rātou te mana o te kāinga	3.	Mētara kōura
	Hau kāinga		**Kaipara**

1. Kei reira te karaka nui o Pēne
2. Kei Ingarangi
3. Ka haere ngā rangatahi ki reira mo ā rātou OE
   Rānana

1. He whenua o te Ao
2. He porohita whero kei tōna haki
3. Kei reira te whaitua nui o Tōkio
   Hapāni

WEEK FORTY-ONE
Rāhina – Monday
1. **Tukuna te *ia* ki tōna wāhi tika i ēnei rerenga kōrero. Kua oti kē te tuatahi.**
1. *Place the **ia** into its correct position in these sentences. The first one has been done.*
   1. Ko te waha e whakaae ana, ko te ngākau **ia** e whakahē ana
   2. Ki tā ngā tamariki he pai, ki tā ngā pakeke **ia** he hōhā
   3. I ora te whānau, ko te waka **ia** i totohu
   4. I whakatoiharatia tāna kōrero, nō muri **ia** ka kitea i tika kē
   5. He maha ngā wāhanga o tana kauhau i pai, ko te wāhanga **ia** i hē, ko te wāhanga mō te reo
   6. Kua hoki mai te nuinga i tātahi, ko te kurī **ia** kua ngaro

2. **Ināianei me whakapākehā ngā rerenga o runga nei.**
2. *Now translate into English the sentences you have just completed.*
   1. Ko te waha e whakaae ana, ko te ngākau ia e whakahē ana
      Verbally he is agreeing, but in his heart he disagrees
   2. Ki tā ngā tamariki he pai, ki tā ngā pakeke ia he hōhā
      The kids think it's great, **but** the adults think it sux
   3. I ora te whānau, ko te waka **ia** i totohu
      The whānau escaped, **but** the car sank
   4. I whakatoiharatia tāna kōrero, nō muri **ia** ka kitea, i tika kē
      His / Her comments were rubbished **but** later on they realised he / she was right
   5. He maha ngā wāhanga o tana kauhau i pai, ko te wāhanga **ia** i hē, ko te wāhanga mō te reo
      There were many great aspects to his / her presentation, **but** the parts about the language were wrong
   6. Kua hoki mai te nuinga i tātahi, ko te kurī **ia** kua ngaro
      Most of them are back from the beach, **but** the dog is missing

Rātū – Tuesday
1. **Tukuna te *ia* ki tōna wāhi tika i ēnei rerenga kōrero. Kua oti kē te tuatahi.**
1. *Place the **ia** into its correct position in these sentences. The first one has been done.*
   1. Ko te kaupapa **ia** o te haere, he ako i ngā kōrero mō ngā rongoā
   2. Mēnā **ia** he amuamu āu, haria ki te tumuaki o te kura
   3. Ko te pātai **ia**, āe rānei ka ora te reo āpōpō
   4. Ko te whakaaro **ia**, kia haere tātou ki te kiriata ā te pō nei
   5. Kotahi tonu **ia** te huarahi ki Rotorua, e hoa!
   6. Kei hea **ia** he wāhi i tua atu i tēnei te ātaahua?

2. **Ināianei, me whakapākehā ngā rerenga o runga nei.**
2. *Now, translate into English the sentences you have just completed.*
   1. The main reason for this trip is to learn about traditional remedies
   2. If you do indeed have a complaint, take it to the principal of the school
   3. The pressing question is, will the language survive into the future?
   4. The actual idea (I have), is for us all to go to the movies tonight.
   5. There is unquestionably only one route to Rotorua, my friend!
   6. Where on earth is there a place better than this, for its beauty?

Rāapa – Wednesday
1. **Honoa te rerenga kōrero Pākehā ki te rerenga kōrero Māori tika.**
1. *Match the English sentence with the correct Māori sentence.*
   1. = d
   2. = a
   3. = b
   4. = e
   5. = c

2. **Whakaotia ēnei rerenga kōrero mō ia whakaahua, whakamahia te *engari ia*.**
2. *Complete these sentences about each picture, using **engari ia**.*
   1. Kua oho te tāne, engari ia, kei te moe tonu te tama
   2. Kei te ua ki konei, engari ia, kei te whiti te rā ki Ōtautahi / kei te paki ki Ōtautahi
   3. Kua hoki mai ngā tamariki, engari ia te kōtiro, kei te kai tonu / kei te kai tonu te kōtiro
   4. He ngoikore a Hēmi, engari ia, he kaha a Rewi
   5. Kua pau te hau o te ngeru, engari ia te kurī, kei te tākaro tonu / kei te tākaro tonu te kurī

Rāpare – Thursday
Whakapākehātia ngā kōrero ki waenganui i a Mere rāua ko Māka.
Translate the following dialogue between Mere and Māka into English.
**Your translation should be close to this:*
Mere: Māka, what are you up to? (What are you doing?)
Māka: I'm getting ready to go to my rugby match. The body is ready, but the mind is a little reluctant.
Mere: Buddy, harden up! Waste that other team, and then you and I will go for a drink.
Māka: Mmm, what do you recommend I do to build some courage inside, my friend?
Mere: Believe, buddy! If you believe, you will achieve! But you and your team need to work together too!
Māka: Mmm, I really hope you are right, this is a very important game!
Mere: Yes, I know! But I believe you guys can do it, now you guys need to believe you can do it too! If you are united, you will win, but (there is no doubt), that if you are divided, you will lose!
Māka: This is great advice Mere, thanks!
Mere: I really wish you all the bravery and strength in the world, Māka! Those are two well-known words, bravery and strength, but the sentiment is the same, to be victorious!
Māka: Yes indeed!

Rāmere – Friday
2. Whakaotia tēnei pangakupu.
2. Complete the crossword.

Whakararo | Down
1. MĀIA
3. HOROKUKŪ
4. EA
6. ĀHEIHĀ
8. WHAKAAE

Whakapae | Across
2. WHAKAHĒ
5. ENGARI IA
7. HUA
9. KUA PAU TE HAU
10. MOEMOEĀ

WEEK FORTY-TWO
Rāhina – Monday
1. Tirohia ēnei whakaahua. Whiriwhirihia te rerenga tika mō ia whakaahua.
1. Look at the following pictures. Choose the correct sentence for each picture.

A. (2) Kei te wehe te pahi i Tauranga
B. (9) Kei te makere te tāne i te tereina
C. (8) Kua puta te kōtiro i tōna whare
D. (3) I whakarere te ika i ōna hoa
E. (4) E hoki ana te tama ki te kāinga i te kura
F. (5) Kei te rere te waka rererangi i Otepoti
G. (1) Kei te hūnuku au i a koe
H. (7) Kua heke te ngeru i te rākau
I. (10) Kua rere te manu i tōna kōhanga
J. (6) Kei te oma ngā tamariki i te taika

2. Porohitatia te kupu ahu tika mō ēnei rerenga (terā pea neke atu i te kotahi e tika ana).
2. Circle the correct directional indicator for each sentence (there may be more than one correct answer).

1. Kei te hūnuku au i a koe (**atu**, mai, ake, iho)
2. Kei te wehe te pahi i Tauranga (**atu**, mai, ake, iho)
3. I whakarere te ika i ōna hoa (**atu**, mai, ake, **iho**)
4. E hoki ana te tama ki tōku kāinga i te kura (atu, **mai**, ake, iho)
5. Kei te rere te waka rererangi i Otepoti (**atu**, mai, ake, iho)
6. Kei te oma ngā tamariki i te taika (**atu**, mai, ake, iho)
7. Kua heke te ngeru i te rākau (atu, **mai**, ake, **iho**)
8. Kua puta te kōtiro i tōna whare (**atu**, mai, ake, iho)
9. Kei te makere te tāne i te tereina (atu, **mai**, ake, **iho**)
10. Kua rere te manu i tōna kōhanga (**atu**, mai, ake, iho)

Rātū – Tuesday
1. Tirohia ēnei whakaahua. Whakautua te pātai.
1. Look at the following pictures. Answer each question.

1. ... i te kura
2. ... i te papa
3. ... i te tēpu kai
4. ... i te tereina
5. ... i te rākau
6. ... i te / tōna moenga
7. ... i Murupara
8. ... i te whare kararehe

9. . . . i te tūraparapa
10. . . . i te pouraka / moenga pēpi
2. Whakaurua te tūpou tika.
2. Insert the appropriate pronoun.
1. (**tāua,** rāua, kōrua, māua)
2. (tāua, **rāua**, kōrua, māua)
3. (tāua, rāua, **koutou**, mātou)
4. (tātou, rāua, koe, **māua**)
5. (au, rāua, **koe,** māua)
6. (**tāua,** rāua, kōrua, tātou)
7. (tāua, rāua, mātou, **rātou**)
8. (ia, rāua, koutou, **māua**)

Rāapa – Wednesday
1. Tuhia he rerenga kōrero mō ēnei whakaahua, whakamahi te *i . . . ki*.
1. Compose a sentence for each picture using i . . . ki.
1. E hīkoi atu ana rāua i te whare karakia ki te kura
2. E oma atu ana ia i Rotorua ki Maketū
3. Kaikōrero 1: Kei te haere koe ki hea?
Kaikōrero 2: I konei ki te whare kiriata.
4. E puta atu ana te koroua i te whare ki waho
5. Kei te hiki ngā tāne / rāua i te pouaka i te papa ki te whata
2. Whakaotia ēnei rerenga kōrero, whakamahia ngā kupu kei roto i ngā taiepa, me te *tae noa*.
2. Complete these sentences. Use the words in the brackets to help you, and the tae noa.
1. Ka haratau ia i te whitu karaka i te pō tae noa ki te waenganui pō
2. Kua moe rātou i tērā pō tae noa ki tēnei wā
3. Ka ngaki au i te māra i te ata nei tae noa ki te ahiahi pō
4. Me kauhoe koutou i uta nei tae noa ki Mokoia
5. I hararei mātou i te tekau mā iwa o Whiringa-ā-rangi tae noa ki te tahi o Hakihea
6. Me tautoko au i te noho hōpuni a taku hoa i te Rāhina tae noa ki te Rāmere

Rāpare – Thursday
1. Kōwhiria ngā rerenga kōrero e tika ana hei whakaoti i te kōrero i waenganui i a Atawhai rāua ko Rāwiri.
1. Choose the correct sentences to complete the dialogue between Atawhai and Rāwiri.
1. I oma mai koe ki tōku whare?
2. Āe, tēnā koa whakakīa taku ipu ki te wai
3. Kei te aha koe?
4. Kei te tunu pihikete au
5. Whakarekahia te kōnatutanga ki te huka
6. Kei te oma anō koe ki tō kāinga?
7. E mea ana koe!
8. Kaua e wareware ki te pani i te kiri ki te ārai tikākā

2. Kōwhiria ngā rerenga kōrero e tika ana hei whakaoti i te kōrero i waenganui i a Atawhai rāua ko Rāwinia.
2. Choose the correct sentences to complete the dialogue between Atawhai and Rāwinia.
1. Hōmai ngā ārani rā
2. He aha ai?
3. Me tapahi ki te māripi nei, he nui rawa ngā wāhanga
4. Pai tēnā whakaaro. Kia mutu tēnā, māku e horoi anō ki te wai
5. Ka tahu koe i te ahi ākuanei?
6. E mea ana koe! He makariri hoki ā-waho
7. Me tapahi wāhie anō koe ki te toki
8. Pokokōhua!

Rāmere – Friday
2. Whakapākehātia ngā kōrero ki waenganui i a Mere rāua ko Māka.
2. Translate the following dialogue between Mere and Māka into English.
Mere: Hey Māka, where are you?
Māka: At my place / house.
Mere: Is Ani still there?
Māka: Nope, she's already left to go to Whangārei.
Mere: When did she leave?
Māka: Mmm, she left the house to go to town at 7am, and the bus left town to go to Whangārei at 8am.
Mere: I'm a bit sad I didn't get the chance to say goodbye to her.
Māka: It's ok! She will be returning from Whangārei (to here) next month. She is going to stay at my place again.
Mere: Awesome! Have you organised lunch / got some lunch ready? I'm on my way to yours (your place).
Māka: Not yet.
Mere: All good! I'll fill some bags here with food, I'll be over (from here to there) soon.

WEEK FORTY-THREE
Rāhina – Monday
1. Tirohia ēnei whakaahua. Whiriwhirihia te rerenga tika mō ia whakaahua. Kimihia te whiore tika i te tuatahi. Kua oti kē te whakautu tuatahi.
1. Look at the following pictures. Choose the correct sentence for each picture. Find the correct ending for each sentence first. The first answer has been done.

_8_. Kei te whakamaroketia ōna makawe   . . . ki te whakamaroke makawe

_9_. Kei te whakamaroketia ngā utauta   . . . ki te tauera

_7_. Kei te haua te pōro   ... ki te rākau hahau pōro
_10_. E tapahia ana te parāoa   ... ki te māripi
_2_. Kei te wakua ōna niho   ... ki te taitai niho
_1_. E tahitahia ana te papa   ... ki te tahitahi
_3_. E pōtarotarohia ana ngā mauti   ... ki te pōtarotaro
_6_. Kei te tuhia he kōrero   ... ki te pene
_5_. Kei te tukatukahia te waka   ... ki te tāwiri / ki te kī
_4_. E ūkuia ana te tūpapa   ... ki te muku

2. Whakamāoritia ēnei rerenga kōrero.
2. *Translate these sentences into Māori.*
  1. Kāore te tūpapa e ūkuia ana ki te muku
  2. Kāore te waka i te horoia ki te uku me te wai
  3. Kāore te māra e kōnehutia ana ki te tāoke
  4. Kāore ōna pūkoro i whakakīa ki te moni
  5. Kāore tōna ngākau i whakakīa ki te mauāhara
  6. Kāore te pouaka whakaata i whakawetoa ki te rau mamao

Rātū – Tuesday

1. Waihangatia kia waru ngā rerenga kōrero i te tūtohi i raro nei.
1. *Construct 8 sentences using the table below.*
  1. He tawhiti kē ake a Rotorua i a Tāmaki
  2. He nui kē ake ōku uaua i ōu
  3. He kaha kē ake te tuakana i te teina ki te kōrero
  4. He tawhito kē atu te waka tauā i te motukā
  5. He reka kē atu te tiakarete i te puananī
  6. He ātaahua kē atu tōna reo i tō Mere ki te waiata
  7. He teitei kē atu te kauri i te mānuka
  8. He tere kē atu a Hēmi i a koe ki te oma

2. Ināianei me whakapākehā e koe ō rerenga.
2. *Now translate your sentences into English.*
  1. Rotorua is much further away than Auckland
  2. My muscles are much bigger than yours
  3. The older sibling is much stronger than the younger one at speaking
  4. A war canoe is much older than a car
  5. Chocolate is much sweeter than broccoli
  6. He / She has a much more beautiful voice than Mere when it comes to singing
  7. A kauri is much taller than a mānuka
  8. Hemi is much faster than you at running

Rāapa – Wednesday

1. Tuhia he rārangi mai i te ingoa i te taha maui ki te whakaahua i te taha matau.
1. *Draw a line from the name on the left of your page, to the correct picture on the right.*
  1. He pai kē ake a Rangi i a koe ki te tākaro tēnehi *(line between Rangi and tennis.)*
  2. He pai kē ake a Tamehana i a koe ki te tākaro poiwhana *(line between Tamehana and football)*
  3. He pai kē ake a Orewa i a koe ki te tākaro poiuka *(line between Orewa and softball)*

2. Whakapākehātia ēnei rerenga kōrero.
2. *Translate the following sentences into English.*
  1. This painting is much more attractive than that one
  2. My house is much warmer than yours
  3. Christchurch is much colder than Kaikohe
  4. Aoraki is much taller than Taupiri
  5. I am much cleverer than you
  6. Hēnare is much better than you all at looking after the kids

3. Tuhia he rerenga kōrero whakataurite mō ia whakaahua, whakaurua te *kē*.
3. *Write a comparison sentence for each picture, use **kē**.*
  1. He pai kē ake te eke pahikara i te eke pahi
  2. He pai kē atu te mātakitaki pouaka whakaata i te momi tūpeka
  3. He pai kē atu te moe i te piki rākau

Rāpare – Thursday

1. Whakamāoritia ēnei rerenga kōrero, āta whakaarohia me pēhea tō whakamahi i te *kē*.
1. *Translate the following sentences into Māori. Think carefully how you are going to use **kē**.*
  1. Kei hea kē aku pukapuka?
  2. Kei hea kē ngā tāwiri / kī?
  3. Tō pukumahi kē!
  4. Tōna kaha kē!
  5. Ehara tēnei i te māripi, he marau / paoka kē
  6. Kua tekau karaka (i te pō) kē
  7. Kua haere kē rāua
  8. I ngana au ki te awhi i a ia engari i huri kē ia
  9. Nō Ngāti Whakaue kē rāua
  10. He māia ke atu ia i a rātou

2. Whakahāngūtia ēnei rerenga, kia rua ngā hāngūtanga.
2. *Make these sentences passive. Use the double passive form.*
  1. Kei te powhiritia kētia e rātou ngā manuhiri
  2. Kua pikia kētia e te whānau te maunga rā
  3. Kua kitea kētia e mātou tēnei kiriata
  4. Kua hoea kētia e te iwi te waka ki uta
  5. Kua tunua kētia e Māmā ngā pihikete
  6. I te horoia kētia e ngā tamariki te waka

7. I te katohia kētia e ia ngā putiputi
8. E pēhia kētia ana e rātou te Iwi Moemoeā
9. E tuhia kētia ana e te tama te pukapuka hōu
10. Kei te hopukina kētia e rāua āna kōrero

Rāmere – Friday
2. Whakaotia tēnei pangakupu.
2. *Complete the crossword.*

Whakararo | *Down*
1. TUKATUKA
4. MAUĀHARA
5. WAKU
9. ŪKUI

Whakapae | *Across*
2. PŪKORO
3. TŪPAPA
6. WHAKAMAROKE
7. NGANA
8. MAUTI
10. MONI

WEEK FORTY-FOUR
Rāhina – Monday
1. Kōwhirihia te mea tika; *ki te*, *kia* rānei hei whakaoti i ēnei rerenga kōrero.
1. *Choose the correct one; **ki te** or **kia** to complete the following sentences.*

1. (**ki te** / kia)
2. (**ki te** / kia)
3. (ki te / **kia**)
4. (**ki te** / kia)
5. (ki te / **kia**)
6. (ki te / **kia**)
7. (**ki te** / kia)
8. (ki te / **kia**)
9. (**ki te** / kia)
10. (**ki te** / kia)

2. Whakamāoritia ēnei rerenga kōrero, me kōwhiri mēnā rā ko te *ki te* ko te *kia* rānei te mea tika mō ō whakamāoritanga.
2. *Translate these sentences into Māori, you will need to decide between **ki te** and **kia** as you translate.*

1. E tono ana taku hoa kia kōrero koe i te tuatahi
2. Ko te whakahau a te kōti, kia haere koe ki te whare herehere
3. E whakaaro ana mātou ki te haere ki tātahi i te rā nei
4. Kei te pīrangi ia kia tae atu tātou i mua i te poupoutanga o te rā
5. Kei te pīrangi ia ki te haere ki Western Heights High School (Te Kura Tuarua o Kaitao Rotohokahoka) ā tērā tau

Rātū – Tuesday
1. Whakaotia ngā rerenga kōrero kei raro iho nei. E rua ngā momo kōwhiringa: *ki te*, *kia* rānei.
1. *Complete the following sentences. There are two options for you to select from: **ki te** and **kia**.*

1. E haere ana au **ki te** whare o taku kuia
2. Kei te pīrangi te iwi **kia** whakarongo te Kāwanatanga
3. Shhh, kei te pīrangi mātou **ki te** mātakitaki i a *Marae*
4. Ko te manako **kia** tau ngā manaakitanga ki runga i a koutou
5. Āe, e pai ana **kia** waea atu koe ki a ia
6. I te whakaaro te whānau rā **ki te** hīkoi ki te tāone
7. Kei te tono te kaiako **kia** tīmata ngā tauira ki te tuhi
8. I akiaki au i a ia **kia** haere mai, auare ake!
9. I kī atu taku māmā **kia** noho taku wahine ki te kai, engari kāore ia i pīrangi
10. Ka mahi nui au **ki te** āwhina i a koe, e hoa

2. Ināianei me whakapākehā koe i aua rerenga.
2. *Now translate those sentences into English.*

1. I am going to my grandmother's house
2. The tribe wants the Government to pay attention / listen
3. Shhh, we want to watch *Marae*
4. The desire is that goodwill and generosity be bestowed on you all
5. Yes, it is ok for you to ring her / him
6. That family was thinking of walking to town
7. The teacher is requesting that the students start to write
8. I encouraged him to come here, but to no avail
9. My mother said for my girlfriend / wife to sit and eat, but she didn't want to
10. I will do everything I can to help you, my friend

Rāapa – Wednesday
1. Whakaotia ngā rerenga kōrero kei raro iho nei. Whakamahia te *kia . . . ai* mō te wāhanga tuarua o te kōrero. Ko te tuatahi hei tauira.
1. *Complete the following sentences. Use the **kia . . . ai** for the second part of sentence. The first one has been completed already as an example.*

1. Kei te haere ki tō rāua whare, kia kite ai au i taku whanaunga
2. Kei te kai **tō koutou** pāpā, kia kī ai tōna puku
3. Haere mai ki roto i **tō mātou** taiwhanga moe kia whawhewhawhe ai tātou
4. Kei te tāhae ia i **tā māua** pukapuka reo Māori kia mōhio ai ia ki te reo

5. Kua tae mai **tō tātou** pahi kia haere ai tātou ki te tāone
6. Kua peita rāua i **tō rātou** whare kia pīataata ai
7. Ka haere ngā tamariki ki **tō rātou** marae kia mōhio ai rātou he Māori rātou
8. Ka mihi ngā kōtiro ki **tō tātou** maunga kia maumahara ai tātou
9. I whakatika ngā koroua i **tō mātou** whare karakia kia nui ake ai
10. Kei te moe **tō rātou** kuia kia pakari ai ia mō āpōpō

2. **Whakaotia ngā rerenga kōrero e whai ake nei.**
2. *Complete the following sentences.*
   1. Kei te mātakitaki rātou i te pouaka whakaata kia kore ai rātou e tohe
   2. Kei te horoi ia i ngā pereti kia kore ai tana māmā e riri
   3. E oma ana ia ki te kāinga kia kore ai ia e takaroa
   4. Anei tō tātou hoa! Kua tae mai ia me ā tātou kai kia kore ai tātou e hiakai tonu
   5. Me horoi koe i ō kākahu paru kia kore ai e haunga
   6. Kei te whatu korowai te kui kia kore ai tāna mokopuna e tū mokemoke ki tana whakapōtaetanga
   7. E waiata ana anō rātou i tā rātou waiata kia kore ai rātou e wareware ki ngā kupu
   8. Kei te whakaomaoma i te kurī kia kore ai e mōmona

Rāpare – Thursday
1. **Whakahonoa ngā rerenga i te taha mauī ki te taha matau.**
1. *Join the sentence on the left to its correct partner on the right.*

1. E akiaki ana ia i a mātou kia mātakitaki i a Ōpaki	kia ako ai mātou i te reo
2. E whai ana rātou kia tohua he kaiārahi i mua i te mutunga o te wiki	kia pai ai te ahu whakamua o te rōpū
3. Ko te wawata ia kia kai ngā kaumātua	kia kore ai rātou e matekai
4. Ko te tūmanako kia paki āpōpō	kia haere ai tātou ki te marae o Hinemoana
5. Tapahia ngā kāroti kia iti	kia tere māoa ai
6. Mea atu ki a ia kia kawea ā tātou mihi	kia kore ai te hau kāinga e riri mai
7. I hiahia rātou kia wehe te pahi inapō	kia tae wawe atu ai ki Te Matatini i te rā nei

8. Ko taku whakahau kia kaua koutou e whakarongo ki a ia | kia kore ai koutou e raru i te tini o ana rūkahu

2. **Ināianei me whakapākehā koe i ō rerenga.**
2. *Now translate your sentences into English.*
   1. He / She is encouraging us to watch Ōpaki so that we learn te reo Māori
   2. Their goal is to appoint a leader by the end of the week so that their group / party can move forward
   3. The desire is for our elders to eat first so that they don't get hungry
   4. We hope that it is fine tomorrow so we can go to the beach
   5. Cut the carrots into small pieces so that they cook quicker
   6. Tell him / her to pass on our regards so that the locals don't get angry with us
   7. They wanted the bus to leave last night so that they would arrive punctually to Te Matatini today
   8. My advice to you all is not to listen to him / her so you don't get caught up in their lies / bulls@*t

Rāmere – Friday
2. **Whakapākehātia tā Mere rāua ko Māka kōrero.**
2. *Translate into English the dialogue between Mere and Māka.*

Mere: Hey Māka, I want to go to the supermarket, can you come with me?
Māka: Sweet as! What are you going to buy?
Mere: Protein so I can make smoothies in the morning, so that my body gets stronger (more muscular).
Māka: I hope you are sticking to your diet so that you achieve your goals for your body.
Mere: True (you're right).
Māka: The wish is, my friend, that we go now, ok? So that I am not late for work.
Mere: Is there something important happening at your work today?
Māka: Yes, I am sending a request to the Rotorua Council for the mayor to talk to me.
Mere: Right then, we better get a move on!

WEEK FORTY-FIVE
Rāhina – Monday
Pānuitia tēnei kōrero kei waenganui i a Atawhai me Anaru, ka tuhi ai i ō whakautu ki ngā pātai.
Read the dialogue between Atawhai and Anaru, then answer the questions.
   1. Kei te haere a Ata ki te mātakitaki i te kapa haka

2. Kei hea ia ngā tīkiti? I hokona, i waiho ki te tēpu nei
3. Kia māia, kia manawanui
4. Ā te tekau mā tahi karaka
5. Kua toru marama te kapa e haratau ana
6. (b) I feel pity for them
7. Pocket
8. Kua tekau karaka
9. I kitea ngā tīkiti i te pūkoro o Atawhai
10. No tickets, no kapa haka

Rātū – Tuesday

Pānuitia tēnei kōrero kei waenganui i a Atawhai me Anaru, ka tuhi ai i ō whakautu ki ngā pātai.
Read the dialogue between Atawhai and Anaru, then answer the questions.

1. Kei te haere a Ata me tōna whānau ki te tangihanga o Mōrehu
2. E hiahia ana taku kuia ki te mihi whakamutunga ki a Mōrehu, kia ea ai tōna pōuritanga
3. Kāore he wahine karanga; i kōrero Pākehā ngā tāne whaikōrero; kōtiti hoki ā rātou kōrero ki wīwī, ki wāwā, aha atu, aha atu.
4. Me whai te marae o Anaru i te tauira a te marae o Atawhai
5. Kia kite ai te kirimate i a rāua, kia rongo ai rātou i te aroha o tō rāua hapū
6. (a) All over the place
7. Farewell (usually only to a deceased person)
8. Immediate family of the deceased
9. Āe. Hei tā Anaru
10. On the final night they are permitted to speak at length about the deceased person

Rāapa – Wednesday

Pānuitia tēnei kōrero kei waenganui i a Atawhai me Anaru, ka tuhi ai i ō whakautu ki ngā pātai.
Read the dialogue between Atawhai and Anaru, then answer the questions.

1. Ka tekau meneti te roa kia tae atu ki te kāinga i te whare pukapuka
2. I te tatari a Anaru ki a Atawhai
3. Ko Temuera Morrison kei roto i te kiriata hoū
4. He pai kē atu te hoki i tō taha
5. Mā Atawhai ngā tīkiti e hoko
6. Ka hokona ngā tīkiti i te ipurangi
7. Ka tekau meneti te kāinga tae atu ki te whare kiriata
8. Ā te whitu karaka
9. Kia tae rāua ki te kāinga, ka horoi, ka panoni kākahu
10. Whakapākehātia ēnei rerenga:
    a. kei te whakatiki au = *I am dieting / I am on a diet*
    b. tākaro ātaata = *play video games*
    c. Tō pai hoki! = *You are so awesome!*

Rāpare – Thursday

Pānuitia ngā tīwhiri, ka tuhi ai i te kupu.
Read the clues and guess the word.

1. He wāhi ako 2. He maha o ēnei 3. Ka haere ngā tamariki, kaua ko ngā pakeke **kura**	1. He reo ātaahua 2. He reo taketake 3. Te reo tuatahi o Aotearoa **te reo Māori**
1. He hākinakina 2. Ka mau kākahu pango te kapa o tēnei whenua 3. Buck Shelford **whutupōro**	1. Ka whai koe i tēnei mō ō mahi 2. Hei tā ētahi, koia te pūtake o te kino 3. Ka noho ki te Whare Tahua hei poipoi mā reira **moni**
1. Kaua e inumia 2. He mōrearea 3. He kupu anō mō te paihana **tāoke**	1. Kua tipu ngā mauti 2. Me tapahi pātītī 3. He hoihoi tana tangi **pōtarotaro**
1. He pai mō te waku niho 2. He pai mō te peita 3. He māmā te kawe **taitai**	1. Ka whakairi kākahu māku kia pēnei ai 2. Mā ngā hihi o te rā 3. Kupu tauaro ki te maroke **maroke / whakamaroke**
1. He wāhi kei te kāuta / kīhini 2. Ka horoi utauta ki reira 3. Ka whakataka kai ki reira **tūpapa**	1. He waka 2. He tāwiri 3. Kātahi te waka ka haruru **tukatuka**
1. Ka pāinaina ki reira 2. Ka rangona ngā ngaru 3. Te atua o tātahi **te marae o Hinemoana**	1. Whā tau ki te whare wānanga 2. Ka tae tō whānau ki te hurō 3. Ka whakawhiwhia ki tō tohu **whakapōtaetanga**
1. Kaha rawa ki te kai 2. Taumaha 3. Nui rawa te puku **mōmona**	1. Koinei te mahi ki runga i tō kawe reo 2. Whakapā atu ki tō hoa 3. Pēhi pātene, kōrero **waea atu**
1. Mō te hunga takahi ture 2. Kei reira ngā mauhere 3. Ka kia, he hīnaki **whare herehere**	1. He whakatipu uaua 2. He puehu 3. Ka kitea i ngā whare hākinakina **pūmua**

WEEK FORTY-SIX

Rāhina – Monday

1. Whakahonoa ngā rerenga i te taha mauī ki te taha matau.

1. Join the sentence on the left to its correct partner on the right.

1. Hei aha te pōro?   Hei tākaro mā ngā tamariki
2. Hei aha te pūahi?   Hei tahu ahi
3. Hei aha tēnā kai?   Hei whāngai i te kurī
4. Hei aha ērā āporo?   Hei mahi wai āporo
5. Hei aha tēnā mōhani pūmua?   Hei whakatipu i ngā uaua
6. Hei aha ngā pātara wai māori rā?   Hei oranga mō te tinana
7. Hei aha te uku?   Hei horoi i te tinana
8. Hei aha tēnā pūoto, he rango kei runga?   Hei patu i ngā rango hōhā nei

2. Ināianei me whakapākehā koe i ō rerenga; rerenga pātai tuatahi, rerenga whakautu tuarua.

2. Now translate your sentences into English; question phrase first, then answer phrase.

1. What's the ball for?
   For the kids to play with
2. What's the lighter for?
   To light the fire
3. What's that food for?
   To feed the dog
4. What are those apples for?
   To make apple juice
5. What's that protein smoothie for?
   To grow muscles
6. What are those bottles of water for?
   For physical health and well being
7. What's the soap for?
   To wash your body with
8. What's that cylinder with the fly on it for?
   To kill pesky flies

Rātū – Tuesday

1. Whakahonoa ngā rerenga i te taha mauī ki te taha matau.

1. Join the sentence on the left to its correct partner on the right.

1. He maha ngā mahi   hei whakatutuki mā tātou
2. Ko tēhea pukapuka   hei pānui mā tāua?
3. Anei te mīti   hei tapahi mā ngā tāne
4. Anei te tūraparapa   hei pekepeke mā ngā tamariki
5. Ko ēhea keke   hei kai mā tāua, e kō?
6. Kei te tukuna he kōrero ki a koe   hei whakamāori māu
7. He maha aku pātai   hei whakautu māu
8. Kua haere ia ki Pāniora   hei hoa mō Mere e noho mokemoke rā

2. Ināianei me whakapākehā koe i ō rerenga.

2. Now translate your sentences into English.

1. There are many jobs for us to complete
2. Which book shall we read?
3. Here is the meat to be cut by the men
4. Here is the trampoline for the kids to jump around on
5. Which cakes shall we eat, my girl?
6. A piece of writing is being sent to you, for you to translate
7. I have many questions for you to answer
8. He / She has gone to Spain as a friend for Mere who is very lonely

Rāapa – Wednesday

1. E hē ana ēnei rerenga kōrero, māu e whakatika.

1. The following sentences are incorrect, fix them.

1. Anei te kiriata hei mātakitaki mā tō whānau
2. Ko Mereana te wahine tika hei waea atu māu
3. Ko Morewhati tōku koroua, koia hei tohutohu i te iwi
4. Ko Hori tōna teina i tukuna ki te kura noho hei whakatika i tōna whanonga
5. Tikina he māripi hei tapatapahi i ngā kāroti
6. Arā ngā pene hei whakaoti i te mahi kauruku nei
7. Tukuna te kai nei ki runga i te tēpu, hei whakapau mā ngā manuhiri
8. Mere, e puta i te waka, ko koe hei whakatūwhera i te kūaha
9. Kei a au te pū hei whakamate i ngā tia
10. Whakamahia te kani hei whakahinga i te rākau, he pūhuki rawa te toki

2. Kī atu ki ngā tāngata o ēnei pikitia kia *kaua hei* mahi i te mahi e mahia ana e rātou.

2. Tell the people in these pictures to not do what they are doing.

1. Kaua hei tahitahi i te papa
2. Kaua hei waku niho
3. Kaua hei hautū waka

4. Kaua hei hī ika
5. Kaua hei tunu kai
6. Kaua hei tuhituhi
7. Kaua hei hāparangi
8. Kaua hei tangi
9. Kaua hei kanikani
10. Kaua hei tapahi i te parāoa

Rāmere – Friday
2. Whakapākehātia tā Mere rāua ko Māka kōrero.
2. Translate into English the dialogue between Mere and Māka.

Mere: Hello Māka, what's all that equipment for?
Māka: To carve this wood. These are chisels.
Mere: What are the carvings for?
Māka: To put on the walls of our new ancestral meeting house. Our new house will be opened next month.
Mere: These carvings will be awesome adornments for the house, they are absolutely beautiful!
Māka: Never mind the accolades! Help me to finish them, there's not much time left!
Mere: Don't worry my friend, I will help you – what shall I do?
Māka: Choose a chisel for you to use and start working.
Mere: Mmm, I actually have no idea how to do this, I should ring up Hēmi.
Māka: Why would you ring him?
Mere: Because he knows how to carve, and he currently has no work on, so he is available. He is my nephew. What should he bring with him?
Māka: Nothing, but tell him that we have a lot to get done.

WEEK FORTY-SEVEN
Rāhina – Monday
1. Tuhia kia waru ngā rerenga kōrero i te tūtohi i raro iho nei.
1. Use the table below to construct 8 sentences.

Nā	tō rātou	kore	mōhio	i raru ai
He	wāhi	kore	kai	a Whangahī
Kei te	noho	hiko	kore	mātou
Ka	tū	kaiako	kore	ngā tamariki
I	haere	hū	kore	ki rō whare
He	iwi	whakaaro	kore	rātou
Nā	tōna	kore	wātea	i tamō ai ia
Mā	te	kore	pātai	ka kūare

2. Ināianei me whakapākehā i ō rerenga kōrero e waru.
2. Now translate your 8 sentences into English.

1. It was because of their lack of understanding they got in trouble
2. Whangahī is a place that is lacking in food
3. We are living with no power
4. The children will stand without a teacher
5. They entered the house without shoes
6. They are a thoughtless tribe
7. It was because of his lack of availability that he was absent
8. By not asking questions, ignorance occurs

Rātū – Tuesday
1. Hurihia ēnei rerenga kōrero i te rerenga tūāhua, ki te rerenga whakakāhore noa E kore, ā, ki te rerenga hāngū. Tirohia te tuatahi hei tauira.
1. Change these stative sentences into normal negative sentences using E kore, then into passive sentences. Take a look at the first example.

1. E kore au e ora i a koe
   E kore koe e whakaora i a au
   E kore au e whakaorangia e koe
2. E kore e wera i a au te wai
   E kore au e whakawera i te wai
   E kore te wai e whakawerahia e au
3. E kore e tika i te kaiako tō tuhinga
   E kore te kaiako e whakatika i tō tuhinga
   E kore tō tuhinga e whakatikahia e tō kaiako
4. E kore e pau i a rātou ngā inu
   E kore rātou e whakapau i ngā inu
   E kore ngā inu e whakapaua e rātou
5. E kore e wehi i a koe taku tama
   E kore koe e whakawehi i taku tama
   E kore taku tama e whakawehia e koe
6. E kore e mate i a rātou ngā paihamu
   E kore rātou e whakamate i ngā paihamu
   E kore e whakamatea e rātou ngā paihamu
7. E kore e tū i a koe tō kaupapa
   E kore koe e whakatū i tō kaupapa
   E kore e whakatūria e koe tō kaupapa

Rāapa – Wednesday
1. Whakakāhoretia ēnei rerenga kōrero. Whakamahia te *Kore rawa* mō ngā tau kehe, *Tino kore rawa* mō ērā atu tau.
*1. Negate the following sentences. Use both methods; **Kore rawa** for odd numbers, **Tino kore rawa** for even numbers.*

1. Kore rawa ngā tamariki e whātui i ngā kākahu
2. Tino kore rawa te koroua e peita i te whare
3. Kore rawa a Mere e hoko pene rākau
4. Tino kore rawa te whānau e hoe i te waka
5. Kore rawa e pau i ngā kōtiro ngā rare te kai
6. Tino kore rawa e whakatangihia e rātou te kōauau

7. Kore rawa ia e whakahoki i te kākahu kaukau ki tōna hoa
8. Tino kore rawa koe e whana i te pōro
9. Kore rawa kōrua e hiki i te pouaka āporo rā
10. Tino kore rawa e hopukina e ia te pōro
11. Kore rawa te iwi e raru i tērā whakatau
12. Tino kore rawa te rau mamao e kimihia e ia
13. Kore rawa ngā whare wānanga e hoko i ngā pukapuka
14. Tino kore rawa te whānau e waruwaru i ngā rīwai
15. Kore rawa ngā iwi e tiaki i te whenua

Rāpare – Thursday
1. Whakamāoritia ngā rerenga kōrero nei. Tīmata tō rerenga ki te *Kua kore*.
*1. Translate the following sentences into Māori. Start your sentence with **Kua kore**.*

1. Kua kore a Mere e kohikohi i ngā tamariki
2. Kua kore rāua e hopu i ngā ika
3. Kua kore ia e hari i a rāua ki te kura
4. Kua kore ia e tunu i te kai
5. Kua kore te iwi e tautoko i a koe
6. Kua kore ia e ū ki te kaupapa huka kore
7. Kua kore te ipu e pakaru
8. Kua kore ngā tama e ruku ki roto
9. Kua kore e kōrerotia
10. Kua kore e kitea

Rāmere – Friday
1. Whakatikahia ēnei rerenga nanu.
1. Correct these jumbled sentences.

1. Kua kore he kaumātua o tērā iwi
2. Kua kore he kaiako pāngarau o tērā kura
3. Kua kore he makawe o tōna upoko
4. Kua kore he whakairo o tō rātou whare
5. Kua kore he hiko o te whare

2. Whakapākehātia ngā rerenga e rima.
2. Translate those five sentences into English.

1. They have no elders in that tribe
2. They have no maths teacher at that school
3. The hair on his head has disappeared
4. They have no carvings in their house
5. The house has no power

WEEK FORTY-EIGHT
Rāhina – Monday
1. Porohitatia te kupu tika kia mōhio ai koe ko tēhea o ngā tikanga e toru o te *me kore* e whakahuatia ana.
*1. Circle the correct word to show that you know which of the three versions of **me kore** is being used.*

1. Taihoa e haere, Māmā, me kore e mau i a au he ika anō
   a. fortunately   b. **to see if**   c. just in case
2. Me kore ake koe i toa ai tō kapa
   a. **fortunately**   b. to see if   c. just in case
3. Pātōtōhia te kūaha, me kore e huakina e ia
   a. fortunately   b. to see if   c. **just in case**
4. Me kore ake a Mere hei kaiwhakahaere i te hui
   a. **fortunately**   b. to see if   c. just in case
5. Me kore ake a Pukamata e hono ai tātou ki a tātou
   a. **fortunately**   b. to see if   c. just in case
6. E hui ana mātou me kore e ora i a mātou te reo
   a. fortunately   b. **to see if**   c. just in case
7. Kia teitei ake tō peke, me kore tō ringa e pā ki te tuanui
   a. fortunately   b. **to see if**   c. just in case
8. Kia kaha te wheta, me kore koe e whai piro
   a. fortunately   b. **to see if**   c. just in case
9. E rite tonu ana taku whakarongo ki ana pāhorangi, me kore e mau i a au ngā whakamārama mō te 'ā' me te 'ō'
   a. fortunately   b. to see if   c. **just in case**
10. Me kimi tonu, me kore e kitea
    a. fortunately   b. to see if   c. **just in case**
11. Nau mai ki tēnei hui, me kore e kitea he rongoā mō tēnei raru
    a. fortunately   b. to see if   c. **just in case**
12. I haere mai ia, me kore ia e tautokohia e mātou
    a. fortunately   b. **to see if**   c. just in case
13. Me kore tō pāpā, kua kore tēnei hōtaka
    a. **fortunately**   b. to see if   c. just in case
14. Haria tō kawe reo, me kore au e whakapā atu ki a koe
    a. fortunately   b. to see if   c. **just in case**
15. Me uru koe ki te whakataetae, me kore koe e angitū
    a. fortunately   b. **to see if**   c. just in case

Rātū – Tuesday
1. Me whakapākehā i ngā rerenga kōrero tekau tuatahi o inanahi.
1. Translate the first 10 sentences from yesterday into English.

1. Don't leave yet, Mum, let's see if I can catch another fish
2. It was because of you that your team won (The team was fortunate to have you)
3. Knock on the door to see if / just in case he opens it
4. It is fortunate we have Mere here to coordinate the meeting
5. It is fortunate we have Facebook to connect us
6. We are meeting just in case / to see if we might / we can revive the language
7. Jump higher to see if your hand can touch the ceiling
8. Go hard on the sidestepping to see if you can score a try

9. I am always listening to his / her podcasts just in case / to see if I can understand the 'ā' and 'ō' categories
10. Keep looking (just) in case (you) find it

Rāapa – Wednesday
1. Whakaotia ēnei rerenga kōrero.
1. Complete these sentences.
1. Nā taku tungāne au i āwhina, **nā** Kākuere
2. Mā rātou ngā inu e hoko, **mā** ngā matua kēkē
3. I haere rātou ki te kōrero ki te koroua rā, ki a Hēmi
4. Kātahi ia ka kapo ake i tana rākau, i tana taiaha
5. Hoatu ēnei kai ki tērā hunga, ki ngā tamariki rā
6. Hokona he perehana māna, **mā** Te Awa, ko tōna huritau hoki āpōpō
7. Ka hui tātou ā tērā marama, ā te Hakihea
8. Kei konā kē a Rewi mā, kei te whare o Rākai
9. Kei te kimi au i taku pāpā, i a Tūkere, kei konei ia?
10. Ko te mea nui, e hoa, ko te aroha
11. I kōrerotia te take nei e rātou, e ngā kaumātua
12. I pakaru i a ia te matapihi, i a Kurawaka
13. Ka wānangatia tēnei take e ngā iwi e toru o konei, e Ngāi Tā Manuhiri, Rongowhakaata me Te Aitanga-a-Māhaki
14. Mā mātou koe e whakahoki, mā mātou ko Hāna, ko Pāora, ko Anaru
15. Mō rātou tēnei pūrongo, mō Te Taura Whiri
16. I kōhetengia ia e tōna whaea kēkē, e Wai
17. Ko te awa ia tērā o ngā tūpuna o mua, ko te awa o Ōrongo
18. I oma rātou ki tērā taha o te huarahi, ki te whare o Anya mā
19. I haere mai te tāne pōtarotaro mauti i te rā nei, a Steve
20. I pau i a rātou ngā kai katoa, i te iwi tuatahi rā

Rāpare – Thursday
1. Whakamāoritia ēnei rerenga nei.
1. Translate these sentences into Māori.
1. Nāna te kurī i patu, nā Mere / I patua te kurī e ia, e Mere
2. Nā rātou te taiepa i peita, nā te whānau / I peitahia te taiepa e rātou, e te whānau
3. I haere māua ki te kura, ki te kura o Te Rehu
4. Kei te kimi māua i tō māua māmā, i a Hūhana, kua kite koe i a ia?
5. He tino reka te ika nei, te tāmure
6. Kōrero atu ki a ia, ki a Tame
7. Mā rātou ēnei tare, mā Arahia, Tira me Kārena
8. Ko taku hoa wahine tēnei, ko Wonder Woman
9. I tautokohia te rautaki e ngā kaiako, e Rīhari mā
10. Kei te kutia ōna makawe e tōna māmā, e Teriana

Rāmere – Friday
2. Whakaotia tēnei pangakupu.
2. Complete the crossword.
Whakararo | Down
1. HAIR
2. HINETITAMA
4. PĀTŌTŌ
7. FACEBOOK
9. KUTI
Whakapae | Across
3. SNAPPER
5. HŌTAKA
6. HONO
8. TŌNGAKINGAKI
10. DODGE

WEEK FORTY-NINE
Rāhina – Monday
1. Tirohia te whakaahua kei raro nei, honoa ngā wāhanga tahi, rua, toru, whā, me te rima o ngā tauira rerenga kōrero kia oti ai he rerenga mārama.
1. Look at the picture below, then join parts 1, 2, 3, 4, and 5 to form an understandable phrase based on what's in the picture.
1. E noho takirua ana ngā kuia i te tūru
2. E tiemiemi takirua ana ngā tama
3. Kei te tāheke takitahi te kōtiro i te tāheke
4. Kei te mahi takiwhā ngā tamariki ki te hanga pā onepū
5. Kei te eke takitahi ia i te pahikara
6. Inā ngā manu takitini kei te rākau e noho ana
7. Me mahi takitoru koutou, kōtiro mā
8. Ka taea te kī he takimano ngā tāngata kei konei i tēnei rā

2. Tirohia ngā whakaahua, whakautua te pātai.
2. Look at the pictures and answer the question.
1. E noho takitahi ana te mōkai
2. E tū takitahi ana te kaiako
3. E moe takirua ana ngā ngeru
4. E tū takitini ana ngā manu
5. E huna takitahi ana te kiore

Rātū – Tuesday
1. Whakapākehātia ēnei rerenga kōrero.
1. Translate these sentences into English.
1. Off you all go
2. The cars are being washed individually
3. Both of you stand up
4. This book is being handed over for you to read in groups of three
5. Wake up everybody, it's time to go
6. At the end of the meeting everybody departed
7. Analyse the question in groups of four, then provide an answer

8. This is an important issue, so it is only right that the whole tribe needs to meet about it
9. Everybody say a prayer so we have a restful sleep tonight
10. This is the type of issue to be discussed by the many tribes, right across the country

Rāapa – Wednesday

1. **Whakamāoritia / Whakapākehātia rānei ēnei kōrero.**
1. *Translate these sentences into Māori / English.*

1. Taihoa ake ka mau rāua i ō rāua pōtae
2. In a short while the cat will die
3. In a short while, all his / her books will be bought
4. Taihoa ake ka tāhaengia tana rorohiko
5. Taihoa ake ka mau tērā kurī ki waenganui i te moana me te pari
6. In a short while their church will be opened by Ngāti Raukawa
7. In a short while we will see who the insane one is
8. In a short while Hēmi will fall off the bike
9. Me mutu tā tātou mahi ināianei; taihoa ake ka tūwhera te pāparakāuta
10. Pretty soon the family will move from Rotorua to Tauranga

Rāpare – Thursday

1. **Tirohia ngā whakaahua, kōwhiri te rerenga tika mō ia whakaahua. Kātahi koe ka whakapākehā i taua rerenga.**
1. *Look at the pictures and select the correct sentence for each picture. Then translate your sentence into English.*

1. Taihoa te kurī e tukua kia noho ki te tūru = Don't let the dog sit on the chair yet
2. Taihoa koe e haere, kāore anō te kura kia mutu = Don't go yet, school has not finished
3. Taihoa tēnā mahi, kei maringi te peita ki te tēpu = Don't do that yet or the paint will spill on the table
4. Taihoa koe e pupuhi i ērā manu, kei pūareare i a koe te tuanui o te whare = Don't shoot those birds yet, or you may put holes in the roof
5. Taihoa koe e kangakanga, tērā pea e tata ana ngā tamariki = Don't swear yet, the kids may be close by

2. **Whakamāoritia ēnei rerenga kōrero.**
2. *Translate the following sentences into Māori.*

1. Taihoa e uta i te pouaka ki runga i te tēpu
2. Taihoa e puta ki waho, kei te ua tonu
3. Taihoa e noho ki te tūru, kei te māku tonu te peita
4. Taihoa koe e hoko i tērā whare
5. Taihoa e piki ki runga i te kaipuke, kei te ngarungaru rawa tonu te moana

Rāmere – Friday

2. **Whakaotia tēnei pangakupu.**
2. *Complete the crossword.*

Whakararo | *Down*
1. POSITION
3. SANDCASTLE
7. HĀMENE

Whakapae | *Across*
2. PŌRANGI
4. PŪAREARE
5. INDIVIDUAL
6. WHAKAKAPI
8. TAKIRUA
9. STEAL
10. HŪNUKU

WEEK FIFTY

Rāhina – Monday

Pānuitia tēnei kōrero kei waenganui i a Mere rāua ko Māka nō te Wiki Whā Tekau Mā Whitu, ka tuhi ai i ō whakautu ki ngā pātai.
Read the dialogue between Mere and Māka from Week Forty-Seven, then answer the questions.

1. He kāngarere
2. Nōnāhea tēnā i tīmata ai?
3. He momo haurakirakitanga
4. He whare kore kai tō Hema rāua ko Nita whare
5. I te whakaaro a Hema rāua ko Nita kia huka kore
6. (a) I don't care
7. Unreliable
8. Nā te kore ū
9. Koirā tō rāua mate, he whakaaro-kore
10. Kāo

Rātū – Tuesday

Pānuitia tēnei kōrero kei waenganui i a Atawhai me Anaru, ka tuhi ai i ō whakautu ki ngā pātai.
Read the dialogue between Atawhai and Anaru, then answer the questions.

1. Kei te mātakitaki pouaka whakaata a Ata rāua ko Anaru
2. Me kore ake ōku karu hōmiromiro
3. 30–10
4. Me mātaki tonu me kore e toa ngā Kahurangi
5. Nā te mea i hōhā ia ki tētahi hōtaka
6. (b) No one better than you at congratulating yourself!
7. Move forward
8. To lie
9. I raro i te tūru
10. If it wasn't for my sharp eyesight

Rāapa – Wednesday

Pānuitia tēnei kōrero kei waenganui i a Atawhai me Anaru, ka tuhi ai i ō whakautu ki ngā pātai.
Read the dialogue between Atawhai and Anaru, then answer the questions.

1. Kua raru a Atawhai i te korenga o te puka heketua
2. Mate tikotiko
3. Whakamahia tō ringa
4. Me porotiti ki raro i te kūaha
5. Kei waho te takitini e rārangi ana
6. Teka (*false*): Kua tīmata te haere takirua a ētahi ki wharepaku
7. I oma atu ētahi ki te wharekai kei tērā taha o te huarahi, wharepaku ai
8. Gap or space
9. Kei waho i te wharepaku tūmatanui e tū ana
10. Whakapākehātia ēnei rerenga:
    a. kia tere te tiki atu = *hurry up and get it*
    b. me porotiti ki raro = *roll it underneath*
    c. kua pau te puka heketua! = *the toilet paper has run out!*

Rāpare – Thursday

1. Kimihia ngā kupu.
1. Find the words.

T	T	H	T	W	H	A	K	A	K	A	P	I	A	I
T	A	F	U	R	A	O	Z	Y	T	U	A	K	G	H
S	H	K	R	N	Z	H	V	U	A	B	O	N	N	G
P	A	K	I	G	U	U	A	R	Y	I	A	L	A	K
S	E	L	B	T	Y	K	E	K	A	R	U	N	R	O
B	F	T	N	O	A	A	U	Z	O	B	A	Y	U	F
I	M	A	G	R	R	H	W	P	C	S	R	O	T	K
Q	R	F	A	E	R	F	I	L	E	S	O	U	F	N
J	K	P	W	F	W	T	P	V	P	N	R	Z	B	L
B	A	U	A	L	O	M	V	Q	M	Y	O	X	N	T
P	Z	R	S	Y	F	N	V	X	S	E	H	A	L	K
I	I	J	P	W	K	E	K	A	Q	Y	I	E	P	Y
L	F	H	A	M	E	N	E	S	P	X	K	K	J	E
V	F	A	U	R	I	K	A	T	R	M	O	M	K	U
F	F	V	T	R	X	T	M	N	T	F	E	F	M	Z

HĀMENE	HŪNUKU	PĀ ONEPŪ
PĀPARAKĀUTA	PŌRANGI	PŪAREARE
ROROHIKO	TĀHAE	TAKIRUA
TAKITAHI	TŪRANGA	WHAKAKAPI

WEEK FIFTY-ONE

Rāhina – Monday

1. Tirohia ngā whakaahua, kōwhiria te kupu āhua tika hei whakaoti i te rerenga.
1. Look at the pictures and choose the correct adjective to complete the sentence.

1. He maunga teitei
2. He rangi wera
3. He wahine ātaahua
4. He wāhi makariri
5. He keke reka

2. Kimihia te whakautu tika.
2. Choose the correct answer.

He pango	He māeneene	He atamai
He areare	He maitai	He angiangi

3. Whakamāoritia ēnei rerenga.
3. Translate these sentences into Māori.

1. He tāne tāroaroa
2. He tama poto
3. He wahine mōmona
4. He kurī pūhuruhuru
5. He whare nui
6. He tamaiti rawemākoi

4. Whakamāoritia ēnei rerenga kōrero (Whakamahia te *He* + *kupuāhua*).
*4. Translate the following sentences into Māori (Use **He** + **adjective**).*

1. He mania te ara
2. He māeneene te kiri
3. He papatahi te whenua
4. He piataata ngā hū
5. He pōuriuri te rūma
6. He koi te māripi
7. He porotaka te papa tākaro
8. He pūhuki te māripi
9. He kūiti te ara
10. He tāroaroa ngā tāne
11. He taratara te kiri o te tuatete
12. He mārō te tūpapa
13. He pūioio te mīti
14. He ngohengohe te puku
15. He pīngore te tinana

Rātū – Tuesday

1. Whakakāhoretia ēnei rerenga kōrero.
1. Negate the following sentences.

1. Ehara te ara i te mania
2. Ehara te kiri i te māeneene
3. Ehara te whenua i te papatahi
4. Ehara ngā hū i te piataata
5. Ehara te rūma i te pōuriuri
6. Ehara te māripi i te koi
7. Ehara te papa tākaro i te porotaka
8. Ehara te māripi i te pūhuki
9. Ehara te ara i te kūiti
10. Ehara ngā tāne i te tāroaroa

11. Ehara te kiri o te tuatete i te taratara
12. Ehara te tūāpapa i te mārō
13. Ehara te mīti i te pūioio
14. Ehara te puku i te ngohengohe
15. Ehara te tinana i te pīngore

2. Whakahonoa ngā rerenga i te taha mauī ki te taha matau.
2. Join the sentence on the left to its correct partner on the right.

1. Ehara te ara i te kūiti — he whānui kē
2. Ehara te kiri o te tuatete i te māeneene — he taratara kē
3. Ehara te mīti i te pūioio — he ngohengohe kē
4. Ehara te taiaha i te koi — he pūhuki kē
5. Ehara te tāne i te poto — he tāroaroa kē
6. Ehara te papa tākaro i te porotaka — he tapawhā kē
7. Ehara te tinana i te pīngore — he koio kē
8. Ehara ngā hū i te piataata — he paru kē

3. Ināianei me whakapākehā koe i ō rerenga.
3. Now translate your sentences into English.

1. It is not narrow, it is (actually) wide
2. The hedgehog's skin is not smooth, it is (actually) spiny
3. The meat is not tough, it's (actually) tender
4. The taiaha is not sharp, it is (actually) blunt
5. The man is not short, he is (actually) tall
6. The sports field is not round, it is (actually) rectangular
7. The body is not supple, it is (actually) stiff
8. The shoes are not shiny, they are (actually) dirty

Rāapa – Wednesday

1. Whakaotia tēnei pangakupu.
1. Complete the crossword.

Whakararo | Down
1. KŪITI
2. RAWEMĀKOI
4. PŪHUKI
5. ANGIANGI
6. TARATARA
9. MANIA

Whakapae | Across
3. WHĀNUI
7. HANGARAU
8. KOI
10. PAPATAHI

2. Tirohia ngā whakaahua, kōwhiria te kupu āhua tika hei whakaoti i te rerenga.
2. Look at the pictures and choose the correct adjective to complete the sentence.

1. He makawe roa ōna
2. He makawe mingimingi ōna
3. He makawe hina ōna
4. He makawe pūhutihuti ōna
5. He makawe torokaka ōna
6. He makawe porohewa ōna

3. Kimihia te whakautu tika.
3. Choose the correct answer.

| He kākāriki | He kahurangi | He pākākā |
| He karu rewha | He nui | He kāpō |

4. Whakamāoritia ēnei rerenga.
4. Translate these sentences into Māori.

1. He kanohi kōtiwhatiwha tōna
2. He pāhau tōna
3. He nawe tōna
4. He ira tōna kei tōna pāpāringa
5. He kanohi kūwhēwhē tōna
6. He kiritea tōna

Rāpare – Thursday

1. Whakamāoritia ēnei rerenga kōrero e pā ana ki te pirimia o Aotearoa i te tau 2018.
1. Translate the following sentences about the prime minister of New Zealand in 2018, into Māori.

1. Ko Jacinda Ardern tōna ingoa
2. E toru tekau mā whitu ōna tau
3. He tāroaroa ia
4. He roa, he torokaka, he pango ōna makawe
5. He atamai ia
6. Nō te tonga o Waikato ia
7. He kākāriki ōna karu
8. I haere ia ki Te Whare Wānanga o Waikato
9. I mahi ia i te tari o Helen Clark
10. Ko Ross rāua ko Laurell Ardern ōna mātua
11. He pukukata ia
12. He pukumahi ia
13. He whīroki ia
14. He pai ki a ia te pānui me te mātakitaki hākinakina
15. He ātaahua ōna kākahu

2. Tuhia kia rua ngā rerenga kōrero kupu āhua mō ia tāngata i ēnei whakaahua.
2. Write two sentences describing each person in the following pictures.

| He kākāriki ōna / ngā karu | He poto ōna / ngā makawe | He hina ōna / ngā makawe |
| He roa ōna / ngā makawe | He kūwhēwhē tōna / te kiri | He nawe kei tōna / te rae |

He kōtiwhatiwha ōna He pūhutihuti ōna / ngā makawe	He huru ngutu tōna He mingimingi ōna / ngā makawe	He pāhau tōna He porohewa ia

3. Whakapākehātia ēnei rerenga kōrero.
3. *Translate these sentences into English.*
  1. He / She is funny, hard-working, and clever
  2. His / Her eyes are big, beautiful, and bright
  3. His / Her face is wrinkled and freckled
  4. His / Her hair is short and curly
  5. His / Her skin is brown and smooth

Rāmere – Friday

1. Whakahonoa ngā rerenga i te taha maui ki te taha matau.
1. *Join the sentence on the left to its correct partner on the right.*

  1. He poto, he kaiwhakaari, nō Rotorua — Temuera Morrison

  2. He tāroaroa, he kiri mangumangu, he kaitākaro poitūkohu — Michael Jordan

  3. He kōtiwhatiwha kei tōna kanohi, he kaiwhakaari, he wahine hainamana — Lucy Liu

  4. He roia, he atamai, he koroua, nō Ngāti Kahungunu — Moana Jackson

  5. He pukukata, he ringatohu kiriata, nāna a *Thor: Ragnarok* — Taika Waititi

  6. He roa ōna makawe, he kōrinorino ōna makawe, he atua o te reggae — Bob Marley

  7. He māia, he poto ngā makawe, koia te kāpene o ngā Ōpango i te tau 2011 — Richie McCaw

  8. He kuia, he ātaahua, he reo waitī tona, he poto ngā makawe — Kahurangi Kiri Te Kanawa

2. Tuhia he pikitia e whakaatu ana i te āhua o te tangata e kōrerotia ana.
2. *Draw a picture of the people being described.*

You should have drawn a picture of a person with long hair, wearing glasses and a beard	You should have drawn a picture of a person with short hair, a moustache, and a scar on the cheek	You should have drawn a picture of a woman with blue eyes and curly long hair
You should have drawn a picture of a bald person with green eyes and black skin	You should have drawn a picture of an old man with grey hair and glasses	You should have drawn a picture of an old lady with wrinkled skin and freckles on her face

4. Whakaotia tēnei pangakupu.
4. *Complete the crossword.*

Whakararo | Down
  1. WRINKLED
  3. STRAIGHT HAIR
  5. LEAN
  7. BLONDE
  8. SCAR

Whakapae | Across
  2. MESSY HAIR
  4. CURLY HAIR
  6. BEARD
  7. BLIND
  9. FRECKLED

WEEK FIFTY-TWO

Rāhina – Monday

1. Kimihia te whakamārama tika mō ēnei rerenga kōrero. Tuhia he rārangi i te rerenga reo Māori ki tōna hoa reo Pākehā.
1. *Match the sentences on the left to the correct meanings on the right. Draw a line to the correct meaning.*

  1. Kaua e aro ki a ia, he hūneinei noa iho nōna — f. *Don't pay attention to him, he is just resentful*

  2. Kei te whakamau ia ki a koe — h. *She is holding a grudge towards you*

  3. I pāmamae ia i ō kōrero mōna — e. *He was hurt by what you said about him*

  4. Kua tau te kaniāwhea ki tōna ngākau — a. *He is feeling guilty / remorseful (Guilt has landed in his heart)*

5. Kei te tino māharahara au ki a koe
6. Me ngana koe, ki te kore ka matangurunguru mātou
7. Kei te pōkaikaha koe? Nā te aha?
8. I te āmaimai rātou i mua i te piki ki te atamira
9. Kaua e waea atu ki, me waea atu ki ngā pirihimana
10. Manawarū ana te iwi, i tutuki pai tā rātou hui
11. He pēpi tino mauri tau, nē?
12. He ngākau kore nōna i kore ai i tae mai

d. I'm very worried about you
i. You have to try, if you don't we will be disappointed
j. Are you stressed out? How come?
c. They were nervous before they got on stage
b. Don't panic, call the police
g. The tribe was delighted, the meeting went well
l. She is a very calm baby, isn't she?
k. It was because of his lack of motivation that he didn't attend

4. I am disappointed with you
5. It was because he / she was stressed that he / she didn't complete it
6. He / She resents you because you are receiving the award
7. We were delighted that you entered on to the council
8. It is difficult to prise him / her out of bed because he / she lacks motivation
9. They were nervous in case they were laughed at
10. It was because of you the tribe was calm

Rāpare – Thursday
2. Hōmai te kupu hei whakaea i ēnei tīwhiri.
2. *Guess the word for the feeling being described.*
   1. mataku
   2. āmaimai
   3. pūhaehae
   4. whakamau
   5. pōkaikaha
   6. manawarū
   7. ngākau kore

Rāmere – Friday
2. Whakaotia tēnei pangakupu.
2. *Complete the crossword.*
   Whakararo | *Down*
   2. MANAWARŪ
   3. MĀHARAHARA
   6. HŪNEINEI
   Whakapae | *Across*
   1. PĀMAMAE
   3. MAURITAU
   4. PŌKAIKAHA
   5. KANIĀWHEA
   7. MAURIRERE
   8. PŪHAEHAE

WEEK FIFTY-THREE
Rāhina – Monday
1. Kimihia te whakamārama tika mō ēnei rerenga kōrero. Tuhia he rārangi i te rerenga reo Māori ki tōna hoa reo Pākehā.
1. *Match the sentences on the left to the correct meanings on the right. Draw a line to the correct meaning.*

Rātū – Tuesday
1. Whakaraupapahia ēnei kupu kia tika ai te rerenga – i tēnei wā kei te nanu.
1. *Put these words in order to complete the sentences – the words are currently jumbled.*
   1. Kua roa rātou e whakamau ana
   2. Ka tae ia ki te kōti, ka puta te kaniāwhea
   3. Kia tūpato ka pāmamae ia i ō kupu
   4. Kei te matangurunguru au ki a koe
   5. He pōkaikaha nōna kāore i oti i a ia
   6. E hūneinei ana ia nā te mea kei te whiwhi tohu koe
   7. I manawarū mātou i eke koe ki te kaunihera
   8. He uaua te tiriwhana i a ia i te moenga he ngākau kore nōna
   9. Ko tō rātou āmaimai ka kataina rātou
   10. Me kore ake koe i mauri tau ai te iwi

Rāapa – Wednesday
1. Whakapākehātia ngā rerenga kōrero nanu o inanahi.
1. *Translate the sentences you unjumbled yesterday into English.*
   1. They have been holding a grudge for a long time
   2. When he / she arrived at court, the remorse emerged
   3. Be careful or he / she will be hurt by your words

1. Te māngere hoki!   b. *How lazy!*

2. Te hiapai hoki!   f. *What a damn cheek!*

3. Te riri hoki ōna!   k. *My word, how angry he is!*

4. Te koretake hoki!   a. *Absolutely hopeless!*

5. Te pāmamae hoki ō rātou!   e. *Far out, their feelings are really hurt!*

6. Te pūhaehae hoki!   h. *How jealous!*

7. Te mataku hoki!   i. *How scary!*

8. Te āmaimai hoki!   g. *How nerve-racking!*

9. Te ngākau kore hoki!   d. *What lack of motivation!*

10. Te manawarū hoki o te iwi i tō taenga mai!   l. *How delighted the tribe was at your arrival!*

11. Te mauri tau hoki o te pēpi nā!   j. *Far out, that child is calm!*

12. Te hiakai hoki ōku!   c. *Man am I hungry!*

Rātū – Tuesday

1. Tuhia he rerenga kōrero mō ia pikitia. Whakamahia te rerenga o tēnei rā. Kua hoatu te tuatahi.

1. Write a sentence for each picture. Use the structure from today. The first one has already been done.

Tētahi wahine pukuriri!	Tētahi tāne pōuri!	Tētahi kōtiro manawarū!	Tētahi tama māngere!
Tētahi pēpi mauri tau!	Tētahi tāne mauri rere!	Tētahi kuia āmaimai!	Tētahi koroua pōkaikaha!
Tētahi kōtiro hiakai!	Tētahi tama hāmama!	Tētahi tama tere ki te oma!	Tētahi kuri hōhā!

2. Whakapākehātia ngā rerenga kōrero nei.
2. Translate these sentences into English.

1. What an idiot!
2. What a grudge-holder she is!
3. What a poor tribe!
4. What an airhead family!
5. What an unskilled team!
6. What a clumsy girl!
7. What a cheeky bird!
8. What a promiscuous woman!

Rāapa – Wednesday

1. Kimihia te whakamārama tika mō ēnei rerenga kōrero. Tuhia he rārangi i te rerenga reo Māori ki tōna hoa reo Pākehā.

1. Match the sentences on the left to the correct meanings on the right. Draw a line to the correct meaning.

1. Tautoko!   e. *Totally! (I support that)*
2. Hurō!   d. *Hooray!*
3. Ka rawe!   b. *Excellent!*
4. Te tika hoki!   a. *Absolutely correct!*
5. Kia ora!   f. *I agree!*
6. He tika tāu!   g. *You are quite right!*
7. Tau kē hoki!   c. *How neat!*

2. Hōmai te *kīwaha* hei whakaea i ēnei tīwhiri.
*2. Guess the **kīwaha** for the feeling being described.*

1. Auē!
2. Taukuri e!
3. Kua hē! Kua hē!
4. Ka aroha!
5. I wāna nei hoki!
6. Āta koia!

3. Kimihia te whakamārama tika mō ēnei rerenga kōrero. Tuhia he rārangi i te rerenga reo Māori ki tōna hoa reo Pākehā.

3. Match the sentences on the left to the correct meanings on the right. Draw a line to the correct meaning.

1. Kai a te kurī!   g. *I'll feed you to my dog!*
2. Tō hamuti!   e. *You remind me of excrement!*
3. Tō tero!   f. *Up your arse!*
4. Pokokōhua!   c. *Go boil your head!*
5. Pokotiwha!   d. *Head like a black hole!*
6. Koko tūtae!   b. *Shovel my shit!*
7. Kai a te ahi!   a. *I'll feed you to the fire!*

Rāmere – Friday
2. Whakaotia tēnei pangakupu.
2. Complete the crossword.

Whakararo | Down
1. CHOKE
2. CLUMSY
3. SHOUT
4. VICTIM
6. POOR

Whakapae | Across
2. CHEEKY
5. UNSKILLED
7. IDIOT
8. DROWN

WEEK FIFTY-FOUR

Rāhina – Monday
1. Kōwhiria te kupu mō tēna wāhanga, mō tēnā wāhanga o te tinana.
1. Select the correct word for each part of the body and write it by the correct line.

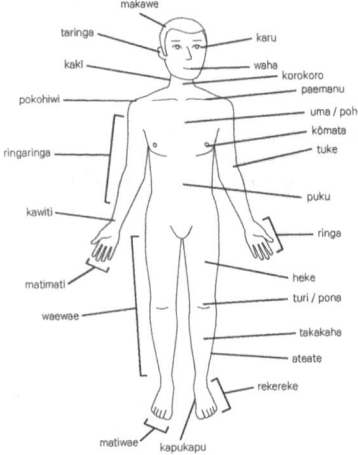

Rātū – Tuesday
1. Kimihia te whakamārama tika mō ēnei kupu whakarite mō te tinana. Tuhia he rārangi i te rerenga reo Māori ki tōna hoa reo Pākehā.
1. Match the metaphors about the body on the left to the correct meanings on the right. Draw a line to the correct meaning.

1. He karu hōmiromiro ōna! — e. She has an eye for detail! (Perceptive)
2. He taringa kōhatu ō koutou! — i. You guys have ears like stone! (Don't listen!)
3. He upoko mārō tērā tangata! — k. That person over there is hard-headed! (Stubborn)
4. He ihu hūpē koe, e noho! — g. You are a novice, sit down! (Inexperienced)
5. Waea atu ki a Hēmi kia haere mai ki te āwhina, he ihu oneone nōna — j. Ring Hēmi to come and help because he is a hard worker (Industrious)
6. Kaua e pōwhiri i a ia, he ringa kakama hoki! — a. Don't invite him, he's light fingered! (Thief)
7. Me he korokoro tūī! — f. Just like the throat of a tūī! (Great singer)
8. He ngutu repe! — l. Loose lips! (Gossiper)
9. Koia te pokohiwi kaha o te whānau! — h. He is the strong shoulder of the family! (Reliable in times of need)
10. He waewae kaipakiakia ia! — d. His legs have trodden the path! (Experienced)
11. He waha papā tō irāmutu! — b. Your nephew is a loud mouth! (Big mouth)
12. Kia tūpato ki a ia, he arero rua! — c. Be careful of her, she has a forked tongue! (Untrustworthy)

Rāapa – Wednesday
1. Whakatikahia ēnei kupu e nanu ana, kātahi ka whakapākehātia.
1. Unscramble the following words, then translate to English.

1. karu hōmiromiro = *eye for detail, perceptive*
2. ngutu repe = *loose lips, gossiper*
3. kōmata = *nipple*
4. kapukapu = *sole of foot*
5. takapū = *calf*
6. ihu hūpē = *inexperienced*
7. kawititanga = *wrist*
8. matiwae = *toe*
9. paemanu = *clavicle*
10. waewae kaipakiakia = *experienced*

2. **Hōmai te *kīwaha* hei whakaea i ēnei tīwhiri.**
2. *Guess the **kīwaha** for the body part being described.*
   1. korokoro
   2. pokohiwi
   3. matiwae
   4. waha
   5. ngutu
   6. rīrapa

Rāpare – Thursday
1. **Whakamahia ngā kupu i ako ai koe i te rārangi kupu o te wiki ki te whakamāori i ēnei rerenga.**
1. *Use the words from this week's word list to help you translate these sentences.*
   1. Kua whati i a au tōku paemanu
   2. I takoki i a ia tōna raparapa
   3. I marū i a Mere tōna takapū
   4. Ka tīhae au i taku rīrapa, kei te rongo au
   5. He karu marū tōku
   6. I takoki i a au tōku pona inanahi
   7. I whati i a ia tōna kawititanga
   8. I marū i a ia tōna kapukapu
   9. I tanoi a Rīhari tōna tuke
   10. Kua hārau i a au tōku pona

Rāmere – Friday
2. **Whakaotia tēnei pangakupu.**
2. *Complete the crossword.*
   Whakararo | Down
   2. RĪRAPA
   3. WHATI
   4. KAPUKAPU
   6. TAKOKI
   8. MARŪ
   Whakapae | Across
   1. HĀRAU
   4. KŌMATA
   5. TANOI
   7. MATIWAE
   9. PĪKAU

WEEK FIFTY-FIVE

Rāhina – Monday
Pānuitia tēnei kōrero kei waenganui i a Mere rāua ko Māka nō te Wiki Rima Tekau Mā Tahi, ka tuhi ai i ō whakautu ki ngā pātai.
Read the dialogue between Mere and Māka from Week Fifty-One, then answer the questions.
1. He rangi kōmaru
2. Mō te hangarau hōu o te wā
3. Kotahi mano tāra
4. Kua hoko kē a Mere i tētahi
5. He roa ngā makawe, he urukehu hoki, he pāuaua tonu te hanga, he pāhau tōna ināianei, ā, he poto tonu, kāore anō kia tipu

6. (a) spectacular
7. Smooth
8. Nā tōna pāpā mō tana mahi i runga i te pāmu i ngā wiki o te raumati
9. Kāo
10. Ko Pere hei karangatahi ki a Mere
11. Inapō
12. I te āhua nei

Rātū – Tuesday
Pānuitia tēnei kōrero, ka whakautu ai i ngā pātai.
Read the dialogue, then answer the questions.
1. Kāo
2. Me kore ake koea, e Koro!
3. Ka haria te kaituhi e tōna koroua ki te hī ika
4. Nō te rua tekau tau te kuia o te kaituhi i mate ai
5. Kāo
6. (c) choking from no air!
7. Drown
8. Mischievous
9. Nō tērā atu kaihautū
10. Sometimes, he would smash things, because he was missing my grandmother so much

Rāapa – Wednesday
Pānuitia tēnei kōrero kei waenganui i a Atawhai me Anaru, ka tuhi ai i ō whakautu ki ngā pātai.
Read the dialogue between Atawhai and Anaru, then answer the questions.
1. Kua hārau te pona o Anaru
2. I taka ia i tana pahikara
3. Ka kōhete a Māmā mō te kore mau pōtae mārō
4. Kua whati hoki i a koe tō raparapa
5. Pokokōhua
6. Teka (*false*)
7. Kawititanga
8. Ears like stone, don't listen
9. Me haere a Anaru ki te hohipera
10. Whakapākehātia ēnei rerenga:
    a. ka aroha koe = *I feel sorry for you*
    b. I wāu nei hoki = *How unfortunate*
    c. tētahi tamaiti tangiweto! = *What a sooky bubba / crybaby!*

Rāpare – Thursday
1. Kimihia ngā kupu.
1. Find the words.

[word search grid]

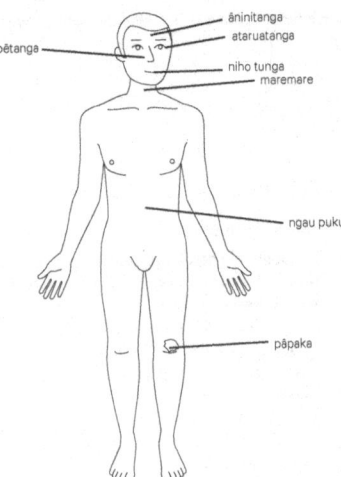

WEEK FIFTY-SIX

Rāhina – Monday
1. Whakapākehātia ēnei rerenga kōrero.
1. Translate into English.
  1. Oh no, my nose is running
  2. Oh no, my eyes are sore
  3. Oh no, my ears are sore
  4. Oh no, I have a headache
  5. Oh no, I have itchy hair
  6. Oh no, I have a stomach ache
  7. Oh no, my legs are aching
  8. Oh no, the scab is infected
  9. Oh no, (I) have a fever
  10. Oh no, I think I am going to vomit

Rātū – Tuesday
1. Kōwhiria te kupu tika mō ia wāhanga o te tinana.
1. Choose the correct ailment that affects these parts of the body.

2. Kimihia te whakamārama tika mō ēnei māuiuitanga o te tinana. Tuhia he rārangi i te rerenga reo Māori ki tōna hoa reo Pākehā.
2. Match the ailments on the left to the correct meanings on the right. Draw a line to the correct meaning.

1. Ko te rewharewha pea — d. It looks like the flu
2. Mō wai te rongoā maremare nei? — a. Who is this cough medicine for?
3. Nō wai tēnei rongoā korokoro mamae? — b. Who does this throat remedy belong to?
4. He kirieke kei ō kūhā — f. You have a rash in your groin
5. He mate niho tunga tōku — c. I have a toothache
6. He kino taku kirikā — e. You have a bad fever

Rāapa – Wednesday
1. Whakatikahia ēnei kupu e nanu ana, kātahi ka whakapākehātia.
1. Unscramble the following words, then translate to English.
  1. tūroro – *patient*
  2. ero – *pus*
  3. pupuhi – *swollen*
  4. mangeo – *itchy*
  5. maremare – *cough*
  6. takai – *bandage*
  7. ruaki – *vomit*
  8. kirikā – *fever*
  9. pōātinitini – *dizzy*
  10. ngau puku – *sore stomach*

2. **Kimihia te whakamārama tika mō ēnei māuiuitanga o te tinana. Tuhia he rārangi i te rerenga reo Māori ki tōna hoa reo Pākehā.**
2. *Match the ailments on the left to the correct meanings on the right. Draw a line to the correct meaning.*

1. I hea te kete ohotata?
2. Me whakatā koe ināianei
3. Me kai koe i tō rongoā
4. Kei hea te whare rongoā?
5. Me haere ki te tākuta
6. Kei roto ngā rongoā i te whata o te kauranga

c. Where was the first-aid kit?
e. Get some rest now
f. You must take your medicine
a. Where is the chemist?
d. Better go to the doctor
b. The medicines are in the cupboard in the bathroom

Rāpare – Thursday
1. **Whakamāoritia ēnei rerenga kōrero.**
1. *Translate these sentences into Māori.*
   1. Kaua e arokore ki ngā tohutohu a te tākuta
   2. Kaua e wareware ki te kai i ō rongoā
   3. Kaua e oho moata, me moe roa
   4. Kia tūpato kei pā tōna māuiui ki a koe
   5. Kia tūpato, kei maringi te rongoā
   6. Kia tūpato, kei te hōrapa haere te rewharewha
   7. Kia kaha koe, me patu koe i tēnei māuiuitanga!
   8. Kia kaha te inu wai!
   9. Ka ora ake koe āpōpō
   10. Ka whai hua te rongoā nei, ā taihoa ake

Rāmere – Friday
2. **Ko koe te tākuta. Koinei ō pātai ki ō tūroro, me ā rātou whakautu. Kōwhiria te rongoā tika mō ēnei māuiuitanga.**
2. *You are the doctor. These are your Q and A's with your patients. Choose the correct remedy for their ailments.*

Pātai – Tākuta	Whakautu – Tūroro	Pātai – Tūroro	Rongoā – Tākuta
Kei te hūpē tō ihu?	Āe	Me aha au?	Me whēngu tō ihu
Kei te mamae ō karu?	Āe	Me aha au?	Me turuturu rongoā karu ki roto
Kei te mamae ō taringa?	Āe	Me aha au?	Me hoko rongoā taringa
Kei te ānini tō rae?	Āe	Me aha au?	Me whakatā
Kei te māngeongeo ō makawe?	Āe	Me aha au?	Me hoko patu kutu
Kei te ngau tō puku?	Āe	Me aha au?	Me kimi rongoā e tau ai tō puku
Kei te hīwiniwini tō tinana?	Āe	Me aha au?	Me mirimiri tō hoa i tō tinana

WEEK FIFTY-SEVEN
Rāhina – Monday
1. **Kimihia te whakamārama tika mō ēnei rerenga kōrero. Tuhia he rārangi i te rerenga reo Māori ki tōna hoa reo Pākehā.**
1. *Match the sentences on the left to the correct meanings on the right. Draw a line to the correct meaning.*

1. Ka mahi hanawiti au ki te tōmato, te rengakura
2. Ka mahi hanawiti au ki te roi huamata me te heihei
3. Anei rā he ranu hei kīnaki
4. E nakunaku ana te kiko
5. Kia kōpūtoitoi hoki, kāore au i te rata ki te keke maroke
6. Te tūmanako, kia āhua kōmāmā te keke nei
7. Kei te whakatiki au
8. Kāore pea i tino tika te maoatanga
9. E mōwhakiwhaki ana ētahi wāhanga o te kiko
10. He pakapaka te kai nei
11. Te pakē hoki o te āporo nei!
12. He pēnei māu?

d. I'll make a sandwich with tomato and beetroot
i. I'll make a sandwich with coleslaw and chicken
a. Here is some sauce to complement (the dish)
g. The meat is just falling off the bone
h. Make sure it's moist too! I don't like dry cakes
c. Hopefully this is not a heavy (texture) cake
b. I am on a diet
k. Maybe it wasn't cooked properly
l. Some of the flesh is brittle
e. This food has been baked hard / burnt
f. This apple is really crispy!
j. Do you want some of this (of what I am having)?

Rātū – Tuesday
Chocolate Courgette Cakes
Ingredients
2 cups of roughly chopped courgette
½ cup coconut oil or butter, melted
2 cups ground almonds
1 cup coconut sugar
4 free-range eggs
1 cup cocoa
1½ tsp baking soda

Instructions
1. Preheat oven to 160°C.
2. Grease muffin tins or a regular-sized cake tin.
3. Add all ingredients to a food processor and blend until very smooth.
4. Pour mixture into muffin tins or cake tin.
5. Bake in oven for 30–40 minutes.
6. Leave to cool, then decorate.

Rāapa – Wednesday
1. Whakautua ngā pātai mō ia whakaahua.
1. Answer the questions about each picture.
1. Kia ono ngā kānga mā mātou
2. Kia whā ngā rau rētihi mā māua
3. Kia rua ngā riki māku
4. Kia kotahi te niko māku
5. Kia toru ngā korare mā tāua
6. Kia toru ngā puananī mā tātou
7. Kia kotahi te rengakura mā te whānau
8. Kia kotahi te hirikakā mā rāua
9. Kia rua ngā kamoriki mā rātou
10. Kia whā ngā kāroti māku

2. Hōmai te kupu hei whakaea i ēnei tīwhiri.
2. Guess the word for the feeling being described.
1. pakapaka
2. pūioio
3. nakunaku
4. pakē
5. kakukaku

Rāpare – Thursday
1. Whakamāoritia ēnei rerenga kōrero. Whakamahia te kupu *hōmai* ki te tīmatanga.
*1. Translate these sentences into Māori. Use the word **hōmai** or 'give (to me)' at the start of each sentence.*
1. Hōmai kia rua ngā āporo māku
2. Hōmai kia tekau mā rua ngā tarata mā māua
3. Hōmai kia tekau ngā kerepe māku
4. Hōmai kia ono ngā maika mā rāua
5. Hōmai kia kotahi te ārani māku
6. Hōmai kia rua ngā huakiwi māku
7. Hōmai kia whitu ngā pītiti mā mātou
8. Hōmai kia tekau mā rima ngā rōpere māku
9. Hōmai kia kotahi te rāhipere māku
10. Hōmai he pouaka huarākau, kia patatini kuihi tētahi haurua, kia tūrutu tētahi haurua

2. Hōmai te kupu hei whakaea i ēnei tīwhiri.
2. Guess the word for the object being described.
1. umu
2. ngaruiti
3. māripi
4. tēpu
5. ranu

Rāmere – Friday
2. Whakaotia tēnei pangakupu.
2. Complete the crossword.

Whakararo | *Down*
1. KORARE
2. KAMORIKI
4. KŌPŪTOITOI
8. RANU

Whakapae | *Across*
1. KAKUKAKU
3. RENGAKURA
5. PAKĒ
6. TŪRUTU
7. RIKI
9. WHAKATIKI

WEEK FIFTY-EIGHT

Rāhina – Monday
1. Tirohia te mahere nei, ka tohutohu i tō hoa kia tae ki te whare karakia. Tuhia ō tohutohu. Kia neke atu i te toru tohutohu.
1. Look at the map and give your friend directions to get to the church. Write down your directions. Give at least three directions.
1. Haere tōtika ki te huarahi o Tōtara, huri mauī.
2. Haere tōtika ki te huarahi o Te Moana, huri matau.
3. Haere tōtika ki te huarahi o Hetana, huri mauī.
4. Kei tēnei huarahi te whare karakia.

2. Tirohia te mahere nei, ka tohutohu i tō hoa kia tae ki te kura. Tuhia ō tohutohu. Kia neke atu i te toru tohutohu.
2. Look at the map and give your friend directions to get to the school. Write down your directions. Give at least three directions.
1. Haere tōtika mā te huarahi o Kawaka.
2. Huri mauī ki te huarahi o Arawhata.
3. Kei tēnei huarahi te kura.

3. Tirohia te mahere nei, ka tohutohu i tō hoa kia tae ki te whare wānanga. Tuhia ō tohutohu. Kia neke atu i te toru tohutohu.
3. Look at the map and give your friend directions to get to the university. Write down your directions. Give at least three directions.
1. Haere mā te huarahi o Awakino ki te huaraki o Haimona, huri matau.
2. Haere tōtika ki te huarahi o Kōtare, huri mauī.
3. Haere tōtika ki te huarahi o Hokianga, huri mauī.
4. Kei tēnei huarahi te whare wānanga.

Rātū – Tuesday

1. Tuhia he whakaahua o ēnei tohutohu.
1. Draw pictures of these directions.
1. Step out of your house
2. Start the car
3. Turn right
4. Pass the school
5. Climb the hill
6. Stop at the lights
7. Turn left at the corner
8. Go straight
9. Pass the zoo
10. Cross the bridge
11. Turn left
12. My house is number 40

2. Tuhia he whakaahua o ēnei tohutohu.
2. Draw pictures of these directions.
1. Leave the school
2. Jump on your bike
3. Turn left
4. Pass the shop
5. Go down the hill
6. Turn right at the base
7. Cross the pedestrian crossing
8. Go straight for 2km
9. Turn left at the traffic lights
10. Cross the bridge
11. Turn right
12. This is Moananui St

Rāapa – Wednesday

1. Whakapākehātia te wāhanga tuatahi o te kōrero i waenganui i a Mere rāua ko Māka.
1. Translate into English, the first part of the dialogue between Mere and Māka.

Mere and Māka are driving around in Auckland.
Māka: This town sux! There are too many cars! No matter where you go, you are just crawling – crawling! What a stink town!
Mere: Be cool, Māka. You know very well there's an important reason why we came here; the birthday of our good friend Maiana.
Māka: You're right. What are the Google directions to get to Maiana's house?
Mere: We are in Papakura now ... according to Google we have to keep going on the motorway, cross the Auckland Harbour Bridge, and when we get to Takapuna, get off the motorway. Turn right at the first set of lights. Then go straight to Moana Street.

Rāpare – Thursday

1. Whakapākehātia te wāhanga tuarua o te kōrero i waenganui i a Mere rāua ko Māka.
1. Translate into English, the second part of the dialogue between Mere and Māka.

Mere (continued): Then turn left and continue on for 1km, then turn right, and that's the road that Maiana's house is on.
Māka: How far is it from here to there?
Mere: 25km maybe.
Māka: How much time to get there?
Mere: Depends on these bloody roads, but it should take 20 minutes.
Māka: In your opinion, did we make the right decision to travel via Tauranga? Or should we have gone via Rotorua, because it's quicker?
Mere: It was ok travelling via Tauranga. 100km is the distance from there to Auckland, 100km is the distance from Rotorua to Auckland, so it makes no difference really.

Rāmere – Friday

2. Whakaotia tēnei pangakupu.
2. Complete the crossword.

Whakararo | *Down*
1. PŪTAKE
3. REWARANGI
5. MAUĪ
8. TŌTIKA

Whakapae | *Across*
2. MATAU
4. KILOMETRE
6. ARAHANGA
7. TAWHITI
9. KOKI

WEEK FIFTY-NINE

Rāhina – Monday

1. Pānuitia te kōrero i waenganui i a Mere rāua ko Māka, ka tuhi ai i ngā rerenga *ana*. Kātahi ka whakapākehātia.
*1. Read the conversation between Mere and Māka, and write down any sentences that use **ana**. Then translate into English.*

1. Whakaae katoa ana mātou.
   We all agreed
2. Kōpā katoa ana mātou ki roto.
   We all crowded inside
3. Uru ana mātou
   When we went inside
4. Pahū ana a Terehia i te kitenga o tana rīpeka i te taha o tana wahine hōu
   Terehia lost it when she saw her ex with his new girlfriend
5. Tere tonu ana tā mātou puta i reira
   We got out of there pretty quickly
6. Kanikani pai ana mātou ki ngā waiata
   We danced hard out to the music
7. Pau ana te kaha ki te inuinu i ngā inu maha
   We went hard on drinking heaps of drinks
8. Pēhea ana rātou?
   How are they?
9. Hemo katoa ana rātou i te ata nei, e hoa
   They are all pretty wasted this morning, my friend
10. Tae atu ana a Hine ki te kāinga i tētahi rā
    One day when Hine got home

11. Haukerekerehia ana a Tame e Hine
    Hine just got stuck into Tame
12. panaia atu ana i te whare!
    kicked (him) out of the house!

Rātū – Tuesday

1. **Whakaraupapahia ēnei rerenga kōrero kia tika ai te takoto o te kōrero i waenganui i Mere rāua ko Māka.**
1. *Put the following sentences in order so that the dialogue between Mere and Māka makes sense.*
    1. (d) I tīmata mātou ki te whare o Kahu.
    2. (c) Ka kai, ka kōrero, mea rawa ake, ka kī a Kahu, me haere ki te tāone inu ai.
    3. (h) Nō reira, ka whakarākai mātou, ka waea atu ki te Uber.
    4. (f) Kāore i roā, ka tae atu ki te pāparakāuta tuatahi, ko 'Mihi Mai' te ingoa.
    5. (a) Kātahi mātou ka haere ki te pāparakāuta tuarua, ko 'Ka taka te Pō' te ingoa.
    6. (e) Nō te rua karaka i te ata pongipongi nei, ka hoki au ki te kāinga.
    7. (g) Ao ake te ata, ka haere au ki te whakangungu, ka pātuhi ki ngā hoa kia kite ai, pēhea ana rātou.
    8. (b) Hemo katoa ana rātou i te ata nei, e hoa, ka aroha kē hoki!

2. **Kimihia te whakamārama tika mō ēnei rerenga kōrero. Tuhia he rārangi i te rerenga reo Māori ki tōna hoa reo Pākehā.**
2. *Match the sentences on the left to the correct meanings on the right. Draw a line to the correct meaning.*

1. Taihoa ake nei	e. *Hang on a minute (gives you time to think!)*
2. He aha anō te kupu mō . . .	a. *What's the word again for . . .*
3. Ko wai anō te ingoa o te hoa o . . . ?	f. *What's the name of . . . friend again?*
4. He pēnei te āhua o te mea nei . . .	b. *This thing (I'm talking about) looks like this . . .*
5. He pēnei te nui o te mea nei	c. *This thing (I'm talking about) was this big*
6. Kei te mārama koe?	d. *Do you understand?*

Rāapa – Wednesday

1. **Kimihia te whakamārama tika mō ēnei rerenga kōrero. Tuhia he rārangi i te rerenga reo Māori ki tōna hoa reo Pākehā.**
1. *Match the sentences on the left to the correct meanings on the right. Draw a line to the correct meaning.*

1. Whakahokia mai anō tō kōrero . . . ?	e. *Can you repeat what you just said?*
2. He aha te kupu . . . ?	a. *What's the word . . . ?*
3. Āta kōrero mai, e hoa	f. *(Can you) Talk a bit slower, my friend*
4. Kāore i mau i a au te tikanga o tēnā kōrero . . .	d. *I didn't catch the meaning of what you said there . . .*
5. He / I pēhea te āhua?	b. *What did it look like? / What was it like?*
6. Āe, haere tonu tō kōrero	c. *Yes, go on with your story*

2. **Kōwhiria te kupu tika mō ia pikitia. Kua hoatu te tuatahi.**
2. *Choose the correct word for each picture. The first one has already been done.*
    1. auau
    2. pahū
    3. haruru
    4. hotuhotu
    5. korihi
    6. korowhiti
    7. mapu
    8. turuturu
    9. ngē
    10. tīoro
    11. tanguru
    12. ngengere

Rāpare – Thursday

1. **Whakamāoritia ēnei rerenga kōrero.**
1. *Translate into Māori.*
    1. Kātahi ka ngē ngā porotiti o te waka
    2. Ka peke māua i te taiepa, mea rawa ake, kei mua i a māua he kurī e ngengere ana
    3. Inapō, ka / i haere māua ko Mere ki te mātakitaki i ngā tiripapā e pahū ana i te rangi
    4. Kātahi mātou ka rongo i te waka rererangi e tanguru ana ki runga i a mātou
    5. Ao ake te ata, ka māuiui a Mere, hotuhotu ana hoki
    6. Ka tūtaki ki tētahi tangata e korowhiti ana i tētahi rangi e mōhio ana mātou
    7. I roto mātou i te pāparakāuta e kanikani ana, kātahi ka turuturu mai te wai i te tuanui
    8. Ka rongo au i te korihi o ngā manu, ka kite au i ngā rākau, ka kite au i ngā whare ātaahua, ka kite au i . . . he aha anō te kupu mō statue?
    9. Ka piki māua i te pahi i te rua karaka i te ahiahi, ka noho. Kātahi ka . . . ko wai anō te ingoa o te hoa o Hēmi? Āe, kātahi ia ka piki i te pahi
    10. Ka tīmata mātou ki te whakawhiti i te huarahi, kātahi ka rongo i te haruru o te taraka, ka oma

Rāmere – Friday
2. Whakaotia tēnei pangakupu.
2. Complete the crossword.

Whakararo | Down
1. PĀTUHI
3. KŌPĀ
4. TŪTEPUEHU
5. AUAU
8. NGĒ

Whakapae | Across
2. TĪORO
4. TIRIPAPĀ
6. HARURU
7. RĪPEKA
8. NGENGERE

WEEK SIXTY

Rāhina – Monday
Pānuitia tēnei kōrero kei waenganui i a Mere rāua ko Māka nō te Wiki Rima Tekau Mā Whitu, ka tuhi ai i ō whakautu ki ngā pātai.
Read the dialogue between Mere and Māka from Week Forty-Seven, then answer the questions.

1. Kei te mahi a Māka i tana hanawiti ki te tōmato, te rengakura, te roi huamata me te heihei
2. Te tūmanako, kia āhua kōmāmā te keke nei, kei te whakatīki au
3. E pakē ana te āporo?
4. He pai ki a Māka te kakukakutanga o te kiri o te heihei
5. I hokona te heihei e Māka i te hokomaha
6. (b) the meat is falling off (the bone)
7. Moist (of food)
8. I hoko keke hei towhiro mā rāua
9. Mō te tātā kai, kāore he painga i a tāua
10. Enjoy the food, cheers!

Rātū – Tuesday
Pānuitia tēnei kōrero kei waenganui i a Mere me Māka, ka tuhi ai i ō whakautu ki ngā pātai.
Read the dialogue between Mere and Māka, then answer the questions.

1. Ko te huritanga o tō rāua tino hoa, o Maiana
2. Me haere tonu mā te huarahi matua
3. Me whakawhiti i te arahanga nui o Tāmaki, kia tae atu ki Takapuna, me wehe i te huarahi matua. Huri matau i ngā pou rama tuatahi. Haere tōtika ki te huarahi o Moana. Kātahi ka huri mauī, ka haere tonu mō te kotahi kiromita. Kātahi ka huri matau, ā, koirā te huarahi kei reira te whare o Maiana.
4. I tōna tikanga e rua tekau meneti
5. He maha rawa ngā waka
6. (a) What are Uncle Google's directions?
7. Go straight
8. Turn right

9. I haere rāua mā Tauranga
10. Ko Māka

Rāapa – Wednesday
Pānuitia tēnei kōrero kei waenganui i a Mere me Māka, ka tuhi ai i ō whakautu ki ngā pātai.
Read the dialogue between Mere and Māka, then answer the questions.

1. I tīmata te pō o Mere ki te whare o Kahu
2. I kōpā tā rātou noho ki roto i te Uber
3. Ko 'Mihi Mai' te ingoa o te pāparakāuta tuatahi
4. Haukerekerehia ana a Tame e Hine, panaia atu ana i te whare
5. I kanikani pai rātou ki ngā waiata, pau ana te kaha ki te inuinu i ngā inu maha
6. Teka *(false)*: Nō te rua karaka i hoki ai a Mere ki te kāinga
7. Kia kite ai pēhea ana rātou
8. Kua wehe a Tame rāua ko Hine!
9. Nō Kahu
10. Whakapākehātia ēnei rerenga:
    a. Kātahi rā hoki! = Far out!
    b. E ki, e ki! = Is that so?!
    c. Tere tonu ana tā mātou puta = We got out of there quick smart

Rāpare – Thursday
1. Kimihia ngā kupu.
1. Find the words.

I	T	K	C	I	K	U	K	A	R	A	T	U	P	D
M	A	U	O	S	H	A	H	I	Q	I	S	R	S	Z
X	U	K	R	D	K	A	H	A	O	D	S	U	Y	G
M	I	U	A	U	A	U	R	R	P	O	D	R	Y	G
K	V	N	K	R	T	M	O	A	I	N	R	A	N	U
W	A	A	G	A	A	U	Z	E	U	R	S	H	I	A
W	K	M	P	E	M	K	R	T	A	H	M	T	X	H
U	A	T	A	M	A	T	A	U	M	A	I	P	K	A
M	D	T	H	Q	U	X	O	H	W	H	T	O	I	E
A	U	K	A	J	H	L	A	T	W	X	P	R	R	E
O	D	T	P	T	I	N	Y	O	I	Z	Y	O	I	B
I	K	J	B	L	O	T	R	M	K	K	R	T	K	L
N	J	C	W	M	R	O	X	J	E	N	A	I	A	H
R	E	N	G	A	K	U	R	A	R	M	D	T	D	B
E	R	A	M	E	R	A	M	Q	O	K	C	I	W	G

ERO	HARURU	HUARAHI
KAKUKAKU	KIKO	KIRIKĀ
KOROWHITI	KŪKARA	MAREMARE
MATAU	MAUĪ	NGĒ
PAHŪ	PĀTUHI	POROTITI
RANU	RENGAKURA	ROIHUAMATA
TIORO	TŌTIKA	TURUTURU

He mihi / Acknowledgements

Ki taku tōrere pūmau ki a Stacey,

Ki aku tamariki kāmehameha ki a Hawaiki, Kurawaka me Maiana Sam,

Ki taku kōkara whakaruruhau ki a Beverley,

Ki a Jeremy Sherlock me Stuart Lipshaw o te umanga o Penguin Random House,

Ki aku hoa whare wānanga, nā koutou nei i whakatō mai te kākano o te reo ki tōku whatumanawa, arā, ki a Finney Davis, Aramahou Ririnui mā, tēnā koutou,

Tae atu rā ki aku pouako kaingākau nā koutou nei tōku reo i whakapakari, i whakamakaurangi kia puāwai ki te ao, arā, ki ngā whitiki o te kī, ki ngā rūānuku o te kōrero, ki a Ahorangi Wharehuia Milroy, Ahorangi Tīmoti Kāretu, me Ahorangi Pou Temara,

Tē taea e te kupu noa ngā mihi o te ngākau te whakapuaki ake, nō reira, kia pēnei noa, tēnā rā koutou katoa!

To my darling wife Stacey,

To my precious children Hawaiki, Kurawaka and Maiana Sam,

To my ever supportive mother Beverley,

To Jeremy Sherlock and Stuart Lipshaw and Penguin Random House,

To my university colleagues Finney Davis, Aramahou Ririnui and many others who encouraged me to learn the language and embedded its essence within me,

To my admired lecturers, who continue to shape and enhance my language skills in readiness for the public arena, doyens of oratory, virtuosos of rhetoric: Professor Wharehuia Milroy, Professor Tīmoti Kāretu and Professor Pou Temara,

Words cannot fully express my gratitude!

The *Māori Made Easy* Workbook/Kete series

Pronunciation
Numbers
Greetings and farewells
Action phrases
Personal pronouns

Possessive prepositions
Ā and Ō categories
Whānau and introductions
Tense markers
Locatives

Descriptive sentences
Intensifiers
Past-tense questions and answers
Time, seasons and months

Passive structures
Giving orders
Stative verbs
Revision

More on statives
More on passives
Using 'ai'
More on using 'hoki' and 'rawa'
Answering 'why' questions

Answering future-tense 'why' questions
Other ways to use 'ia'
When to use 'i' and 'ki'
When to use 'kē'
When to use 'ki te' and 'kia'

When to use 'hei'
Using 'kore' and 'me kore'
Using numbers
Using 'taihoa'
Describing objects and people
Expressing feelings

More on expressing feelings
Parts of the body
Ailments
Talking about food
Asking for and giving directions
Skills for telling a story

More te reo Māori titles from Penguin Random House

A MĀORI WORD A DAY
Hēmi Kelly

A Māori Word a Day offers an easy, instant and motivating entry into the Māori language. You will learn: English translations; word category, notes and background information; and sample sentences, in both te reo Māori and English. *A Māori Word a Day* is the perfect way to kickstart your te reo journey!

MĀORI AT HOME
Scotty and Stacey Morrison

Māori at Home covers the basics of life in and around a typical Kiwi household. Whether you're practising sport, getting ready for school, celebrating a birthday, preparing a shopping list or relaxing at the beach, *Māori at Home* gives you the words and phrases – and confidence – you need.

THE RAUPŌ PHRASEBOOK OF MODERN MĀORI
Scotty Morrison

The Raupō Phrasebook of Modern Māori is a versatile and relevant resource for using Māori language in everyday life. The user-friendly guide for all New Zealanders.

HE PĀTAKA KUPU
The Māori Language Commission
He Pātaka Kupu is a taonga – a landmark Māori-only language resource. Containing almost 24,000 entries, it is a comprehensive and authoritative dictionary of the Māori language for proficient speakers.

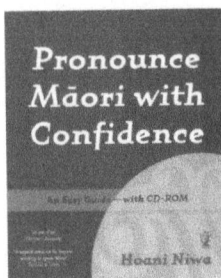

PRONOUNCE MĀORI WITH CONFIDENCE
Hoani Niwa
This book and CD set gives readers the basics on how to pronounce Māori correctly, explaining: the Māori alphabet, pronunciation, syllables, commonly mispronounced words, frequently used words, and the names of people, places and tribes.

THE RAUPŌ POCKET DICTIONARY OF MODERN MĀORI
P.M. Ryan
The Raupō Pocket Dictionary of Modern Māori is a portable reference for speakers of English and Māori at all levels.

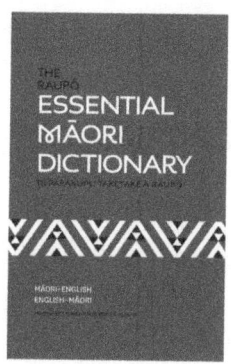

THE RAUPŌ ESSENTIAL MĀORI DICTIONARY
Margaret Sinclair and Ross Calman
The Raupō Essential Māori Dictionary is an invaluable introductory dictionary for students of te reo Māori.

THE RAUPŌ DICTIONARY OF MODERN MĀORI
P.M. Ryan
This dictionary by P.M. Ryan, one of New Zealand's leading Māori-language scholars, is the most comprehensive and up-to-date available.

THE RAUPŌ CONCISE MĀORI DICTIONARY
A.W. Reed, revised by Tīmoti Kāretu and Ross Calman
The Raupō Concise Māori Dictionary is an invaluable reference work, providing an essential list of Māori words and their English equivalents.

RAUPŌ

UK | USA | Canada | Ireland | Australia
India | New Zealand | South Africa | China

Raupō is an imprint of the Penguin Random House group of companies, whose addresses can be found at global.penguinrandomhouse.com.

First published by Penguin Random House New Zealand, 2018

1 3 5 7 9 10 8 6 4 2

Text © Scotty Morrison, 2018

The moral right of the author has been asserted.

All rights reserved. Without limiting the rights under copyright reserved above, no part of this publication may be reproduced, stored in or introduced into a retrieval system, or transmitted, in any form or by any means (electronic, mechanical, photocopying, recording or otherwise), without the prior written permission of both the copyright owner and the above publisher of this book.

Cover design by areadesign.co.nz © Penguin Random House New Zealand
Text design by Shaun Jury © Penguin Random House New Zealand
Illustrations by Kiah Nagasaka
Author photograph by Carolyn Sylvester
Prepress by Image Centre Group
Printed and bound in Australia by Griffin Press,
an Accredited ISO AS/NZS 14001 Environmental Management Systems Printer

A catalogue record for this book is available from the National Library of New Zealand.

ISBN 978-0-14-377277-4

penguin.co.nz